Les essais de Michel de Montaigne

蒙田随笔集

（法）蒙田　著

何怀林　译

汕頭大學出版社

图书在版编目（CIP）数据

蒙田随笔集／（法）蒙田著；何怀林译 . —汕头：
汕头大学出版社，2018.1（2020.6 重印）
ISBN 978－7－5658－3297－0

Ⅰ. ①蒙… Ⅱ. ①蒙… ②何… Ⅲ. ①随笔－作品集
－法国－中世纪 Ⅳ. ①I565.63

中国版本图书馆 CIP 数据核字（2018）第 000735 号

蒙田随笔集　　　　　　　　　　　　　　MENGTIAN SUIBIJI

作　　者：（法）蒙田
译　　者：何怀林
责任编辑：邹　　峰
责任技编：黄东生
封面设计：门乃婷
出版发行：汕头大学出版社
　　　　　广东省汕头市大学路 243 号汕头大学校园内　　邮政编码：515063
电　　话：0754－82904613
印　　刷：北京楠萍印刷有限公司
开　　本：880mm×1230mm　1/32
印　　张：12
字　　数：280 千字
版　　次：2018 年 1 月第 1 版
印　　次：2020 年 6 月第 2 次印刷
定　　价：32.00 元
ISBN 978－7－5658－3297－0

前　言

　　蒙田（1533—1592），是启蒙运动以前法国的知识权威和批评家，亦是对各民族文化，特别是西方文化进行冷静研究的学者。在十六世纪的作家中，很少有人像蒙田那样受到现代人的崇敬和接受。他的散文主要是哲学随笔，因其丰富的思想内涵而闻名于世，被誉为"思想的宝库"。在17世纪，蒙田的名声已经远播海外。在18世纪，蒙田再一次声名鹊起。这本《蒙田随笔全集》与《培根人生论》《帕斯卡尔思想录》一起，被人们誉为欧洲近代哲理散文三大经典。

　　在英国，培根的《散文集》就深受蒙田的影响。在17世纪上半叶那个古典主义时代，有人认为他那结构松散的散文不合人们的口味，然而到了18世纪，他又声名鹊起。著名作家、哲学家狄德罗欣赏蒙田的散文恰恰在于其所谓的"无条理"，认为"这是自然的表现"。有些作家、思想家和艺术家的思想似乎特别复杂，具有许多不同的层面，因此对于后代的各式各样的人都具有无穷无尽的引力，大概这就是包括蒙田在内的古代大师的秘密。经过四百余年的考验，历史证明了蒙田与莎士比亚、苏格拉底、米开朗琪罗一样是一位不朽的人物，他的随笔如他自己所说的那样，是"世上同类体裁中绝无仅有的"。

这部《蒙田随笔全集》卷帙浩繁，用古法文写成。内容、长短都任意抒写。他读书后的感想、理解、评论，他到各国旅行中的见闻，以及他自己冥思苦索得出的人生哲理、格言警句，都写进他的随笔集中，内容极为广泛，同时他文章有的很短，有的非常长。短的简练明快，长的娓娓道来，均富有感染力。读者可以从随笔的总体上吸收他的思想和艺术精华，并收到启智怡情的功效。

在全集中，蒙田对日常生活、传统习俗、人生哲理等等无所不谈，特别是旁征博引了许多古希腊罗马作家的论述。作者还对自己作了大量的描写与剖析，使人读来有娓娓而谈的亲切之感，增加了作品的文学趣味。它是十六世纪各种思潮和各种知识经过分析的总汇，有"生活的哲学"之美称。书中语言平易通畅，少有华丽雕饰，开创了随笔式作品之先河，在法国散文史上占有重要地位。

世界文学评论界对这部作品的评价是：蒙田的随笔有如一道风景，左边一座山，右边一条河，前面一排树，后面一坡草，分开来看是山河树草，合起来看是一片完整的风光。他谈自己，但是他通过谈自己而谈到了人类和世界。他在法语世界中第一次把笔锋转向了个人，也第一次树立了一种随笔的典范——围绕着个人的经验和思考，拉来古人的言论作为支撑，循循善诱，侃侃而谈，由读者自己去体会一种涉及全人类的结论。

2018 年 1 月

目 录

卷一

论殊途同归

被激怒的人一旦有报复的机会，就会毫不留情地对付激怒他们的人，通常使他们息怒的办法是百依百顺，唤起同情和恻隐之心，但是采取与之完全相反的做法——以勇敢以及坚忍不拔面对，有时候也能够可以获得同样的效果。

威尔士亲王爱德华曾经长时间统治过我们国家的吉因纳地区，他的声望以及财富都显赫一时。里摩日人以前严重地冒犯过他。当他用武力夺取里摩日城的时候，肆意地诛戮城民，一点也不为人民的哭救还有惊恐无主的妇女儿童的下跪求饶因此而停止屠杀，一直逼到城腹；直到他挺进城里目睹三位法国绅士孤立无援地抵抗他的胜利之师，他才下命令左右罢手。他赞美以及敬重这种高贵的行为，怒火也渐渐平息。他饶恕里摩日全城的居民，正是从赦免这三位绅士开始的。

斯坎德培，也就是埃庇鲁斯的君王，曾经追赶一名麾下士兵，准备将其处死。士兵开始表现得十分谦恭，哀求王子饶了他的性命，但还不能够平息君王怒火的情况下，于是铤而走险，手里握着宝剑，等待着跟他拼杀。他的主人对属下的那一种果断决心立即心生敬意，怒气没有了，而且宽恕了他的罪过。没有见过王子的非凡力量和勇气的人，也许会把这个例子作另外的解释。

康拉德三世在围困拜恩的盖尔弗公爵的时候，不管对方如何卑躬屈膝，都不同意继续让步，只准许和公爵一起被围困的绅士们的夫人携带自己的随身物品步行出城，以此来保全她们的贞节。 然而那一些具有崇高心灵的夫人，毅然背起丈夫和孩子出了城，而且还连同公爵在内，全部背在肩上出城。 她们勇敢的真情行为，使得康拉德皇帝顿生喜色，脸上挂着泪花，他与公爵的不共戴天之仇随之泯灭，从此以礼相待公爵和他的家族。

两种方法都非常吸引我，因为我有一个惊人的弱点，就是容易怜悯和宽容。 我自己甚至认为，在同情人以及敬重人这两方面，我经常理所当然地倾向于前者；虽然斯多葛派的禁欲主义者们把那些恻隐之心当做是一种罪过。 他们主张救助受苦的人，而不是感动和分担痛苦。

我现在要说，以下的这些例子好像更有说服力，我们能够从中看出，当事者的灵魂在面对软硬两种不同态度的挑战，是怎样不让分毫于前者，而且为后者所折服的。 我们或许能够这样认为，由于同情而生怜悯之心，这是那些随和、宽厚以及柔弱气质的表现，妇人、孩童以及市井民众经常被这种情感所左右；但是无视眼泪和乞求，拜服于英勇无畏的神圣形象面前，这是强健的、不屈不挠的、热爱并崇尚男子气概的人的所为。 但是对于那一些不够豁达大度的人而言，惊诧以及赞佩也能够收到相同的效果。 而且以底比斯人民为例：他们对重罪法庭指控那一些任期届满但是不去职的将领，因此佩罗皮达在指控面前只是一味屈服。 苦苦哀求，多方为自己辩护，到最后总算保全了自己的性命；恰恰与之相反，伊巴密浓达最后居然走上了法庭，堂堂正正地讲述自己的所作所为，而且骄矜而又自负地指责了控告他的人，这让那些百姓改变原来的看法。他无意控制选举用的白球黑球，议会散会的时候，处处是对伊巴密浓达勇敢精神的颂扬声音。

老德尼斯经过艰苦卓绝的奋斗，攻占了雷吉奥姆城，俘虏了那些与城共存亡的一个将领菲通——那是一位特别了不起的正人君子。老德尼斯想狠狠地报复一下以示儆戒，达到以儆效尤的目的。开始，他对菲通说他于前一天已经将他的儿子还有满门亲族投入水中淹死。菲通对此仅仅回答说，他们的这一天的时间比自己过得快乐得多。接着，他命令人将菲通身上穿的衣服剥去，而且叫刽子手押着他沿着街道示众，一边用鞭子无情地残忍地抽打，一边用恶言恶语咒骂他。然而菲通一直浑身勇气，不仅一点也不惧怕，反倒是面色十分镇静地大声说，他是为了光荣并且体面的事业，是为了不让自己的国家落人暴君之手而去牺牲的。而且他威胁说，上天的惩罚将可能降到暴君的身上。老德尼斯从自己那些士兵们的目光中所看到的，他们不仅没有被顽强的败兵之将所激怒，反而是对他们的统帅以及其胜利的蔑视，他们明显被菲通的超群的那种人格所打动，甚至到了反戈相向的地步，产生了一种从狱吏手中把菲通抢救出去的可能性。因此他下命令停止酷刑折磨，偷偷地把菲通抛进海里淹死了。

确实，人是一种特别虚浮、矛盾和变化无常的东西，想要对人作出一种恒定不变以及整齐划一的评价并不是一件易事。譬如说庞培毅然赦免曾经教他特别愤怒的马梅尔丹城的所有居民，就是由于有一个叫泽农的市民自己愿意独自一个人承担关于公众的罪过，只求独自接受惩罚，不恳求其他。庞培十分赞赏泽农的那些崇高德行。关于苏拉手下败将佩鲁斯城主也使用过一样的办法希望解救全城，但是，他或者其他人都没有获得任何好处。

有一个人与我在前面举的例子截然不同，他就是最大胆，对战败者十分宽容的亚历山大。他历尽千辛万苦攻克了加沙城，遇到了守城将领名字叫做贝蒂斯。在那时候围城的过程当中，他就听说过贝蒂斯的英勇精神。

在这场攻城战中，他亲身证实了这个人具有骁勇善战的非凡品质。当他的部队到处逃散的时候，仅仅剩下他一人，而且武器毁坏、遍体伤口鲜血外涌，他依旧只身奋战于从那些四面八方围攻他的马其顿士兵当中。亚历山大深感为胜利所付出的沉重代价，除了其他的高昂代价之外，他自己还有两处受伤。他因此十分愤怒地对自己的敌人说："贝蒂斯，你一定不得好死，你将要受到为战俘设置的各种各样的酷刑。"

面对威胁的时候，贝蒂斯不仅神色镇定自若，甚至显示出傲慢无礼的神态，沉默不语。眼看对方高傲而且又顽固的沉默，亚历山大心里想道："他曾经屈膝过吗？他曾经求饶过吗？我非要打破你的沉默不可，即使掏不出你的话，也至少要使你痛苦呻吟。"因此他的愤恨一下子变成了盛怒，下命令刺穿贝蒂斯的脚踵，并且将他绑在一辆战车上，使他自己肢体分裂，那样活活地被拉死了。

或许是因为亚历山大对勇敢行为已经习以为常，因此就不放在眼里了？所以把它看轻了抑或是他过于看重自己的勇敢，却无法忍受别人表现出同样的勇气，一看到就生嫉妒怨恨之心？或者是由于天生的急躁冲动使他没有办法容纳对手？确实，假如他能够紧勒怒火的缰绳，那么应该相信，其实他在夺取以及劫掠底比斯城的时候早就已经这么做了。

在那个时候，亚历山大亲历了众多丧失自卫能力的勇士死于刀剑下面。 在那场争夺战之中，被杀的人有六千之多，而且没有一个逃跑或求饶，然而没有任何人逃遁或者是告饶；而且恰恰相反的是，满街满巷到处都是迎战得胜敌人的人们：他们故意挑起格斗，寻觅光荣死去的机会。 人们从来没有见过遍体鳞伤的战场败军，在奄奄一息之际仍然想着报仇，拿起绝望的武器以敌人的性命来抵偿自己的牺牲。 当亚历山大自己面对这一悲壮场景没有一丁点怜悯之心，一整天的屠杀仍不能够减弱他自己的心头之恨。 这次大屠杀延续到城里的居民流尽最后一滴血，到最后仅仅只是剩下的三万手无寸铁的老弱妇孺，最后沦为被驱使的奴隶。

论悲伤

我是最不受这种情感控制的人，因为我对这种情感既不喜欢而且也不欣赏。 虽然人们决意对它另眼相看，而且给它饰以智慧，美德和良知的华丽外衣。 这是多么荒谬而愚蠢的矫饰啊！意大利人比较有道理，人们却能准确地称之为邪恶。 由于它天生有害，总是使人感到百无聊赖，爱慕虚荣，胆小怕事，自私自利以及卑鄙无耻。 因此斯多葛派对这种情感明令禁止。

但是据说有位埃及国王，普萨梅尼图斯，不幸战败并且被波斯国王康比泽俘虏后，看到一起被俘的女儿衣衫褴褛，揭着水桶被波斯人差遣去汲水，在去打水的路上从他面前经过，他的属下和朋友们见到这种景象都围着他不停地伤感，全都落泪。 然而他自己却已经矗立在那里，两眼直直地看着地面，一言不发。看见自己的儿子就要被敌人拉去法场立即处死，他依旧无动于衷。 一直到最后他在那些战俘中间发现一个自己的亲信并且也是朋友的时候，他才开始捶胸顿足，表现出极度的痛苦。 这种情形可以和我们最近见到的一位亲王相比较：当他在特朗特得知他自己的长兄，也就是全部家族的支柱和骄傲，遇害的噩耗后，稍后又知道他的二哥，全家一起希望的另一寄托人也跟着离开人世时，他竟然以其惊人的毅力抵制住了这两个那么大的打击。但是，几天之后，他的一名部下不幸身亡，他却再也不能承受这新一次的打击，陷入特别深的痛苦和悲伤中。 所以就有人说他这差不多是被最后的一击给摧垮的。 事实是，这是因为他的心里已经装满痛苦，再多一点点就冲破了抵抗力的堤坝，我们能够用同样的方法解释前面所说的例子，当康比泽问普萨梅尼图斯："为什么对于子女的不幸那么的无动于衷，但是对朋友的落难反而那么痛哭流涕？"他回答说："那是由于最后的悲伤能够用眼泪尽情发泄出来，而对原来的前两次的打击所带来的那种痛苦却是难以用语言来宣泄的。"

谈论这个题目，我忽然想起有一位古代画家的创作，与这个十分的相似。 这位画家曾经画伊菲革涅亚。 献艺仪式的时候，按照当时在场的人们对那一位无辜的美少女的关心程度以此来描绘他们自己不一样的悲伤，画家殚精竭虑。 但是当画少女的父亲的时候，父亲的脸被藏了起来，仿佛任何表情都不足以体现他的悲痛。 这也可以解释为什么诗人们要虚构出尼俄伯。 那一位相继痛失七儿七女的不幸的母亲，来表达过度悲伤之后的萎靡以及麻木，以至于居然让她最后化为顽石。

　　　被那一种悲痛所凝结。

　　　　　　　　　　　　　　——奥维德

确实，痛苦的力量达至极点的时候，必然让人魂飞魄散，不能够自由行动，就像是骤然得知一个噩耗，我们会觉得周身麻木，而且四肢瘫软。动弹不得。但是当悲痛融为恸哭以及泪水以后，我们的魂魄会不受约束地远离我们而去，以此得以排解然后释放，感到放松以及慰藉。

> 痛苦到最后终于得以宣泄。
>
> ——维吉尔

在弗迪南国王和匈牙利国王的遗孀于布达在那附近作战的过程当中，德军将领雷萨利亚克发现战场上抬回来了其中的一具尸体，大家全部都亲眼目睹了那一位烈士在战场上英勇奋战的出色表现，德军将领萨利亚克感到可惜，并且对他的牺牲特别的痛惜。他在惋惜之余像常人一样对士兵的身世感到好奇，他也希望认出死者是哪一个人，等到卸去盔甲，最后才认出原来是他自己的儿子。在众人的恸哭声中，只有将军一句话也不说。矗立在那里紧紧凝视着儿子的尸首，直至心中的悲苦突然凝固了他的"生命力"，以至于让他停止了呼吸，最后直挺挺地一下子倒在了地上。

> 说得那种出热度的火，
> 可以说得出的热情。
> 假如他可以说出爱得欲火中烧，
> 那同时也就说明也仅仅不过是星火一点，
> 一定非常柔弱，而且愁绪绵绵，深情默默。
>
> ——彼特拉克

想表达难以忍受的相思之苦的恋人们是这么说的：

当我见到你，
我立刻就慌乱不迭，
热浪涌遍我的全身，
我的耳朵嗡嗡作响，
我的眼前一团漆黑；
你的出现，顿时扰乱了我的灵魂

——卡图卢斯

因此说，在突发激情和最冲动的时候，就如同熊熊的烈火一样，是不可以将那一种强烈感情表露出来的。 由于在那会儿，我们的心灵已因为千般思绪因此而不堪重负，身体也居然因为万种渴盼变得颓唐衰弱不堪。 因而，爱人们有时候会被各种无端的眩晕以及乏力所袭击，即便在梦想就快要成真的幸福那种时刻，感情也会由于激情过度因此而走向其另一端，暂时的被冷却冻结住了。 能够品味和接受的感情都是普通的感情。

轻微的烦恼唠叨不休，真正的烦恼默不作声。

——赛涅卡

意外的好消息同样使我们喜出望外：

当我随特洛伊军队一起前行到她面前的时候，
她一下子神情呆滞，
惊惶失措，

恐惧万分，

顿时昏倒在地，

很长一段时间都不能言语。

——维吉尔

有个罗马女人因为看到自己的儿子从坎尼战场上面挫败而归了，因为极度的喜悦而命丧黄泉的这样的例子之外，另外还有索福克勒斯以及暴君狄奥尼修斯也全部都死于极度的兴奋，塔尔瓦在科西嘉因获悉自己被罗马元老院授予他的荣誉称号的喜讯，反而因此发高烧死了。并且这个世纪也有许多类似这样的例子。莱昂十世教皇在获知他一直渴盼的攻克米兰的消息时，顿时欣喜若狂，一直发烧，最后离开人世。还有一个更加著名的例子证明人类的这个弱点，古人知道：辩证法大师名字叫作狄奥多罗斯，在他的学校以及众目睽睽之下因为没能够解答出人们提出的问题而感觉到羞愧难当，在当场就告别人世。

我不大容易激动。我天生不很敏感，而且因为日复一日的推理而变得更加粗笨、更加死板。

论预兆

对于箴语，确实是在耶稣基督降世之前很久，便已经开始失信于民：因为我们看见西塞罗苦苦思考它们之所以衰落的原因，以下的这几句话就是他的："为什么一直到现在，而且很久很久以来，刁勒非（Delphe）再也不发箴言了，一直到今日，结果是人们不再重视它们？"但是其他种种预言，发自那些祭神的动物的脏腑（柏拉图以为这些动物的脏腑的天然组织有几分是为这用途而设的），鸡怎么顿脚，小鸟怎么飞行，"我们相信有一些禽鸟专为宣示未来而生的"（西塞罗）。雷鸣电闪，河中的漩涡，"占卜洞悉众多事物，占卦预知很多事物，箴语，先知，梦还有异迹又告知许多事物"（西塞罗），还有其他古代赖以取决公事和私事之体咎的，全部被我们的宗教废除了。尽管我们当中还有星相巫觋等流行，我们的天性中毫无意识的好奇心的显著例证之一，就是耗费我们的光阴去预卜未来的事物，仿佛在了解现实方面已经无事可做了似的。

> 为什么，那沃林比的王啊，难道你要，
> 在人类的痛楚之上还添上这凄惶？
> 为什么用如此残酷的预兆，
> 预示他们未来的灾殃？
> 还是把凡夫的眼睛蒙住吧，
> 使他们在恐惧中依旧不绝希望。　——卢卡努

"必将发生的事情，就算知道了也是没用的，因为徒自苦恼只是一件很悲哀的事。"（西塞罗）不管怎样，占卜的权威已经大为减削了。

因此我觉得莎吕斯（Salusse）伯爵法兰夏的儿子特别可惜。他那时候统率法兰夏王在阿尔帕山外的大兵，备受宫廷宠信，甚至连他的哥哥被充公的领地也归还他了。没有什么倒戈的理由，并且并非出自心愿，到后来才证实他是受了当时那有利于夏勒第五而不利于我们的种种美好的预言的过度的惊吓，刚开始常常在亲信中叹息法兰西王权和共同战斗的朋友们即将面临不可避免的灾难，最后终于背叛倒戈起来，结果就是他大受损失，不管如何

星移斗转。 但是他对于这事的举措实在如同陷于各种情欲的人。 因为，既然有城池以及大兵在握，而且安东尼·特·列夫（AntoinedcLcvc）所统率的敌军又距离他仅仅一步之遥，再加上我们对他没有一点猜忌，他本应该有更大的能力。 因为他尽管背叛，但是我们并不损失人马及城池，除了弗山（Fossan）之外，并且还是经了一场血战才丢掉的。

> 神用那乌黑的夜，
> 来遮掩着那条未来的路，
> 嘲笑那些不安分守己的凡人
> 因为焦虑自苦，
> 他就成为自己的主人。
> 并且把毕生快乐欢欣，
> 假如他可以每晚安然，
> 对自己说道："我又过了一天。
> 明天就任神让乌云覆盖天空或者是把清光普照
> 乾坤。"
>
> ——贺拉斯

相反的是，那些相信上面这句话的人却错了："这是他们的原因：因为之前有预兆。 所以有神明，那么既然有神明，所以就有预兆。"（西塞罗）

> 那些不求教于他们自己的心，
> 而仅仅求教于禽言兽语的人，
> 不妨听听他们怎么说，

信不信则另当别论。

——巴古微鸟

关于著名的托斯卡纳(Toscana)人的预言的来历是这样的,有一个农夫锄地,锄到深处的时候发现了达则(Tages),这个半神半人长一副孩子脸,但是具有长者的智慧。邻近的居民赶快走去看,因此他的言语和知识,以及包含着这法术的原理和方法,便全部被收集保存了几个世纪,这种技艺的产生和发展全都是无稽之谈。

我宁愿掷骰来处理我的事。也不愿相信这样的幻梦。

真的在所有国度,人们都给命运留下一部分权威。柏拉图在他所描画的那个理想国里,让命运裁决很多重要的事情,其中的一件就是婚姻要由善良的公民共同抽签取决。他如此强调命运的选择,甚至还主张从这种结合所生的孩子需要在国内教养,出生于不好的家庭的孩子应该被赶出国门。但是假如这些被摒弃的长大时侥幸有成材的希望,人们能够把他们召回去,而放逐那些被留在国内一直到成年还没有什么希望的。

我曾经遇到过许多人研究和注释他们的历书,把那些历书当作各种事物的权威来征引。他们可以预料的事是这么多,当然有真有假:"一个整天在射箭的人,哪个不会有时命中呢?"(西塞罗)但是我却不因为他们有时候命中而看得起他们。如果在他们的欺骗中有规则有实话,他们的预言或许会更加可靠。更何况一直以来没有人留意他们的误算。尽管那是无数和常有,但是他们的偶然命中却正是因为罕有、非常以及不经而得人信仰。狄亚哥拉士(Diagoras),他的别号无神者,有一天在山穆达拉司(Samothrace)寺里有一个人指着那些沉船之后得救的人的名字和图像对他说："好，你不相信神明跟人事有涉，关于这许多由神恩得救的，怎样解说呢？""事实却是，"他说道，"那些溺死的人并没有留下形象在这里，而且肯定人数更多。"

西塞罗说在很多承认神明的哲学家当中，仅仅只有色诺芬·哥罗风尼（XenophenColophonnes）试图根绝任何形式的占卜。因此就不奇怪我们常见许多国王花费他们的光阴（有时并且于他们自己有害）在这些子虚上面了。

我特别希望可以亲眼看见这两个异迹：一个是加拉比（Calabros）的方丈约翰的书，能够预言所有未来的教皇的姓名以及相貌；另外一个是里雍（Leon）皇帝的书，能够预言希腊历代皇帝以及尊长。

但是这个却是我自己亲眼目睹的：在社会秩序十分混乱的时候，人民遭受到厄运的打击，十分轻率投身于各种迷信，对着上天寻求关于他们的灾难的远古的恫吓以及原因。他们的议题在现时特别受人欢迎，我可以说（这是一个锐利并且十分空闲的头脑的消遣）那些擅长于解释这些玄机的人不管是在什么书里都能够找到他们自己所想要找到的东西。但是特别使他们比较容易从事的是那种预言式的谵语的模糊、模棱两可和古怪，它们的著者原本就不给他们任何明确的意思，这样以便后世能够随他们的幻想妄加注解。

指引苏格拉底的精灵，在我看来，就是某一种意志的冲动，还没有等到他的理性允许便呈现给他。在一颗修养如此深的灵魂，经过智慧和道德的反复修炼，也许连这种率性，虽然是偶然，但是也是良善并且值得听从的罢。每个人在他内心全部都是这种骚动的影像。我以前也有过，我放任它们推移对于我是这样地有益和顺利，可以说这与神的启示有着某种关系吧。

论恐惧

> 我吓得心惊肉跳，毛骨悚然，
> 话语噎在喉咙里说不出来。

——维吉尔

我不像有一些认为的那样是探索人类本性的学者，针对人为什么恐惧所知甚微。 不管怎么样，这是一种很奇特的情感。 按照医生的说法，没有任何的情感可能会比恐惧更加让我们手足无措。 实际上，我看见许多人因恐惧而发疯，就算是最沉着镇静的人，一旦恐惧起来也会感到心慌意乱。 在这里我不谈凡夫俗子，他们一会儿担心老祖宗可能裹着白尸布从坟茔中走了出来，一会儿又担心可能会撞见魑魅魍魉。 按照常理说恐惧在士兵中间不应该有多少地位，然而，他们不经常因为恐惧所以把羊群当作胸甲骑兵，把芦苇以及竹子当成是执矛的骑士，把朋友当成是敌人，而且还把白十字架当成是红十字架吗？

德·波旁先生在攻打罗马的时候，有一位守卫圣皮埃尔镇的旗兵，每当他一听到警报就害怕得像似丢了魂一样，他通过废墟下的一个窟窿往外爬，手里举着军旗朝着敌人直冲过去，心里还以为自己在往罗马城里跑呢；波旁先生以为是城里面的人跑出来迎接挑战了，就允许他的队伍赶快排好阵势，做好准备反击；当那旗兵一见德·波旁先生的队伍的时候，立刻恍然大悟，连忙转过身，在野地里跑了大约三百多米，重新钻进了刚才爬过的窟窿。 当我们的圣波尔镇被比尔伯爵还有迪勒先生攻克的时候，朱伊尔司令官的步兵连也同样遭到相同的厄运，由于他们吓破了胆，连人带旗从城墙上的一个枪眼跳了下去，结果被攻城的人撕成了碎片。　就在这一次围城的过程当中，有一位贵族被吓得魄散魂飞，当他从缺口逃跑的时候，居然在没有一处受伤的情况下倒地立刻毙命，这种被吓死的例子实在是值得回忆。

恐惧有时候会同时侵袭一大群人。　在日耳曼库斯跟德国人的一次战争的过程中，两支大部队全部吓得惊慌失措，他们各自从所占据的地方逃跑，跑到了原来由对方占据的地方。

有时，恐惧似乎会给我们脚跟上面插上一双翅膀，就好像两例那样；有时又会给我们自己的双脚钉上钉子，让我们一点都不能动弹。　举泰奥菲尔皇帝做例子。　泰奥菲尔和亚加雷纳入打仗的时候，在一次战役中战败了，仿佛五雷轰顶，连逃跑不逃跑都不知道了："害怕得连逃命也想不清楚了！"这样一直到他的一位主将马尼埃尔来使劲拽他摇他，就像是要把他从沉睡中唤醒一样，跟他说："假如您不跟我走，我就把您杀了，因为宁可您丢了性命，也好过让您当俘虏丢了帝国。"他这时候才惊醒。

恐惧在让我们丧失捍卫责任以及荣誉的勇气之后，为了捍卫它自己的利益，又会让我们变得一点都不畏惧，因此来显示它的最后威力。　在桑普罗尼奥斯执政罗马的时候，在输于汉尼拔的第一场比较正规的战役中，一支以万人计的步兵队惊恐万状，想表现怯懦都没有了去处，反而朝着敌军主力所在的地方直冲过去，用尽全力拼杀，突出重围，其中杀死的迦太基人不计其数，以一次光荣辉煌的胜利，将逃跑的耻辱洗刷了。　我最恐惧的东西，就是恐惧。

所以，恐惧的威力可以说是超过其他的任何情感。

还有什么可以比庞培的朋友们在他船上亲眼目睹一场大屠杀时候的痛苦更加的强烈而且更真实的情感呢？但是，当埃及帆船靠近的时候，他们恐惧地忘掉了痛苦，连忙催促水手加快划桨的速度，抓紧时间赶快逃跑，从那里一直逃到推罗，才恢复了镇静，回忆起刚才的损失，尽情地哀号和痛哭起来。刚刚，那威力更强烈的情感——就是恐惧把他们的眼泪以及哀伤全部挡住了。

那时候恐惧从我的心中掳走了
我的全部勇气

——西塞罗

那一些在战斗中受伤的人，哪怕满身是血，第二天同样又会被送往战场。可是对那些把敌人想象得特别可怕的人，可千万别让他们去面对敌人。时刻害怕失去财富、害怕放逐、害怕奴役的人，生活在数不尽的烦恼之中，不仅食不甘味，而且夜不成寐；但是那些穷汉、流亡者以及农奴却往往活得和别人一样的开心快乐。多少人受不了恐惧的刺激，纷纷上吊、跳河、坠楼，告诉我们恐惧实在比死亡更讨厌更难忍。

希腊人觉得还有一种恐惧，不是理性失误所导致的，没有明显的理由，完全来自上天的冲动。通常整个民族，整支部队全部被这种恐惧俘虏。迦太基就曾经被这种恐惧所笼罩，全国陷入一片恐慌。处处都是恐怖的叫喊声。居民们似乎听到了警报一样，全部都从屋里跑出来，大家互相搏斗，互相伤害以及残杀，仿佛是敌人攻进城了一样，一阵混乱以及嘈杂，直到通过祈祷和祭礼平息了诸神的愤怒之后才恢复正常。希腊人把这称作是潘引起的惊惧。

论想象的力量

学问家曾经说："丰富的想象力可以创造事件。"我感觉自己是一个具有巨大想象力的人。每个人都可能会撞到它，有人会被它撞翻在地。它所施加的压力能够使我受伤。我的对策是逃避，而不是对抗。我把自己想象成只和健康快乐的那些人生活在一起，看到别人受苦的时候，我就如同身受，我的感觉往往与当事者一模一样。有一些人不停地咳嗽会让我的肺部以及喉咙感觉发痒。在我们看望病人的时候，如果是责任所系，我的情绪就不如去看望平时不甚注意不甚重视的人。我可能会染上我感兴趣的疾病，并且久治不愈。放任或者鼓励想象力使人变得狂热甚至死亡，我认为其实并不奇怪。西蒙·托马是一位很著名的医生，记得我们有一天在一位年老而富有的肺病患者家里邂逅：医生跟病者讨论着进行治疗的方法，谈论说其中一个方法是患者应当努力让我喜欢并且要和他交朋友，如果他能够多看看我清新纯真的面孔，能够多想想我洋溢着青春的快乐以及活力，如果他能够充分地感觉到我的健康，他的身体状况就会大大好转。可是他忘记了说一句，我的健康也很有可能因此而恶化。

加律斯·维比尤斯研究精神病的本质以及演变，为此殚思竭虑，反而偏离了正确的判断，一错再错下去而且无法回头。他能够夸耀自己是一个使用智慧的办法变成的一个傻瓜。有人受到惊吓，没等屠夫动手就先死了。有一些人被除下蒙眼的布条，法官正在宣读特赦令，然而，他在想象力的作用下其实已经直挺挺地死在那个断头台上了。在想象力的打击下，我们周身冒汗，浑身发抖，面色十分的苍白，满脸红彤彤的，我们倒在床上觉得自己的身体也在随之颤动，有时候直至断气为止。 与此同时请注意，沸腾的青春活力也可能会突然猛烈地爆发，让你在睡梦之中满足爱欲。

> 所以常常会发生这样的事情，仿佛动作已经完成，精液喷射而出，把衣服弄脏了。
>
> ——卢克莱修

在晚上睡觉的时候头上本来还是好好的，到了半夜却看着它长出了犄角儿，这件事情发生在意大利国王西布斯的身上，虽说并不新鲜，但还是值得记一记：国王在当天观看斗牛比赛的时候，情绪十分的高涨，但是回宫之后却整夜梦见牛角，想象的力量真的使他的额头长出了角。 克雷祖斯的儿子一生下来就发现是个哑巴，但是那激动的情绪竟然使他说话了，斯特拉托尼丝的美丽容貌萦回脑海，昂提绪斯竟因为这样发起了高烧。 普里纳说亲眼目睹了吕西尤斯·考西蒂尤斯在婚礼上由女人变成男人的奇事。 蓬塔努斯等人也同样讲述过在上几个世纪在意大利发生的类似的变性事例：因为本人以及亲人的强烈愿望，"伊菲丝到最后终于如愿以偿了，从一个女儿身最后变成了男孩。"（奥维德）

当我经过维特里·勒·弗朗索瓦的时候，见到索瓦松主教提到的一个叫日耳曼的人，使我能够亲眼证实那个人的性别，当地的居民大家都曾经见过他，而且都认识他，而且知道他在二十二岁之前是一个姑娘，他的名字叫玛丽。 他满脸长着胡子，长相看起来十分的老成，没有结婚。 他说过，他的四肢出现男性特征是因为经常用力跳跃的缘故。 现在当地的那些姑娘们还流传着一支歌，互相提醒走的步子不要太大，不然就会像玛丽·日耳曼一样变成一个男孩子。 这种事情常常出现，实际上没有什么值得奇怪的，确实，想象力有着某种影响力，但是它与此类事件还有着一种更持久更有力的联系，与其反反复复地思想并且陷入同样的渴望当中，还不如一劳永逸地把男性的私处直接安在女孩子身上算了。

某一些人把达戈贝尔国王以及圣徒弗朗索瓦的伤疤归结为想象的力量。 听说，在想象力的催化作用之下，人的身体能够原地拔起。 塞尔斯曾经提到过一位教士，在苦思冥想的时候，他的身体可以在长时间里保持不呼吸无感觉的状态。 圣·奥古斯丁还曾经提到了另一个人，只需要听到有人哀叹或者是抱怨，他就会突然昏厥，仿佛灵魂出窍，任凭你怎么喊他推他刺他烧他都起不了作用，这样一直到他自己慢慢醒来。 他说他隐隐约约听到有人曾经说话，说话的声音非常遥远，他还感觉到烫伤和撞伤引起的疼痛。 能够肯定的是，他那时候并没有硬着头皮去抵制疼痛，因为他在这段时间里既没有脉搏也没有呼吸。

十分有可能的是，人们信任奇迹、异象、巫术，以及各种十分奇特的事物，主要原因是强大的想象力，对普通老百姓软弱的心灵影响特别大的想象力。 只需要使他们深信不疑，他们就能够看见世界上本来看不见的东西。

我也同意下面的看法，新婚男子不举是一件让人特别尴尬的事情，而且成为众人的唯一谈资，实际上那只是顾虑以及担心害怕的结果。 我自己以前有这方面的经验，有一个人，就如同担保我自己一样，我担保他身体绝对不虚弱，也不相信什么魔魔法术，有一次听朋友讲述在最该使劲的时候却使不出劲来的故事，而且那天他刚刚处于同样的场合之中，朋友的那个故事十分沉重地打击了他的想象力，使他落到了同样的下场。从那件事以后，他便常常发作毛病，那个讨厌的回忆紧紧抓住他不放，十分残暴地压迫着他。到了最后，他寻找到一个以毒攻毒的方法，就是承认并大声地把自己患的病说出来，于是紧张的心情得到缓解，由于发病既然是意料中的事，那么它造成的麻烦也就自然降到了最低，心理负担也因此变小了。当他可以自由选择，思想得到解放和松弛，身体处于正常的状况，这样他就有可能脱胎换骨，然后用一个全新的身体来体会，出其不意地抓住并且取代原来的身体，这时候他的病也就可以说是完全治愈了。

一旦有能力的话，你将永远持有这种能力，除非是真的感觉虚弱不堪。

因为强烈的欲望以及忧虑做法是不是恰当，我们的心情会异常紧张，如果在这种情况下做这种事，才应当担心发生这样的不幸，尤其是好机会出乎意料地突然出现的时候，往往使我们一时慌乱无所适从。我以前认识的一个人，他使用的办法是让一个已经在别处尽兴的女人来平抑他的欲火，此人年事已高，能力不低，但是也远远不如当年了。另外有一个人，有个朋友保证他不受巫术的侵扰。我就来谈论一下这是怎么一回事吧。我有一位深交的公爵朋友，出身名门望族，娶了一位美丽的太太，以前追求她并想跟她结婚的男子也同时来出席她的婚礼，这让满堂的亲朋好友感觉大为不安，尤其是他的亲戚、主持婚礼的老妇人，他的婚礼在她家里举行，她最担忧那人会施展巫术，这是那位老妇人告诉我的。我说我有办法，请她放心。我的行李箱里刚好有一枚金币，那枚金币上面刻着神像，能够防止中暑以及可以治疗头疼。方法是把金币放在颅缝上面，金币上缝着一条用来固定的带子，在带子的两头在下巴那个地方打结。 其实是和我们所说的蠢事几乎一样的蠢办法。 这是雅克·佩尔蒂埃送给我的一件十分奇怪的礼物。 我想可以拿来试一试。 于是，我对公爵说他可能会像别人一样遇到麻烦，而且很有可能有人在暗中对他施行魔法，然而他可以放心大胆地去睡，我保证尽全力对付，一定使出我的浑身解数来为他化险为夷。 唯一的条件是他必须以人格担保保守秘密，他只需要在夜里仆人送夜宵的时候，假如情况不妙，就想办法给我做一个暗号。 他一下子垂头丧气，太多的胡思乱想使得他精神恍惚，在无意之中对我做了手势。 我于是叫他起床，要他装作把我们赶出去的样子，并且要脱下我的睡袍(我们俩身材差不多一般高)穿在他自己的身上，并且接着照着我的指示做下面的事情：我们走出房间以后，他要去厕所小便，读三遍祈祷词，而且还要做几个动作。 每读一遍的时候，他就把我交给他的绳子在身上绕上一圈，十分小心地系紧挂在腰上的金币，刻着神像的一面要朝里。 做完这些事情之后，系紧带子不要让金币松开以及移动以后，他就能够放心地回去做他那些想做的事情，然而不要忘记把我的睡袍扔回床上，而且要把两个人都盖住。 所有这些装腔作势行为的主要的后果是让我们深信不疑，这么怪诞的方法肯定是以某种深奥的学问来作为理论根据的。 它的虚幻性使其愈显重要和受人尊重。 总而言之，能够肯定的是，我的法宝对暗病比对中暑似乎更加的有效，它推动你，而不是抑制你。 种突如其来和奇怪的冲动促使我做出这件事，它跟我的本性相去甚远。 关于那些故弄玄虚和欺骗的行为，我持一种反对的态度，我讨厌玩弄手段，不仅游戏是这样的，牟利也是这样的。 即便事情原本是干净的，手段却沾满了污点。

埃及国王阿玛齐斯娶希腊的一位美女拉奥狄丝为妻。他对妻子关怀备至，却无法享受床第之乐，甚至差点儿到了威胁要杀死妻子的那种地步，在他看来这是妖术在作怪。于是想象力产生种种的奇迹，他一下子想到了宗教，因此向维纳斯许愿并且保证，结果在举行祭礼献上牺牲之后的第一夜便如愿以偿了。

现在来谈论一下女人，她们不应当是蹙着眉头的，用寻衅或者是逃避的态度对待我们，在我们自己欲火燃烧的时候泼冷水，这么做是错误的。毕达哥拉斯的儿媳曾经说，女人跟男人睡觉，应当脱下短裙放下羞怯，接着穿上衣服恢复矜持。因为受到种种惊扰，进攻者很容易失去勇气。一个人假如感到自己受了羞辱（初次接触时候才会有这种感觉，因为这时候的交往更激动更强烈，也正因为如此，一般人也特别害怕功亏一篑），出师不利，以后如果有机会就愈是迫不及待，也更加心有余悸。

新郎和新娘有足够的时间，没有准备好就不应该仓促行事。在熙熙攘攘以及极其兴奋的洞房花烛夜的时候，宁可一旁静观其事也不要盲目的行动，应当等待另一个机会，另一个有利的时机，更加亲密并且更加平静的时机，以免初试失败而不安，并且因此而绝望，以后后患无穷。在完全拥有对方之前，耐心的丈夫应该通过甜言蜜语，不要因为自尊心而一味地相信自己，需要一直不断地做出尝试和出击。要知道肢体天生顺从灵魂的人，只需小心控制想象力就行了。

我们有理由说明一点，身体的下半部分完全是不受管教的，当我们并不需要它的时候，它往往不识时务地介入我们的生活，在我们最需要和它打交道的时候，它又会不识时务地变得突然软弱无力，它不仅桀骜不驯，而且猛烈地对抗意志力的权威，十分顽固地拒绝心和手的祈求。 但是，当人们齐声斥责它造反，搜集证据谴责它的时候，假如它贿赂我并且请我为它辩护的话，我可能会把责任推给身体的其他部分，怀疑它们可能会挑起争吵，阴谋鼓动人们起来反对它，恶毒地让它独自承担所有的错误，完全是由于它们嫉妒它的重要以及美妙的功能。 因此，请大家仔细地想一想，这难道仅仅只是身体的某个部分经常拒绝我们的指挥吗？难道只是身体的某个部分与我们的意志作对吗？身体的每个部分其实都有自己的情感，或者是兴奋或者是沉静，这难道需要我们自己同意吗？我们没有意识的表情多少次暴露出我们自己暗藏的思想，把它暴露在大家面前。 我们的下半身充满活力，我们的心脏、肺部和脉搏在不知不觉之中激动起来，之所以这样原因都是一样的。 我们看见赏心悦目的东西的时候，心里会不由自主地燃起激动的火焰。 这样的反映难道只有张弛有律的肌肉以及血管不需要我们说明意愿和思想吗？我们无法命令头发竖起来，无法命令皮肤因为欲望或害怕而起鸡皮疙瘩。 我们的手经常伸去我们不叫它伸去的地方。 舌头僵硬起来，到时候就说不出话来了。 在贫困的揭不开锅的时候，我们会十分自觉地压抑自己的食欲，但是，吃喝的愿望仍然会刺激相关的身体部位，跟上面说的那另一种的欲望其实完全不相上下，它一样随时置我们自己于不顾，不讲任何的理由。 清理肠胃的器官有它们自己松弛和紧张的规律，并不理会或者是反对我们的想法，就好像那些帮助我们的肾减轻负担的器官一样。 为了证明意志力是全能的，圣·奥古斯丁举出了一个例子作为分析，说他以前曾经见过一个人，撅起屁股自己想放多少个屁就可以放多少个，为他的著作作注解的维瓦斯用那时候的另一个例子举证，说那人放屁也可以像朗诵诗歌一样做到抑扬顿挫，上面所说的事实并不能够说明我们的下身也能够服从意志力的摆布。 因为，有哪个人能够在通常的情况下做出比这儿更不得体更放荡的事啊？我在这里多说一句：我认识一个非常不安分、脾气极坏的人，他迫使主人背负着持续不变的责任，并且不间断地放了四十年的屁，到最后死于此道了。

可是，一旦说到我们的意志，我们指责意志享有过多的权利，由于它既无规则又拂人意，说它背叛以及暴乱实际上不为过！我们要它做的事，它都十分乐意去做吗？它不是常常做一些我们禁止它去做，而且明显地危害我们的事吗？同时，它完全顺从理智作出的结论吗？在最后，我要替我的客户来说一句公道话，希望大家能够认真考虑一下，它跟身体的其他部分有着一种不可分割而且不可区分的共同利益，但是，人们却只是一味地责难它，从身体各部位的本质中可以见到，那些不实之词跟它们的共同利益其实根本扯不上任何的关系。 由此可见那些指控者的敌意以及非法。 不管怎么样，大自然高声宣布律师和法官的争辩和判决全部无效，它将继续我行我素，做一件合理而且正确的事情，把那些与众不同的特权赐予我们的下半身，凡人唯一不朽的事业的实践者。 因为这个原因，苏格拉底觉得传宗接代是神圣的工作，爱是一种永恒的欲望，其本身是一种不朽的天性。

在想象力的催化作用下，有一个人趁机留下了他的瘰疬，但是他的同伴把瘰疬带回了西班牙。① 因此，遇到相同的事情，人

---

① 据说法国国王有治病的天赋，自从弗朗索瓦一世在马德里遭到囚禁，患瘰疬的西班牙人越过比利牛斯山让法国国王抚摩治病。

们都习惯性地要求精神随时有所准备。 假如不是为了借助想象力的作用而去弥补药剂被夸大的效力，为什么医生往往总是首先争取得到病人的信任，作出种种虚假的承诺？他们知道在医界有一位高手写下过这样的话，有一些病人一看到药的时候就会自动痊愈。

上面所说的这种随心所欲的事情刚好也给我遇上了，先父的家庭药师经常给我讲故事，他是一位很普通的人，出生在一个不尚虚荣不善作假的国家——瑞士，他跟我说，在图鲁兹的时候有一个相识很长时间的商人，那个人周身是病，常常肾绞痛发作，而且常常需要灌肠，遇到什么病，他就请他的医生开什么药。 药送来以后，他按老规矩办事一丝不苟：反复试试是不是太烫。 他躺上床之后，仰面朝天那样躺着，所有的准备工作全部都已就绪，其中唯一不做的事情就是打针。 药师在完成上面所说的这个过程之后便告辞了，病人躺在床上，好像已经灌了肠一样，在感觉上跟真正灌了肠的人是一样地舒坦。 假如医生觉得效果不够好，就会多给他开两三剂相同的药。 我的证人发誓说，为了节省一些开销（因为他就像是真的收到药一样要付钱的），病人的妻子有好几次试着在药里面仅仅只是放清水，结果显示有假，达不到应有的效果，于是便用回了原来的药。

有一个女人觉得自己在吃面包的时候误吞了一枚别针进去，大喊大叫，浑身感到难受，说她感觉喉咙里疼得不行，就像是别针卡在那里了。 然而，从外表看既没有肿，也没有其他迹象。一个十分精明的男人判断这仅仅只是臆造，是她自己的意念在作怪，很有可能是她在吞咽的时候被一小块面包哽了一下，他设法让她呕吐，偷偷地在呕吐物里扔下一只弯了的别针。那女人自己以为已经把那枚吞下去的别针吐出来，心中悬着的石头一下子落了地。我知道有一位绅士，在家里款待几个好朋友，在经过三四天以后，他开玩笑一样吹嘘说（由于事实上并无此事）。他请他的朋友吃了一顿用猫肉做的肉酱：其中一位小姐听了以后大惊失色，立刻上吐下泻，并且同时伴发高烧，救都救不回来了。动物和我们一样也是受想象力的控制。狗就是一个很好的证明，它们在失去主人以后会忧郁而死。我们注意到它们乱吠乱叫，梦游一样地到处乱走，马儿也是如此，我们看见它们高声嘶鸣，不断挣扎。

然而，所有这一切都能够归结到一个事实，精神跟肉体之间是互相交流的，关系特别的密切。有时候，想象力不仅作用于自己的身体，而且作用于别人的身体，当然这又是另一回事。一个人如果把病传染给另一个人。就像是我们在瘟疫、梅毒和眼疾等传染病中所见的一样，"看着那双得病的眼睛，你的眼睛也会得病，许多疾病都是这样在人与人之间传播的。"（奥维德）

相同的是，那些受强烈震动的想象力也同样会射出利箭伤人。谈论到斯基泰女人，古人相信假如谁冒犯她们，她们的目光就足以射杀那人。乌龟以及鸵鸟用目光能够孵蛋，这些说明它们的眼睛可以具有某种射精的功能。另外，据说巫师的眼睛极具进攻性和毒性，"我不知道是哪只眼睛慑服了可爱的小羊羔。"（维吉尔）

在我看来巫师绝不可靠。不论如何，我们凭借着经验知道女人对肚子里的孩子可以进行胎教，把她们想象的记号留在孩子身上，证据便是那个生下黑孩子的女人。① 有人曾经向波希米亚国王夏尔皇帝献上了一位来自比萨地区的女孩，那位女孩满身长毛，既直且硬，据说她母亲怀上她的时候，床头挂着一幅圣徒约翰·巴蒂斯特的画像。 动物也是如此，例如雅各布的羊羔，②山上被雪染白的山鸡和野兔。

最近这段时间，有人注意到我家的猫窥视着停在树梢的一只小鸟。 到了后来它们紧紧地对视着彼此。 最后，小鸟像死了一样掉在猫爪前面，或者它被自己的想象吓坏了，也或者是小猫的眼睛有着某种特别强大的吸引力。 喜欢猎鹰的人应该听说过一位猎鹰教练的故事，他双眼紧盯空中的猎鹰，打赌说单凭目光可以把它叫回身边。 听说，他真的做到了。 我列举这些故事，我当然是因为信赖故事的作者。

感想是我本人发的，它们都建立在理性的而非经验的证据之上，谁都可以加进自己的例子，没有例子可以加进去的人也相信这样的例子确实是存在的，因为世界上的事情确实太纷纭复杂。

要是觉得我的评论不好，谁都可以取代我作出自己的评论。

在我论述人的性格以及精神行为的研究过程中，只要能够接受，我可以把来自寓言的例子也当作真实的事例。 发生或没有发生，发生在巴黎或在罗马，发生在约翰身上或者是彼也尔的身上，始终都仅仅只是人的能力的表现，这是这篇文章给我的一个有益的启示。 理解并拿来为我所用，不管是虚的还是实的。 故事当然有不同的版本，但是我总是先用那最少见而且是最难忘的

---

① 传说一位白人公主生下了一个黑人小孩，被控与人通奸，希腊医生希波克拉底解释说这是公主床边放了一张黑人肖像画日常看到所致，遂得赦免。

② 参见《圣经·创世纪》第三十章。

一个。 有些作者以讲述发生了的事情为目的。 我的目的，假如我真的能够做到的话，是谈谈那些很有可能发生的事情。 没有相似性而去假设相似性，理所当然，这在学校里是完全允许的。但是我不这么做，我在这方面十分严格地遵守历史的真实性。我从我的所闻所做以及所说的事情里举出一些例子，绝对不允许任何的改动，哪怕是最细微最次要的情节。 我的良心不允许我做一些任何丝毫的篡改，我的学问是不是允许我这么做，我自己不知道。 针对这一点，我有时候会想，让一位神学家，一位哲学家，或者是一位思想以及智慧一样出类拔萃，并且十分严谨的人来写历史究竟是不是合适的。 他们如何担保自己说的话就一定是老百姓说的话？ 如何保证他们说出了那些不相识的人的思想，怎么让人相信他们的推测？ 就算是一些在不同的场合发生在他们眼前的那些事情，假如法官要求他们在宣誓后作证，他们一般都会拒绝的啊。 他们不会试着为任何人的意图负责，不管他们之间的关系多么亲密。 在我看来，和写现在的事情不一样，写过去的事情风险通常会比较小一些，由于作家仅仅只需反映已知的事实。 有人请我写年轻时的事情，觉得我看待往事不会像别人那样冲动，而且能够更贴近一些，由于我有机会接近各种党派的头头。 可是他们没有告诉大家，哪怕是让我像萨吕斯忒一样名垂青史，我也不会费这个精神（由于我与责任、勤奋、坚持是不共戴天的仇敌），并且洋洋万言并不是我自己的风格（我经常由于气促而停笔，我不讲究布局，不讲究起承，还不如一个不懂表达缺乏词汇，连最平常的事情都说不好的小孩子。 因此，我满足于说一些我常常会说的事情，做一些我自己力所能及的事情。 假如我写一个不得不写下去的题目，我的进度很有可能比那孩子还要慢）。 我是那么的随心所欲，即使按照我自己的标准，按照那些合乎理性的标准，我发表的看法都很有可能会不合法，并且会受到惩罚。普卢塔克或许想告诉我们，如果文章里所有的例子在每一点上都真实无误，那么，这篇文章肯定不是他写的，然而，要是对后人有益，并且有一天能够照亮我们的美德之路，这才应该是他的作品。和药不一样，从前的事情不管你怎么说都是没有危险的。

论对孩子的教育
致迪安娜·德·弗瓦，居松伯爵夫人

我从未见过因为儿子是癫痫头或者驼背，父亲就拒不承认他是自己的儿子。倒不是由于他对儿子特别钟爱，之所以看不到这个缺陷，而是不论如何这是他的儿子。我也是一样的。我比任何人都清楚，我这些文章不过只是一个在孩提时代已经品尝了最表层知识的人所说的一些梦话。这些知识构成了一个笼统而不完整的印象，所有的都知道一点，但是所有的都不全面，完全是一种法国式的。总而言之，我知道有一门医学，一门法学，一门分为四个部分的数学，我还粗略地知道学习这些知识的目的。但是我还知道，知识常常都希望服务于我们的生活。然而，我一直都是浅尝辄止，没有专心研究现代知识之父亚里士多德，也没有坚持不懈地研究其他学科。没有哪一门学科我能够说出个一二三，任何一个中级班的孩子都能够认为自己比我有学问。至少，他们觉得，我是没有能力出题目考他们基本课程的。倘若有人强迫我出题目，我只好勉强出几个一般性的题目，据此来判断他们天生的判断力：这样一门课程，他们什么都不知道，就像是我对他们的课程一无所知一样。

除了普鲁塔克以及塞涅卡之外，我没有再接触过其他的可靠的书本。 我一直不停地从这两人的书中采撷搜集，就像是达那伊得斯们不停地往无底水槽注水一般。 我把从中汲取的那些东西记在纸上，却几乎没有什么东西装进自己的头脑。

　　历史是我所擅长的，我对诗歌也一样情有独钟。 就像是克莱安西斯说的，声音挤在喇叭狭窄的管子中间，出来的时候就更尖更响，我觉得思想也一样，被挤压在狭窄的喇叭管子里的声音释放出来时更为尖锐强烈。 但是关于我本人的天赋才能——这也是我随笔中间所研究的内容——我觉得它们在重力下压弯了。我的观念还有看法仅仅只是摸索着前进，一路犹犹豫豫，而且摇摇晃晃，脚步趔趄。 即便我尽了最大的能力走得远一些，我也丝毫不满意；我能看到更远的地方，但是却模模糊糊，云雾缭绕，难以辨别。 我态度十分淡然，一点也不做作，自己想到什么就说什么，仅仅只用我的直觉说话；假如像经常发生的一样，我偶然在优秀作家那里碰到我也阐述过的同样话题，比如说不久前我在普鲁塔克的作品中也注意到了他对想象力的论述，跟这些人比起来，我发现自己是如此软弱无力，如此微不足道，禁不住自怜自轻起来。 但是我仍旧会禁不住得意，由于我的看法跟他们不谋而合，或者说至少我远远地跟在他们后头，同意他们的看法。 除此之外，我还可以辨认出在他们和我之间的巨大差距，这不是每个人都能够做到的。 但是，虽然我的看法软弱无力，而且粗俗卑微，我还是希望让它们保留我原来写的样子，就像它们生成时那样，不加粉饰，也不在和他们进行比较发现缺点时加以弥补。 要跟这些人并肩而行，必须有坚实的腰板。 本世纪有一些作家轻率从事，在他们毫没有任何价值的作品中，常常遍布从古代作家那里抄袭来的完整的篇章段落，他们自鸣得意，但效果却适得其反，由于抄来的和他们自己的不齐寸木岑楼，而且差异悬殊，因此反而使得他们自己的东西显得苍白无力，一下子相形见绌，导致得不偿失。

这是两种截然对立的观念。 哲学家克里西波斯曾经在他的著作中，不仅仅是插入其他作家整段的引语，而且是整部作品，他甚至还把欧里庇得斯的《美狄亚》放进了他的一部著作中。阿波罗多罗斯以前说，如果不把别人的东西引进来，作品就会变得苍白。 跟这儿相反，在伊壁鸠鲁留给后人的三百卷作品当中，其中找不到一条别人的引语。

有一天我偶然读到一篇这类的文章。 那一些法文句子缺乏生气、枯燥干巴、空洞无物，读起来觉得无精打采，而且索然无味。 读了很长一段时间之后，我感到很厌倦，忽然之间遇到一段精彩纷呈、高雅丰富到极致的文字。 如果我能够觉得坡度平缓，上坡感觉比较缓慢，那倒也算了，但这是悬崖峭壁，刚刚读了六句，就感觉是在飞向另一个世界。 所以，我也就发现了刚才爬出了一个深渊，从那之后再也不想下去了在那里我才发现我刚刚走出的是一个低洼、深邃的谷底，再也没有勇气了。 如果我用这些精美的段落来丰富自己的一个论述，那么就会使我的其他论述相形见绌。

批评他人身上与我一样的错误，和批评我身上他人也犯过的同样错误之间并没有什么矛盾，我常常会这样去做。 关于错误，就应当随时随地给予指责，让它们没有任何的藏身之地。但是我深深明白，要多大的胆量我才能够同我抄袭的东西平起平坐，与它们并肩前行，还不得不大胆地期望蒙蔽评论家的眼睛，不被人发现我是在抄袭。 这应该归功于我的想象力以及能力，同时也由于我特别用心。 更何况，我一般绝对不同那些先驱者短兵相接，反而是反复给予轻微的打击。 我决不和那些古代的先驱们肉搏，而是多次给予他们轻微的小小的打击。 即便我决定肉搏一场，我也绝对不会做的。

要是我能势均力敌地同他们较量，我就可以算得上是一个有学问的人了，因为我所引用的正是他们最强的东西。

我注意到有些人穿戴着别人的盔甲甚至连手指头都不想露出来，就好像是相同学科的人特别容易做到的那样，借助古人的想法，到处拼凑修补，安排自己的计划。 那一些人想把古人的思想掩饰成自己的思想，自己产生不了什么价值的东西，因此便用别人那一些有价值的思想来标榜自己，这首先是不公正和卑鄙的做法；同时，十分愚蠢的是，他们仅仅只是满足于用欺世盗名的方式来赢得那些平庸之辈无知的赞同，仅仅在识别力强的人面前斯文扫地，博学者对借他人学识装点自己的人嗤之以鼻，然而只有来自他们的赞许才举足轻重。 于我而言，没有什么比这种抄袭更加不愿做的事了。 我不引用别人所说的，除非是为了更好地表达自己。 这里不谈论编著，这些作品原本就是为把别人的东西汇编到一起出版的。 除了古人之外，我发现当今也有聪明人在这么干，其中有一位名字叫卡皮鲁普斯。 这是一些很有思想的人，比如说利普修斯编著的《政治》就是一部博学而且艰巨的作品。

我想表达的是，不管什么，不论是怎么荒唐的看法，我都没有打算加以掩饰，就像是我的一张秃顶灰发肖像，画家很有可能照我的脸画了下来，没有修饰得更加完美。 由于那也是我的性格以及看法，我把这些表现出来是因为我就这么认为，而不是因为值得这么认为。 我仅仅只是为了暴露自己，但是今天的自己，假如新的学习能够使我改变的话，明天很有可能是另一个样子。 我没有足够的权威让别人相信和期望，我感觉自己要做到教育别人还太浅薄。

一位曾经读过我的《论学究气》的人，有一天在我家里跟我说，我应该针对孩子的教育问题发挥一下。 但是，夫人，假如说我有这方面的才能的话，那么最好是用来献给您即将出世的小男孩（您是如此的高贵，头胎不可能不是男孩）。 由于我一直以来都是您忠诚的奴仆，那么我就有义务祝愿您万事如意，再者，我曾促成你们完婚，我有权关注你们即将到来的事业的成长和繁荣。 但是，话必须要说回来，教育以及扶养孩子是人类最重要而且也是最困难的一门学问。

就像是种田，播种以前的耕作方式既明确又简单，播种也一样，然而播下的种子一旦有了生命，就有各种各样抚育的方式，会遇到很多种的困难；对人同样如此，播种无需过多的技巧，但是一旦他们出世，就需要培养以及教育他们，给予他们无微不至的关怀，为他们鞍前马后，而且忙忙碌碌，担惊受怕。

人在幼年的时候所表现出来的爱好还很稚嫩模糊，前途未卜，因此很难做出可靠的判断。

你看西门、地米斯托克利还有其他的很多人，他们的行为跟自己的本性相差太远的距离。 熊和狗的后代总是一直显示它们天生以来的癖性，但是人一旦掺入习俗、成见和法规，就很容易改变并伪装自己。

然而，强迫孩子做一些超越他们本性的事，是特别困难的。经常有人用很多的时间，孜孜不倦于培养孩子做那些他们勉为其难的事，由于选错了路，到最后徒劳无功。 可是，既然教育他们这么困难，我的意见是，应该一直引导他们去做最好最有益的事情，但是不要过分致力于猜测并且预料他们的发展。甚至就连柏拉图在他的《理想国》中，好像也给予孩子们很多的权力。

夫人，知识是重要的装饰，也是帮助人类的神奇工具，特别是对于您这样特别富贵而且特别有教养的人。老实说，知识在地位卑微的人手中没有任何用武之地。知识更为值得骄傲的作用是提供了指导战争、指挥民众、维护国王或外族友谊的方法，还不如说能为引导战争、指挥人民或者是赢得某亲王或某国家的友谊助一臂之力。夫人，您出身书香名门之家（到现在我们还保存着你们的祖先富瓦克斯伯爵的文稿，您跟您的丈夫都是他的后代；您的叔父弗朗索瓦·德·康达勒伯爵每天勤于写作，他的作品可以使您家族的贵族身份流芳百世），您曾经品尝过教育的甜头，我相信您不会忘记所受的教育，所以，关于这个问题，我仅仅只是想对您谈一点看法，是跟习惯性的做法格格不入的，这就是我很有可能为您做的一切。

选择什么样的人去做您儿子的家庭教师，这决定着他受教育的效果。家庭教师的责任涉及其他很多的方面，但是我不谈论这些，因为我对此提供不出有价值的东西。在这篇文章中，我希望可以给那位教师一些忠告，他越是觉得有道理，就会更加的相信我。对于贵族家庭的孩子来说，学习知识不是为了获利（这个目的并不是卑贱浅陋，不值得缪斯女神垂青以及恩宠，再次，是否有利益，这取决于别人，跟自己没有关系），也不是为了让外界得益，而是为了让自己受益，把自己的内心装饰起来；并不是为了培养有学问的人，而是为了造就一些能干的人。所以，我希望可以多多注意给孩子物色一个有头脑而不是满腹经纶的家教，两者如果能够兼得则更好，如果不能，那宁可求道德高尚，判断力强，也不需要选一个光有学问的人。 我希望他能够采用新的方式来教育孩子。

人们一直不停地往我们耳朵里灌东西，好像在往漏斗里倾倒，我们的任务呢就是重复人家跟我们说过的话。 我希望您孩子的老师能够改变一下做法，走马上任的时候，就要按照孩子的智力，对他进行考验，教他独自欣赏、选择和识别事物，有时候领着他前进，有时候则让他自己披荆斩棘。 老师不应当一个人想，一个人讲，希望他听听学生说什么。 苏格拉底以及后来的阿凯西劳斯就首先让学生讲，接着他们再说。 "教师的权威大部分时间并不利于学生学习。"

教师最好让学生在他面前小跑，以便判断他的速度，决定如何放慢速度以适应学生的程度。 假如师生的速度不相适应，事情就可能变得很糟糕。 擅长辨别学生的速度，用正确的速度与其步调一致，是我所知道的艰巨任务中最为艰难的一个。 一个高尚而且有眼力的人，就要擅长屈尊俯就于孩子的步伐，并且对之加以引导。 于我而言，上坡比下坡步子更加的稳健，更加的踏实。

往往，不论学生的能力以及习惯多么不同，课程以及方法却千篇一律，所以，不足为怪，在一大群孩子当中，只能偶尔有两三个能从他们的教学中真正获益的。

教师不仅仅要求学生说得出学过哪一些词，而且还要讲得出它们的意思以及它们的实质，在评价成效时，不是依据他们记住了多少知识，而是看他会不会生活。 学生在刚刚学到新的知识之后，老师应该遵照柏拉图的教学法，让学生自己举一反三，反反复复一直实践，看他是不是真正掌握，而且真正变为自己可以用的东西。 如果吞进的食物照样吐出，是生吞活剥、消化不良的表现。 肠胃假如不改变吞进之物的外表以及形状，那可以说是没有进行工作。

我们的思想徒劳无益地听凭别人的想法摆布，受到别人权威教育的奴役和束缚。 我们脖子上像是被套了根绳索一样，因此也就感觉步履沉重，失去了活力以及自由。 "他们不能够做到自己支配自己。"我在意大利的比萨市曾经私访过一位十分有学问的人，但是他过于信奉亚里士多德，以致他的信条只概括为，衡量一个学说的可靠性以及真实性，需要看它是不是符合亚里士多德的学说，不然的话就是异想天开、虚无缥缈的想法。 他觉得亚里士多德见多识广，而且他的学说包罗万象。 他这个信条最后被解释歪了，致使他长期受到罗马宗教裁判所的查究，陷入困境，不得自拔。

教师应该让学生把所有的知识进行筛选，而不是专横而且徒劳地让他记住所有的一切，那么，亚里士多德所说的那些原则，也和斯多葛派和伊壁鸠鲁派的原则相同，对他来说就不是单纯的原则了。 而是让教师提出各种看法让他们加以评判，那么，他能够区别就会作区别，不能够区别也会提出怀疑。

　　　　我喜欢怀疑的程度不亚于肯定。

　　　　　　　　　　　　　　　　　　　　——但丁

因为学生如果能通过自己的判断而接受色诺芬和柏拉图的观点，那么这些观点就不再是他们的，而变为自己的了。 那些跟在别人后头的人实际上什么也没跟。 他将会一无所获，而且可以说他其实什么也不想获得。 "我们不在国王的统治之下，每个人都有支配自己的权利。"学生至少应该知道自己了解了什么。 应当学会运用那些哲学家的观点，而不是死死记住他们的教条。 如果他们愿意，可以完全忘记他们掌握的东西出自何处，但应该把它们真正变成自己的东西。 真理以及理性是大家共同拥有的，不分哪个人先说哪个人后说，也不顾及是柏拉图说的，或者还是我说的，因为他和我一样都弄懂了这些真理和道理。 蜜蜂向东或者向西采撷花粉，但是酿成的蜜却是它们自己所拥有的，就不再是花朵或者是花蕊了；同样，学生从人家那里借来的东西，经过加工整理做成一篇完全属于自己的作品，那就是他自己的看法。 他接受的教育，他的工作以及学习，都是为了最后可以形成自己的看法。

他们可以把从何处得到的帮助隐藏起来，只展示自己由此形成的结果。 一般抄袭和借用的人，只是炫耀他们建造的房屋，以及他们购得的物品，而并不是从别人那里汲取的东西。 通常法官收受的礼品，你是看不到的，你只是看见他为他的孩子们赢得了姻亲还有荣誉。 任何人都不会将自己的收入划归为公家，只是会将获得的财物据为己有。

通过学习的过程，我们变得更完美，更聪明了。 这就是学习的收获。

埃庇卡摩斯说，只有理解力看得着，听得到，它利用所有的一切，支配所有的一切，影响并且君临一切：其他事物都眼瞎耳聋，没有灵魂。 自然的道理，因为我们不给理解力以行动自由，它于是变得唯唯诺诺，而且畏首畏尾。 哪个曾让自己的学生就西塞罗这个或者是那个格言的修辞以及语法谈论过自己的看法？大家常常把那些知识统统贴在记忆里，犹如神谕一般，一个字母而且一个音节都构成事物所有的要旨。 死背下来的不等于知道，因为自己支配的是人家给予并保留在自己记忆中的东西。真正掌握的东西，就应该会使用，没有必要注意老师，没有必要看着书本。 通过死背书本得来的才能，是让人感觉遗憾的才能。 但愿这种才能只是拿来作为装饰，并不是作为基础。 这是柏拉图的观点，他说，坚定、信念以及真诚是真正的哲学，其他另有所图的知识，无非拿来充充门面。

我反而希望帕瓦罗、蓬佩这些当代英俊的舞蹈家教我们跳跃的时候，可以不要叫我们离开位置，而是让我们看他们示范动作，就如那些老师想培养出我们的智慧却不让我们动脑筋；我宁愿人们在教我们骑马、掷标枪、操琴或练声的时候，不用让我们练习，就像是我们的老师教我们正确判断以及善于辞令的时候，却不让我们去判断和开口一样。 但是，在学习舞蹈诸如此类东西的时候，我们面前的所有一切都可以作为重要的教科书：那些侍从的邪恶，那些仆人的愚蠢，餐桌上的谈话都是学习的新内容。

所以，与人交往特别适合这种学习的。 还有就是周游列国，不是像法国贵族的方式，仅仅只是关注圣罗通达万神殿的台阶有多少个；利维亚小姐的短衬裤有多么的华丽，也不是像其他一些人那样，仅仅只是关注尼禄在某废墟雕像上的脸孔比他在某金币上的脸孔更长或者是更宽，而是应该带回那些国家的特长和生活方式，利用别人的智慧来完善我们的大脑。 我希望在孩子年幼时就带他们到处走一走，为了一举两得，能够先从语言相差很大的邻国开始，由于如果不极早训练孩子的舌头，等到孩子长大了就很难学好外语。

除此之外，人们往往认为，孩子受教育的时候，应当远离父母，这种天然的慈爱会让父母变得过于心慈手软，即便是最有理智的父母也会如此。 他们也不忍心惩罚自己孩子的过错，不愿意看到对孩子的教育太过粗暴，或者是太受规矩束缚，以及太冒风险。 他们不能看着孩子操练归来汗流浃背，而且满身尘土，无法忍受他们受热挨冻，看不得他们骑在烈马上，手持无锋剑跟那些严厉的教练搏斗，或者是第一次拿火枪。 教育孩子没有别的办法：如果谁想使孩子有出息，那么就不应该在青少年时期对孩子们姑息迁就，而应该去挑战医学规律：

让他在野外生活，担惊受怕。

——贺拉斯

不仅仅要锤炼他们的心灵，而且还要锻炼他们的肌肉。 心灵如果无肌肉支撑，如果两项功能都交给它单独去承担，它也会过于劳累。 我自己就深有体会。 我身体一向娇弱敏感，心灵要做很大的努力，才能够承受身体的压力。 我常常在书中发现，我的那些老师们在谈论高尚以及勇敢的时候，常常赞赏钢筋铁骨之躯。 我见到一些男人、女人和孩子生就一副结实腰板，对他们来说，即使挨一顿棍打，也像是被手指头弹一下，可以一声不吭，而且眉不皱。 竞技者跟哲学家比赛谁更有耐力，更多的是体力而不是心灵。 然而习惯于耐劳就是习惯于受苦："劳动能够磨出耐痛的茧子。"必须锻炼孩子吃苦耐劳，只有这样，他们才能够忍受脱臼、肠绞痛、烧伤、坐牢以及酷刑。 很难断定他们不会遭受牢狱和酷刑之苦，有的时候，好人也可能会像坏人那样坐牢以及被拷打。 我们必须经得住考验。 有些人目无法律，对正人君子都会以皮鞭相加，用绳索悬吊。

再者，老师对孩子的权威应当是至高无上的，假使父母在场，就会受到中断以及妨碍。除此之外，在我看来，孩子受到父母的溺爱，知道自己家族富有高贵，对他们这个年龄的教育来说不能说没有危害。

在培养交往能力的时候，每当我发现有一个缺点：我们总是想尽办法显示自己，处处兜售自己的货色，并不是去了解别人，去获取新鲜知识。沉默以及谦逊有利于跟人交往。等您的孩子有了才华的时候，我们需要教育他不要露才扬己；当听到别人的胡言乱语的时候，不能够怒形于色，因为批评那些不合自己胃口的东西会让人家讨厌，以为你没有礼貌。应当教育孩子时刻注意自身修养，自己不愿意做的事情，如果别人做了也不用责怪，没有必要同习俗格格不入。"不卖弄不盛气凌人者为贤者。"必须教育孩子应该有礼貌，不应该好为人师，不应该小小年纪就野心勃勃，为了让别人另眼相看就显示自己比别人聪明，用指责别人还有标新立异来捞取名声。只有伟大诗人才适合运用非同寻常的诗歌手法，同样只有伟大杰出的人物才可以突破旧俗，标新立异。"即便曾经有个苏格拉底以及亚里斯提卜远离了习惯还有传统，人们也不能够步其后尘，他们才华十分出众，而且超凡脱俗，因此就能独树一帜。"应该教会孩子只有在碰到和他势均力敌的对手时才理论或者辩论，即便有这个机会，也不应该把所有的招数都全部展示出来，而只是需要使用对他最有利的。应该教会他擅长选择自己的论据，说理必须切中要害，所以也就应该言简意赅。还要教育他们要学会认输，一旦发现真理，就该缴械投降，不论真理是出自对方之手，或者还是由自己的看法而稍加修改而成。 由于他登台演讲，目的并不是为了说一些规定的台词。 他不该去从事用纯粹的现金出卖改变观点的自由的职业，承认人家在相互欺骗。 "他不是必须为规定的思想观点辩护。"

如果他老师的性格跟我的性格一致，他就能够让他立志效忠君王，披肝沥胆，而且无所畏惧。 可是，这一效忠范围仅仅限于履行公务，需要让他打消别的念头。 一个人如果被雇用收买，他的见解会失去公正，言不由衷，或者背负轻率和忘恩负义的指责。

为侍臣者只可以言君王所言，想君王所想的东西，这是他的唯一权利以及意愿；君王从上万的臣民中挑选了他，而且亲自调教。 这种恩宠和利益，令他利令智昏，他也就做不到直言不讳了。 但是，我们注意到，这些人的语言往往不同于其他阶层人的语言，他们说话听起来缺少诚意。

要让孩子的言谈闪烁着良知和道德，只以理性为指导。 教他明白，当他发现自己的论说有不对的时候，即便旁人还没有发现，也应该公开承认，这是诚实以及判断力强的表现，而诚实以及判断力正是他觅求的重要品质；还应该要他明白，坚持和否认自己的错误这种行为方式，往往表现在最为平庸之辈的身上；他应该明白，修改自己的看法，改正自己的错误，而且可以中途放弃一个错误的决定，这是十分难得而且可贵的品质，是哲学家的难能可贵的优秀品质。

应该告诉孩子，和别人在一起的时候，应该眼观四路，耳听八方，由于我发现最重要的位置常常被平庸之辈占据，庭宇豪华不等于才能过人。

当坐在餐桌上方的人大谈某一挂毯怎么的华丽，以及马尔维细亚酒有怎么的美味的时候，我听到了另一端响起了风趣的谈话。

他想要判断每种人的能力：放牛人，泥瓦工，以及过路人。应当把所有的一切都调动起来，取众人之所长，因为在家务治理当中一切都是有用的，就算是别人的愚蠢还有缺点，对他也不是没有教育意义。通过观察每个人的举止以及风度，就会在他身上产生对得体风度的羡慕和对恶劣举止的蔑视。

应当培养他探询所有一切的好奇心，周围所有奇特的东西，他都需要看个明白：哪怕是一幢房子、一眼泉水，一个人，抑或古战场、恺撒或者是查理曼的通道。

> 什么样子的土地会结冰，什么样子的土地烈日
> 下尘土飞扬，什么样的风能把帆船吹向意大利。
>
> ——普鲁佩斯

他将知晓这个或者是那个君王的习惯、才能以及联姻。这些东西学起来也并不是没有趣味，而且也特别有用。

在与人交往的过程中，我觉得也包括，而且主要包括我们靠书籍的记载才能认识的人物。他将通过历史书本同那些最杰出世纪的最伟大人物进行交往。这种的学习或许是会徒劳无益，但是也可能硕果累累，这些都取决于人们的意愿。就像是柏拉图所说的，这是斯巴达人唯一一种珍视的学习。如果孩子阅读普鲁塔克的《名人传》难道不会获益吗？然而，为师者不要忘记了自己的责任，不应该让学生死记硬背迦太基灭亡的日期，但是却忽略汉尼拔和西庇阿的品行，不要仅仅只是让学生记住马塞卢斯的阵亡之地而不知为什么他死在那里。老师不仅仅要教学生

历史故事，而且更要教会学生怎样判断。 我认为，这是我们大脑需要尤其专注的内容。 我在李维那里读到许多别人没有读到的东西，但是普鲁塔克从中感觉到的很多东西，那些是我却没有感觉到，或许作者本人也没有感觉到那些。 有一些人进行的是纯粹的语法研究，对另外一些人来说，学习历史就是进行哲学分析，从这里能够发现人类本性最深奥的部分。 在普鲁塔克的著作当中，有很多论述博大精深，而且颇值得大家知道，由于在我看来，他是这一类作品的一代宗师。 但是也有很多论述仅仅只是蜻蜓点水，仅仅只是为愿意研究的人指点一些方向，但是也有许多问题只是触及皮毛，只是指出了我们喜欢研究的人要研究的方向，有时候仅仅只是满足于触及一个问题的最要害的地方。应当把那些议题从中抽出来，进行详细阐述。 拉博埃西的著作《甘愿受奴役》，就是按照普鲁塔克的一句话写成的，既是亚洲的居民只屈从于一个人，因为他们连一个单音节词"不"都不会说。 而且，普鲁塔克还从那个人的生平中选出一件小事或者是一句话作为论说的题目，但是它们好像不能算作一个议题。 遗憾的是，智慧博学的人都喜欢简明扼要，这可能会使他们赢得声誉，但是我们这样做，就不一定有这样的效果。 普鲁塔克宁可我们称赞他洞察是非，而不是称赞他学识渊博，宁愿让我们对他感兴趣，而不是厌倦他。 他明白，关于好事，人们总是说很多，亚历山德里达就曾经一言中的，斥责那位过分赞扬斯巴达法官的人："啊！你这个外乡人，你以不应当用的方式，说了应当说的话。"身材细长的人填满充塞物充肥，头脑空空的人废话连篇夸大其词。

　　人通过接触世界来提高自己的判断力，这样让自己对事物洞若观火。 我们每个人都囿于自己的目光，目光十分的短浅，仅仅只是看见鼻子底下的事。有人问苏格拉底是哪里人，他不回答"雅典人"而是回答："世界人"。他比我们有更加丰富深湛的想象力，将宇宙看作是自己的故乡，把自己的知识倾注整个人类，而且热爱全人类，与全人类进行交往，不像我们仅仅只是注意眼皮底下的事。我家乡的葡萄园冻冰的时候，我的神甫得出结论说这是上帝降怒到人类，而且断言，野蛮民族因为这个而口燥唇焦。看到我们内战汹汹的情势，哪个人不叫嚷天下已大乱，我的神甫得出结论说这是上帝降怒到人类？他们怎么也不想想，比这更坏的事情常常有发生，可是在世界的多少地方，人们依旧生活得快快乐乐。但是我呢，虽然战争肆无忌惮，而且为所欲为，还是惊讶地看到它温和又无力的一面。有的人头上挨了冰雹，就觉得风暴席卷了半个地球。萨瓦人亨利·埃蒂安纳说，如果那位愚蠢的法国国王擅长理财，他就能够成为他的公爵的膳食总管了。埃蒂安纳想象不出来还有比他的主人公爵先生更伟大的人。我们大家都可能在不知不觉之间犯类似的错误，它可能会造成严重的后果以及损失。但是谁能想象犹如在油画上表现出的我们大自然母亲的伟大面容，至高无上的尊贵形象；从我们这位母亲的脸上可以观察到瞬间万变的千姿百态，而且可以从中发现，不仅仅是我们自己，甚至整个王国都像是一个精美无比的圆点，我们才能够对事物的大小作出一种正确无误的判断。

在这个大千世界里，好比是一面镜子，我们应当对镜自照，这样才能正确地认识自己；还有能加以分门别类，以各种形式为其增添色彩。总而言之，我但愿世界是我学生的教科书。它能够包容形形色色的特性、宗派、见解、看法、法律以及习俗，能教会我们正确判断自己的行为，教会我们通过自己的判断辨别它的缺陷和先天不足，这样的教育非常重要。 面对着国家历尽沧桑，以及命运多舛，这教会我们懂得我们自己的命运不会有什么奇迹发生。 看到多少英名、胜利以及征服全部淹没在遗忘中，但是如果我们自己觉得抓十个轻骑兵，领了一个鸡舍样的已经证实败下阵来的据点，就希望名垂千史，那么就会发现这个想法是多么的滑稽。 看到多少外国对本国的奢华情况引以为自豪，有多少宫廷对自身的威严感到自豪，我们的视力就会受到种种锻炼，就能够一眼不眨地逼视我们自己的光彩夺目的那些豪华。数以百万的先人埋葬地下，鼓励我们勇气十足，不惧怕到另外一个世界里去寻求良师益友。 同样的例证不一而足。

毕达哥拉斯曾经说，人生就好像是庞大而繁杂的奥林匹克运动会。 有的人在运动会里运动身体，为了可以在比赛中争得荣誉，另一些人为了带去商品出售赚钱。 还有一些人——他们不是最坏的——仅仅只是袖手旁观每件事怎样进行，为何这样进行，观察别人怎样生活，以便做出判断并通过对比来调整自己的生活。

所有有用的哲学观点都将会完全适合于上面所说的例子。哲学就好像规则，是人类行为不得不涉及的。 必须告诉孩子：

> 我们能够渴望什么，
> 艰辛赚来的钱干什么用，
> 在什么情况下适合为祖国和家庭献身，
> 上帝希望你成为怎样的人，
> 他为你确定了什么样子的角色，
> 我们为何存在，为何出生。
>
> ——佩尔西乌斯

而且还要告诉孩子，何谓知之，何谓不知，什么是学习的目的，什么是英勇无畏、克制忍耐和公道正义；雄心以及贪婪、奴役以及服从、放纵以及自由之间区别在哪里；什么是判断真正满足的标志；对于死亡、痛苦以及耻辱，害怕到什么程度才是不为过的，以及如何避免或者是忍受痛苦。

应该告诉他什么样的力量推动我们行动，我们身上各种不同动作的缘由。由于我觉得，为了达到培养孩子的判断力的目的，首先应当对他灌输对他的习惯以及意识能够起决定作用的东西，教诲他认识自己，教他活得有意义，死得有价值。而关于七种自由艺术，应当从使我们自由的艺术开始。

所说的这七种艺术，犹如其他许多东西有助于我们的生活一样，以某种方式，对训练和实践我们的生活很有益处。但是应该选择对我们的生活以及职业直接有用的一种艺术。

如果我们善于把生命的从属物限制在一种正确而且自然的范围内，那么我们就可能会发现，在那些通用的科学当中，其中最优秀的部分是不通用的，即便是在我们使用的知识里，也有一些广泛而隐秘的无用的知识，最好的做法就是撇之一旁，按照苏格拉底的教导，把我们的学习范围界定在实用性内。

> 要想成为智人，那么就行动吧。
> 迟迟不能认真生活的人，就像
> 等河水退完之后才有胆量过河的乡下人，
> 但是河水却是永不干涸的。
>
> ——贺拉斯

在孩子们知道自己是什么样子的星相之前，就教会他们星座的学问以及第八球体的运转，教孩子们学会了解：

> 双鱼座、激情闪烁的狮子座
> 西方海中的摩羯座有怎样的力量。

——普鲁佩斯

这么做是非常愚蠢的：

> 昴宿星座、牛郎星座
> 与我有何相干？

——阿那克里翁

阿那克西米尼在给他自己的学生毕达哥拉斯的一封信中这样写道："我双眼看到的都是死亡和奴役，如何能够沉湎于研究星座的秘密？"（由于那时候，波斯国王正在磨刀霍霍，将要对他的国家发动战争），每个人都应该这样说："我被野心、贪婪、鲁莽以及迷信彻底打败，更何况生活中还有其他很多的敌人，我还有可能去考虑天体的运动吗？"

当我们教会了孩子怎样使自己变得更加聪明以及更加的优秀之后，就能够教他逻辑学、物理学、几何学以及修辞学了。此时对他即将选择的学科，由于自身已经具备判断力，会很快掌握透彻。授课方式有时候可以通过闲谈的方式，有时候则讲解书本的方式；老师能够让他阅读跟他的课程有关的作者的一些选段，也能够详细讲解精神实质。如果孩子不能深刻理解书本，找到其中精彩的思想，老师就可以有目的地给他选些作家，按照不同需要提供不同材料，发给他的那些学生。哪个人可以怀疑，这种授课方法跟加扎的方法比起来是更容易更自然呢？加扎授课的时候，全部讲些晦涩难懂、乏味无趣的语法规则，词语空洞枯燥，无一可取，没有任何东西对思想有启发。但是采用我说的这种方法，有的是能够理解并且吸收的东西。这样结出的果子肯定硕大无比，而且也更加的成熟。

让人觉得惊讶的是，在我们生活的这个时代，事情竟然会这样，即便是十分有头脑的人，也觉得哲学是一个空洞而且虚幻的字眼，无论从事实上还是从公众舆论上看，哲学不仅无用处而且没有价值。在我看来，这是由于似是而非的诡辩往往堵塞了哲学各条通道之缘故。把哲学描绘成一副眉头紧锁、满脸愁容和恐怖可畏的可怕样子，让孩子没有办法接受，这样子的做法是大错特错的。谁给它戴上了这样一副苍白而可恶的虚假面具？没有比哲学更愉快和轻松的了，我几乎说它喜欢逗乐了。它仅仅只是劝诫人们快快乐乐地生活。在它那儿，愁眉苦脸根本就没有立足之地。语法学家德米特里在得尔福斯神殿碰到了一群坐在一起的哲学家，他对这些人说：“难道是我搞错了？看你们一副平静愉快的样子，根本不像是在热烈辩论。”听他这样问，其中有一位哲学家，迈加拉人赫拉克利翁回答他说：“仅仅只有研究动词 βάλλω 的将来时是不是有两个 λ，或者是比较级 χεῖρου 和 βελτιου 以及最高级 χείριδτου 和 βελτιδτου 怎样派生的人，才需要紧锁双眉讨论。哲学议题一直都是让研究者感到趣味盎然，而且其乐无穷，而不是愁眉不展，忧心忡忡。”

身体感觉不适，能够感到心灵的不安，
但是也可以猜出心灵的快乐，

由于两种状态都会反映在脸上。

——尤维纳利斯

　　头脑中装有哲学就可以通过精神健康使自己的身体也健康起来，应当用精神的健康来促进自己身体的健康。　心灵应当让安详以及快乐显露在外部，用自己的模子来塑造自己身体的举止，使身体显得雍容高雅，轻捷活泼，神态稳重而有礼。　精神健康最为显著的标志，那么就是永远快快乐乐，就好像是月球上的物体，总是一直心神恬然。　是三段论而不是哲学本身使奴仆身上沾满泥浆或烟灰满身。　那些人仅仅只是用耳朵来学习哲学。　难道不是吗？哲学相信能够平息人们内心的风暴，教会人们渴望欢笑，但是不是通过某一个假想的本轮，而是通过自然而且具体的推理。　哲学以美德为宗旨，它并不像学校所说的，被安放在崎岖陡峭的山巅，难以接近。　相反的是，那一些跟美德打过交道的人，觉得它栖身于肥沃丰饶以及百花盛开的平原上，从那里它可以纵观脚下的所有事物。　但是，假如人们熟悉道路，依然能从绿树成荫、长满奇葩异草的道路到达那个地方，那是十分愉快的一件事，山坡舒缓而且平坦，就好像是通往天穹的道路。　那美德简直是至高无上，而且美丽威严，含情脉脉的样子，并且富有情趣，勇敢坚强，它与尖刻、忧郁、害怕和约束为敌，它以自己的本性为指导，跟运气还有快乐为朋友。　但是那些人因为没有接触过美德，而且孤陋寡闻，所以把它想象成愚蠢悲伤、吵吵闹闹、阴阴沉沉、咄咄逼人的面孔，威逼利诱，把美德置于高山顶上，而且离群索居，四周荆棘丛生，这种凭空想象出夹的形象让人感觉茫然不知所措。

　　老师不仅仅应该教学生热爱美德胜于尊重美德，而且还应该，甚至更需要教他崇尚爱情，让美德还有爱情充满他自己的意愿，他就会对他说，诗人写诗往往总是遵循一般普遍的特征，把爱情作为诗歌永恒的主题，奥林匹斯山的诸神更愿意把汗水洒在通往维纳斯但是并不是雅典娜的道路上。 当孩子开始意识到自我的时候，就把布拉达曼或昂热利克①介绍给孩子当情妇：一个美若天仙，生性活泼，典雅高贵，非男子却有阳刚之气；另一个的美是一种有气无力的，不仅矫揉造作，而且娇娇滴滴，特别不自然；有一个穿男孩衣衫，戴着一副闪光高顶盔，另外一个穿女孩服装，戴着一个有珍珠的无边软帽；假如他做的选择跟弗里吉亚那位女人气很足的牧羊人②刚好相反，那么他会认为自己的爱情有阳刚之气。 老师将教导他上新的一课，让他明白，真正美德的价值以及高贵的地方，在于简单、实用而且愉快，实践的过程简直没什么困难，无论是孩子还是大人，头脑简单还是聪明过人，都有可能掌握。

美德采用的手段往往是给以规定，而不是强制的手段。 它的第一个宠儿苏格拉底自己有意放弃强制的做法，取而代之的是自自然然的，轻轻松松的，慢慢地获得美德。 它就像一位母亲，用自己乳汁去哺育人类的快乐：美德使快乐合情合理，也使它们变得肯定而纯净。 如果节制快乐，美德就会艰难地维持快乐，总是审视着快乐；假如它把拒绝不接受的快乐去掉，就可能会使我们对剩下的更加感兴趣；它把我们人类本性所需的快乐全都留给我们，特别的充裕，我们可以尽情享受慈母一样的关怀，直至腻烦，否则就是厌倦（或许我们不愿意说控制饮食是快乐的

---

① 意大利诗人阿里奥斯托《愤怒的罗兰》中两位性格相反的女主角。
② 指希腊神话中的帕里斯，特洛伊王子。

敌人，它使饮者没有醉便休，食者胃未反酸便开始停止咀嚼，淫荡者未患秃发症便决定洗手不干）。 如果美德缺乏通常的好运，它会回避或者放弃这种运气，另外造一个完全属于它自己的命运，不再是那种摇摇摆摆，变化不定的。 它十分擅长成为富豪、强者以及有学问的人，睡在用麝香熏过的那种床垫上。 它热爱生活，热爱美丽、荣耀和健康。 但是它所特有的使命，就是比较擅长合法地使用这些财富，也擅长随时失去它们：这种使命与其说艰难，还不如说崇高。 如果不具备这项使命，整个人生就会变得一反常态，混乱不已并且丑陋之极，也就仅仅只有暗礁、荆棘以及畸形的怪物。 假如这个学生十分特别，特别喜欢听老师讲一些奇闻轶事，更喜欢听奇闻怪事而不是听讲述一次美好的旅行或者谈些明智的话题；假如他的伙伴们听到咚咚的战鼓声之后便感觉热血沸腾，而他却情不自禁无法抵制住街头艺人的诱惑，转过身去看他们的表演；假如他觉得风尘仆仆从战场凯旋，不如从网球场和舞会归来更有意思，更心安理得；假如是这样，我对此也没有别的办决，不如由老师趁早在没有证人的情况下捏紧他的脖子，或者是让他到城里去做糕点，就算他是公爵的儿子，由于按照柏拉图的教导，孩子将来有可能在社会上谋职，不应该靠父亲的财产，而是应该靠自己的本事。

既然哲学教会了我们生活的学问，既然人们在童年的时候，跟在其他任何的时代一样，可以从中得到好处，那么，为什么不让孩子们学习呢？

黏土不仅软而且湿，应当赶快行动，
让那轻快的轮子转动起来把它加工成形。

——佩尔西乌斯

人生已逝之时人们才教我们如何生活，很多的学生还没有学到亚里士多德关于节欲的课程，就已经染上了梅毒。 西塞罗曾经说，即便他能活两次，也不会浪费时间去研究那些抒情诗人的作品。 而我感觉那些哲学诡辩家比想象中的还要可悲和无用，我们的孩子没有那么充足的时间，他们只是在十五六岁之前接受教育，在这儿之后就投身于行动了。 如此短的时间，应该使他们学习必须学习的东西。 其他的知识不要教得太滥了，把辩证法当中那些繁琐晦涩的东西拿掉，诡辩论没有办法改善我们的生存。 应当选择那些简单的哲学论述，而且要选得合理恰当：它们应该比薄伽丘叙述的故事更加容易接受。 孩子在离开他的奶妈时就能听懂哲学，这比学习读书写字要强得多。 哲学不仅仅有适合老叟的论述，而且有适合孩童的道理。

我同意普鲁塔克的看法。 他说，亚里士多德在教导他的大弟子亚历山大的时候，不怎么注重三段论或者是几何定律而是教育他有关道德、英勇、高尚、节欲的训诫以及无所惧怕的自信。 等到亚历山大把所有的完全掌握之后，在他还没有成年时，亚里士多德就派他去征服全世界，仅仅只是给他三万步兵、四千匹马和四万两千埃居。 普鲁塔克说，关于其他艺术还有学科，亚历山大自己也怀着深深的敬意，称赞它们十分优秀，十分高雅，可是，依据他的兴趣，他不会轻易产生将他们付诸实践的欲望。

年轻以及年老的，请在中间选择那些可靠的规
则，领取给予那些风烛残年的生活费。

——佩尔西乌斯

伊壁鸠鲁在给迈尼瑟斯的信中这样开头："但愿童孺不要厌

倦哲学，耆老不要厌倦哲学。"这好像是在说，假如不这样做，不仅仅是还没有，就是再也没有机会成功地生活。

要让他受到哲学教育，我并不希望把孩子囚禁起来，不愿意把他交给一个性情忧郁、而且喜怒无常的老师看管。我不愿意腐蚀他幼小的心灵，让他跟其他的孩子一样，每天学习十四、五个小时的时间，像脚夫那样受尽折磨，心力交瘁。如果他性格孤僻或者是阴郁，太过于埋头于书本，而且人们明明知道他这样做太不审慎但是却还姑息迁就，我觉得这非常不合适，这可能会使孩子对社交生活以及更好的消遣一点都不感兴趣。我看到我们这个时代有多少人因为盲目贪求知识而变得呆笨，卡涅阿德斯埋头于书本中间，弄得自己神魂颠倒，居然连刮胡子以及剪指甲都没有工夫顾及。我也不愿意别人粗野的言行举止影响他那高贵的习惯。法国人的谨慎在以前是大家都知道的，开花特别早，可惜的是虎头蛇尾，很难持久。实际上，就算是现在，我们依旧看到，法国的孩子是特别优秀的，但是通常，他们会辜负大人对他们的期望，一旦他们长大成人，就失去了原有的高贵。我以前听到某些有识之士说，人们把自己的孩子送进学校，虽然学校多如牛毛，但是他们培养出来的孩子笨头笨脑。

而我们的孩子，仅仅一间书房、一座花园、餐桌、睡床、孤独的一人、有人相伴、管清晨还是傍晚，每一分秒都适宜拿来学习，所有的地方都是他学习的场所，由于哲学是他的主要课程，而哲学的独特禀赋就在于是无处不在的，这样就有利于培养他良好的判断力以及行为习惯。有一次在宴会上，有一个人请雄辩家伊索克拉底谈谈他的辩论艺术，伊索克拉底的回答，到现在谁都认为很有道理："现在来讲我擅长做的事情不是时候，现在这个时候该做的，我却不会做。"因为人们在宴会上相聚目的是为了说说笑笑，以及品尝美肴珍馐，所以这时候向他们介绍怎样用雄辩术进行演讲或者是争辩，这明显有一些不伦不类，确实极不协调，谈论许多其他事情还是可以的。 然而，哲学有一部分内容常常涉及人及其职务以及职责，所有的哲人全部都一致认为，为了言谈可以温文尔雅，不应当拒绝在筵席上和娱乐时候使用哲学。 柏拉图把哲学请到了他自己的宴会上，虽然这里涉及的是哲学最高贵最有用的论述，但是我们看到它如何在适当的时机和地点以轻松协调的方式取悦了在场的人。

　　　　哲学对于富人和穷人都有用，不管是孩童和老叟，哪个人忘了哲学他就要吃苦头。

　　　　　　　　　　　　　　　　　　——贺拉斯

　　因此，毫无疑问，我们的孩子不会像其他孩子那样无所事事。 然而，就像是在画廊里徜徉，走的路比到指定地点多三倍的距离，但是却不会感到疲惫，一样的道理，我们的课程似乎是遇到什么就讲什么，不分时间和地点而有什么不同，完全融合在我们的行动中，在不知不觉中进行。 甚至连游戏和活动，比如说跑步、格斗、音乐、跳舞、打猎、驭马、操练武器等等，也会是学习的重要内容。 我希望培养孩子在众人当中举止高雅，行为得体，处事灵活时，也要打造孩子的灵魂。 我们造就的不仅仅一个心灵，或者是一个躯体，更是一个人，不应该把心灵和躯体二者分离开来。 就像是柏拉图所说的，不应该只训练其中一个而忽视了另外的一个，应该将它们同等的对待，就像驾在同一辕木上的两匹马。 从柏拉图这句话中我们可以感觉到，柏拉图并没有给予自己身体锻炼更多的时间以及关注，反而认为心灵以及身体同样重要，而不该发生相反的情况。

　　除此之外，对孩子的教育应当不仅仅严厉而且要温和，并不是依照习惯的做法，不该鼓励孩子进入搏击般的学习，实际上，这样做只会让他们感到恐怖和残酷。

　　我不赞成采用暴力以及强制的做法。　我觉得没有比暴力以及强制更会使孩子智力衰退甚至是晕头转向了。　如果你想让孩子惧怕羞耻和惩罚，就不要让自己变得冷酷无情，而要让他经受得住热汗和寒冷，经受得起狂风以及烈日，蔑视所有的危险；教导他在衣、食、住方面全部都不挑三拣四，而且对什么都可以适应。　但愿你的孩子不是一个漂亮柔弱，而是一个茁壮活泼的小男孩。　我始终都这么思考和判断，不论在我孩提时代，还是在我成人以及老年的时候。　然而，我最为不满的是我们绝大部分学校的管理方式。　如果能多一点宽容，那么孩子受的危害或许可以少一点。　学校简直就是一座不折不扣的囚禁孩子的监狱。人们往往惩罚孩子，一直到他孩子们神态失常。　您不妨去学校看一看：你只会听到孩子的求饶声和先生沉浸于愤怒的叫喊声。孩子们显得是那样的娇弱胆怯，为了激发孩子们的求知欲望，那些先生却手握柳条鞭，板着一张可怕的面孔，强迫孩子们埋头读书，这是什么样子的做法呀？这难道不是一种特别不公正、而且特别危险的吗？关于这个问题，我还能够引用昆体良的一些看法：他清楚地发现，他明确指出这种专横的教育方式只能带来严重的负面效果，尤其是采用体罚的办法。　据说他们的教室本该铺满鲜花以及绿叶，而不是铺满鲜血淋淋的柳条鞭！我希望让教室里可以充满欢乐，洋溢着花神以及贤惠女神的欢笑，就好像哲学家斯珀西普斯在他的学校里所做的那样。　我会使孩子受益的地方也成为他们玩耍的地方。　有助于孩子的食物应该用糖水浸渍，但是有害的食物则应当充满苦味。

让人觉得诧异的是，柏拉图在他的那些法律篇中，特别关注他那座城市孩子的欢乐嬉戏，关于他们的赛跑、竞技、唱歌、跳舞都作了十分详尽的阐述，他说道，古时候是让阿波罗、缪斯和密涅瓦来领导并且掌管这些活动的。

柏拉图谈及体操规则的时候，大大的加以发挥，扩展到上千条款；至于文学研究，却简直没有提及，好像就为了音乐才向人们推荐诗歌的。

我们的习惯以及举止，应当避免所有古怪和特殊，由于那是丑恶可怕的，可能会妨碍我们跟社会交往。

亚历山大的膳食总管得莫丰在黑暗中会常常出汗，阳光下反而会瑟瑟发抖。 关于得莫丰的这种体质，任何人不会感到惊奇呢？有人闻到苹果的味道，就像是遭到了火枪射击，连忙逃之夭夭，有的人看见老鼠就大惊失色，有的人见到奶油就想吐，见到羽毛床垫就心神不宁，就好像是日耳曼库斯见不得雄鸡，也听不得它们歌唱的声音。 或许这里面有什么神秘的特性，但是依我看，只要及早注意，是会克服的。 我的一些毛病就是在受教育之后才开始矫正的，当然花费了很大一番工夫，到了现在，除了啤酒之外，我吃什么都觉得津津有味。 所以，趁身体还可以塑造的时候，应该让它适应所有的方式和习惯。 希望人们能够控制意愿和欲望，十分大胆地培养年轻人适应各种各样的生活，必要的时候，甚至让他过一下那种纵乐不规的生活。 要按照习俗来训练他。 他应该凡事都能干，不要只喜欢做好事。 卡利斯提尼斯因不愿和主子亚历山大一起狂饮而失宠，对他的做法，连哲学家也不敢恭维。 我们的年轻孩子应该和他的君主一起嬉戏，寻欢作乐。 我希望就算是在纵乐的时候，他也应该精力充沛，而且泼辣果断，比他的同伴显得略胜一筹。 如果他停止做坏事，也不是因为乏力，更不是因为缺乏能力，而是因为自己不想做。 "不希望做坏事和不会做之间有天壤之别。"

我想向一位贵族表敬意，他在法国完全不花天酒地，一点都不放荡，我询问他，当他被那位国王派往德国，面对着那些善饮的德国人，曾经好几次因为公务需要而喝得酩酊大醉过？他回答我说他遵守入乡随俗，曾经喝醉过三次，而且还一一作了叙述。一些人，因为不擅饮酒，当他们不得不和那个国家打交道时，便陷入种种尴尬。 我经常不胜钦佩地注意到，亚西比德有十分卓越的本领，擅长随遇而安，而且能够适应各种习俗，不担心伤害自己的身体：一会儿比波斯人还要奢华侈靡，一会儿比斯巴达人还要刻苦朴素；在爱奥尼亚的时候，他曾经纸醉金迷，而且荒淫无度，在斯巴达的时候却节欲缩食，改变了自己一直以来的习惯。

在阿里斯蒂普的眼中，
所有的衣着、状况、命运全部都是美好的。
——贺拉斯

我也希望这样培养我的学生，
假如他衣衫褴褛时并不着急，
穿破的衣服不急不躁，
穿好的也可以适应，
我会对他十分赞叹。
——贺拉斯

这就是我自己的忠告。 所有付诸实践的人比那些只知不做的人受益更多。 逐渐明白了就会听进去；如果听进去了，你也就明白了。

在柏拉图的那场对话中，有一个人曾经说："但愿哲学不是学习许多的东西，并不是探讨艺术。"

生活的艺术是所有艺术中最重要的，
获得这门艺术只要通过行动而不必通过研究。

——西塞罗

弗里阿斯的君主莱昂问赫拉克利德斯·本都库斯从事什么学科以及艺术，后者回答说："我既不懂艺术也不通晓什么学科，但我是个哲学家。"

有人曾经指责第欧根尼不懂得哲学但是却干预哲学，他说："不懂得则干预得更好。"

赫格西亚斯请第欧根尼给他读一本什么书，他回答道："您真搞笑，您选了真实而且自然的并不是画出来的无花果，那您为何不选自然而且真实的并不是那种写出来的书呢？"

学生不必用劲去背诵他将要实践的课程，他可以在行动中反复实践这些课程。 应当在行动中去复习已经学过的东西。我们将观察他行动是不是小心谨慎，行为是不是善良公正，言语是不是优雅和有见地，生病的时候是否刚强，游戏中是否有谦和力，享乐时是否节制，鱼、肉、酒、水的口味上是不是讲究，理财上是不是井井有条。

把学问当作一种生活的准则，而并不是炫耀的目标，擅长听从自己，服从自己的那些原则。

——西塞罗

人生是一面镜子，可以真实折射出我们的思想。

有的人询问泽克斯达姆斯，斯巴达人为什么不把授勋敕令记录在案让那些年轻人阅读，他回答他说："因为他们想让年轻人习惯于行动而不是口头。"等到我们这个孩子到了十五六岁的时候，您就把他以及学堂里喜欢炫耀拉丁文的学生比较一下：那一些学生花了同样多的时间仅仅只是学习口才！世界上全部都是喋喋不休的废话，我从来没见过有人说话比应当说的少，而我们的半部人生都是在说话中度过的。 我们迫于无奈用四五年时间听别人念一念单词，把这些句子凑成大篇文章；再用一样多的时间学写一些大篇文章，把文章十分均匀地分成四五个部分；至少还需要用五年的时间，要学会把词迅速排列组合进行诡辩。 我们还是把这种事情让给专门从事这种职业的人来做吧。

有一次，我去奥尔良的时候，在克莱里这边的平原上面，邂逅了又两个艺术学院的教授，他们之间相距五十来米，全部是到波尔多来的。 在他们身后不远的地方，我注意到有一群人，那位主人走在前面，是那位已故拉罗希什·富科伯爵先生。 我的一位随从上前向走在前面的那位教师打听站在他后面的那位绅士到底是谁，那教授由于没有看见身后居然还有一群人，因此十分风趣地回答："他不是一位绅士，而是一位语法学家，**我是 位逻辑学家**。"但是，我们要培养的刚好并不是语法学家或者是逻辑学家，需要培养的是一位绅士。 让那些专家们消耗他们的时间去吧，我们另外有事要做。 但愿我们的学生脑袋里面装满知识，话语就应该会源源而来，假如话语不愿意跟来，那么他就到处带着它们。 我常常听见有人以不擅长表达为自己辩护，似乎满腹经纶仅仅只是因为缺乏口才，没有办法表达出来。 这其实是故弄玄虚。 您明白我是如何看的吗？这是由于他们的想法还没有成形，还处在犹豫之中，理不清自己脑袋里到底想的是什么，所以也就表达不出来了：甚至连他们自己都不懂得自己。看那些人在说自己的想法的时候就有点儿结巴，你就能够判断出，他就如同生孩子还没有到分娩阶段，正在怀孕阶段，还在用舌头去舔那还没有成形的物质。 而我，我始终认为，而这也正是大师苏格拉底的教诲：凡是那些思路活跃清晰的，肯定可以把所想的表达出来，用土话也能说清楚，即便是个哑巴，也能用表情替代。

> 谈谈熟悉的议题，话语肯定源源不竭。
>
> ——贺拉斯

就像塞涅卡富有诗意地在他的散文中说："事物抓住了它的实质，词语就肯定会自然而来。"但是西塞罗则说："事物往往带出词语。"我们的孩子没有必要懂得格、连词、名词，也没有必要懂语法；他的仆人和小桥上的卖鱼婆也不懂这些，但是，假如您想跟他们交谈，他们就会谈得很好，用起语法规则来很有可能得心应手，可以跟法国最好的文科学生相媲美。孩子不懂得修辞学，也不会在前言中对忠诚的读者哗众取宠，而且他也不需要知道这些东西。 确实，所有漂亮的描绘，都可能会在朴实无华的真实面前显得黯然失色。

华丽的辞藻仅仅只能够取悦于庸人，由于庸人消化不了更加坚实的食物，就像是塔西佗笔下的那个阿佩尔所十分清楚地证明的那样。 萨摩斯岛的使者来到觐见斯巴达王克莱奥梅尼，准备好一篇漂亮而冗长的发言，鼓动他去攻打自家的暴君，波利克拉特斯·克莱奥梅尼十分认真地聆听他们演说，接着回答："你们的开场白我已经记不明白了，因此中间的也忘了，而关于结尾，我一点也不想做。"我觉得他的回答简直是精彩无比，那么几个夸夸其谈的使者一下子尴尬得无地自容。

还有一个人是如何说的呢？雅典人准备从两个建筑师里选出一个负责一所大型建筑。 其中的第一个装模作样，一出场之后就来了个十分漂亮精彩的演说，把他对这份工作的考虑完完整整地阐述了一遍，想从公众那里博得好评。 但是另一个仅仅只说了三句话："雅典的所有先生们，前面那位所说的，正是我将来会做的。"

西塞罗一直能言善辩，很多人都加以赞赏，但是小加图却付之一笑，他说："只不过是个可笑的执政官罢了。"一个有用的警句或者是妙语，不论是先说还是后说，总是十分适宜的。 即便是放前放后都不合适，就那警句本身而言也是好的。 有的人只要韵律好就能作出好诗，关于这个我不敢苟同。 假如孩子希望加长一个短音节，那么就让他加长好了，我们有的是充足的时间；只要他的作品思想独特，思维和判断力都很到位，我觉得他就是一位好的诗人，然而并不是一位好的韵文作者。

　　　　他趣味不仅高雅而且细腻，但是诗文佶屈聱牙。

——贺拉斯

贺拉斯说，应该让诗歌丢弃拼合和格律：

去掉节律以及音步，改变它们的词序，

将第一个词移到最后的位置，

诗人就在被分散的肢体中。

——贺拉斯

他坚持不懈，写出来的诗会特别漂亮。米南德同意写一出喜剧，可是他却迟迟没有动手，而交稿日期快到了，大家都指责他，但是他却回答说："我已经准备好了，仅仅只差往里面加一些诗句了。"他已经胸有成竹，因此对剩下的事就不怎么重视了。自从龙沙和杜贝莱使法国诗享有很大的盛名以来，我没有见过一个学生不是小小年纪就夸夸其谈，像那些大诗人一样会掌握节律的。"声音洪亮，但是内容空洞。"对庸人而言，诗人从来没有像现在这样的多。他们不费吹灰之力就掌握了表现韵律，然而，在模仿龙沙丰富的描写以及杜贝莱微妙的思想的时候，就完全无能为力了。

诚然，如果有人用三段论那样繁琐的诡辩伎俩来折磨我们的孩子，比如说：吃火腿会口渴，喝水能解渴，所以吃火腿就能解渴，那简直是在开玩笑。遇到这样的情况，他应当怎么办？他应当做的就是闭目塞听。这样做比有所反应更加的巧妙。

他应当借鉴亚里斯提卜里面那句反诡辩的玩笑话："既然我被捆着感觉很不舒服，那么为什么不松开呢？"有人建议克里西波斯采用诡辩言辞去攻击克莱安西斯，他的回答却是："你去跟那些孩子们玩那些把戏吧，不要把一个成年人的严肃思考引入这些鬼把戏。"假如那些愚蠢的诡辩，那些称之为"晦涩难懂、难以捉摸的诡辩"，是希望让孩子相信一个谎言，那是非常危险的；但是如果面对诡辩他毫无反应，只是付之一笑，那我看不出为何不让他接触这些东西。 有一些人简直是愚蠢之极，仅仅只是为了追求一个漂亮的字眼，就偏离正道一里路的距离。 "或者，不是选择词汇去作文章，而是离题万里，去找那些让词汇适应的内容。"塞涅卡则说："有一些人为了用上他们喜欢的一个词，不惜谈论那些他们原本不希望谈的题目。"但是我宁可弯曲一个漂亮的警句将它缝到我的身上，也不愿意扭转自己辩论的思路去寻找那些警句。 相反的是，言语恰恰应该为主题服务，紧紧跟着主题，假如法语中再也找不到合适的词，那么但愿在加斯科尼方言中能找到。 我希望内容高于一切，一个人听完说话以后，充斥头脑的是内容并不是一些词汇。 不管是写在纸上的还是嘴里说的，我都喜欢那些朴素自然的语言，不仅简短有力，而且饶有趣味，而不是那样精雕细琢，十分的生硬苦涩。

　　　　仅仅只有给人以震惊的文体才算是好的文体。

　　　　　　　　　　　　　　　　　　　　　　——卢卡努

　　这样的语言可能很难理解，但是并不无聊，而且不矫揉造作、杂乱无章、缺乏条理以及扭扭捏捏；每个字都是实实在在的；那不是一种学究式的、布道式的、律师式的语言，那样的是士兵式的，就像是苏埃托尼乌斯称尤里乌斯·恺撒的语言为士兵的语言一样，虽然我并不明白他为什么这样称谓。
　　我曾经很高兴模仿年轻人潇洒的穿着方式：他们的大衣斜披着，披风随意地搭在一只肩上，一只袜子就那样松松垮垮，这表现了异域风情倨傲自负的样子，没有去考虑衣着得体的问题。但我认为这种风度用到语言形式上会更加的适得其所。 对于弄臣而言，所有矫揉造作都是讨人厌烦的，特别是在快乐以及自由方面。 而在每一个君主政体国家里，每一位宫内侍从都必须按照弄臣的方式训练他们的言谈举止。 所以，我们稍稍转向自然，稍微蔑视矫揉造作，是完全没有错误的。

我一点也不喜欢布上的针线以及线头看得清清楚楚的，就像在一个美丽的躯体上能看出骨头和血管。 "真话是应该简单的，没有一点矫饰。" "除非是想装模作样，不然谁会讲话小心翼翼？"

当雄辩吸引我们倾心于它的时候，就会损害事物。

用一点也不实用的奇装异服来引人注目，那是一种胆怯的行为；相同的是，追求一些新奇的句子以及那些鲜为人知的词汇，也是因为一种幼稚而且迂腐的奢望。 但愿我仅仅只使用巴黎菜市场上的语言。 语法学家阿里斯托芬就不精于此道，他试着模仿伊壁鸠鲁的用词简单的方式，同意雄辩术的目的仅仅只是为了让语言可以明快。 模仿说话其实并不困难，因此大众会立刻跟上；模仿和判断个人的思想就没那么容易了。 很大一部分的读者由于找到了一样的衣袍，就错误地觉得拥有一样的身材。

力量和强壮不能相互借用；首饰和大衣却可以借来借去。

在跟我过从甚密的人中间，大部分人说话就像我的《随笔集》，但我不知道他们是否也这样思想。

雅典人（据柏拉图说）注重丰富而优雅的表达，斯巴达人则特别注意简明扼要，克里特人注重观念的丰富甚于语言，后面所说的那一种人是最好的。 芝诺声称他有两种类型的弟子，一类被他称作是语史学家，对学习知识特别的感兴趣，这是他所宠爱的学生；另一类只喜好美丽的辞藻，他们特别注意的是语言。 这并不是说善于辞令不是一件好事，仅仅只是没有善行来得好。我生气的是我们的一生的时间全部都浪费在学习讲话上面。 我希望首先弄懂我们的语言，然后再学习邻国的语言，用这些语言和人经常打交道。希腊语以及拉丁语毫无疑问是漂亮和伟大的语言，但是学习它们太费工夫了。我这里准备介绍一种方法，比习惯的做法要更加的省事，我自己亲身实践过。有意者不妨试一试。

我自己的先父曾经尽最大努力作过各种各样的探索，从聪明以及博学的人中，寻找一种十分优秀的教育形式，发现了通行的种种弊病：有人对他说我们花长时间来学习古罗马以及古希腊人不费吹灰之力就能够学会的拉丁语还有希腊语，是我们不能够达到他们那种高尚心灵以及渊博知识的唯一原因。我并不认为那是唯一的理由。不管怎样，我父亲最后还是找到了办法：我还在吃奶的时候，还没有开口讲话之前，他就把我交给了一个不懂得法语、但是精通拉丁语的德国人。后来他成为名医死在法国。我父亲还特意把他请过来，当时是高薪聘用，整天的时间都把我抱在怀里。我父亲还另外请了两个学识低于那个德国人的家教跟着我，以此来减轻那个德国人的负担。他们跟我讲话仅仅只用拉丁语。而至于家里其他的人，有一个不可以违背的规矩：我父亲他本人，还有我的母亲、仆人以及侍女，陪我玩耍的时候，每个人都尽量学会用拉丁语和我说话。令人惊异的是，每个人都可以从中受益匪浅。我父母学到了充足的拉丁语，能够听得懂，必要的时候还可以跟人交谈，那几个侍候我的用人也一样。简而言之，我们的拉丁语化影响到我们的村寨，因此某些手工业者以及工具的拉丁语名称在那里生了根，而且一直沿用至今。而我，当时都六岁了，听到的法语或者是佩里戈尔方言不比阿拉伯语多。因此，没有方法，没有语法，没有严格的教学规范，没有教鞭和眼泪，我就可能学会了拉丁语，而且同我学校老师的拉丁语一样的纯，因为我不可能将它同其他的那些语言混淆，而且也不可能讲得变样。 如果做一篇翻译练习，照学校的方式给材料的话，那么给别人的是法语的，交给我的却是一篇使用蹩脚拉丁语写的文章，于是我就把它改成地道的拉丁语。 我的那位家庭教师，就是那位著有《论罗马人民集会》的尼古拉·格鲁奇，评述了亚里士多德的纪尧姆·盖朗特，苏格兰大诗人乔治，布卡南，被意大利以及法国公认为在当代是最优秀雄辩家的马克·安托尼，米雷，他们常常对我说，我小的时候，拉丁语如此熟练，信手拈来，甚至连他们都不敢和我交流。 布卡南到后来跟随已故德·布里萨克元帅先生，我见到他的时候，他对我说道，他之后写关于孩子的教育问题，需要拿我作例子。那个时候，他是那位德布里萨克伯爵的家庭教师，这位伯爵到后来表现得十分的骁勇顽强。

而关于希腊语，我几乎一窍不通，父亲决定通过教学的方法教我，但是采纳新办法，将教学寓于游戏和练习中间。 我们把词的变格像球那般到处扔来扔去，就好像有些人通过下棋来学习数学以及几何。 因为有人建议我的父亲在教我尝试知识和责任的时候，不得不让我自己有这个欲望，要在和风细雨以及自由自在的环境当中培育我的心灵，而不可以用严厉以及束缚的手段。有些人觉得，清晨硬叫醒他们或者突然猛地把他们从睡梦中惊醒（他们睡觉比我们沉），这样可能会扰乱孩子娇嫩的脑子，我父亲听信了这个迷信之后，每天到早晨用乐器声音将我唤醒，我身边从来没有间断过给我演奏的人。

这一例子足足可以判断以后的成果，足以抬高一位好父亲的聪明智慧和爱心的价值；假如说作了很多细致卓绝的耕作，但是却没有相等的收获，那么就不是他的过错了。造成这一结果有两个原因。一是底子薄，底气不足。虽然我身体结实茁壮，但是我生性柔顺随和，总是一直无精打采的样子，而且还有气无力，人们没有办法使我摆脱无所事事的那种状态，除非是叫我去玩耍。只要我看到，就看得很透彻，在天性懒惰的情况下，我孕育着一种超过我年龄的十分大胆的想法。我的思维就像是蜗行牛步，仅仅只是跟着别人的指挥棒转一样；我的领悟力似乎是姗姗来迟；除此之外，我的记忆力极差。如果因为上述理由，我父亲到最后没有获得任何有价值的成果，那就丝毫不奇怪了。第二个原因就是，我父亲特别担心他精心营造的成果功亏一篑，他就像有病乱投医一样的，到了最后也随波逐流，学那一些傻瓜的做法，当那些从意大利带回来的并且给予他启蒙教育的人离开他身边之后，父亲屈从了习俗，在我六岁左右时就把我送进了居耶纳中学。这所学校那时候办得欣欣向荣，是法国最好的一所中等学府。在那个地方，他依旧有可能给我额外的照管，为我挑选了十分充裕的辅导老师，对我其他的方面的教育也特别关心，那时他为我采纳的好几种做法都违背校方的规定。但是这毕竟是学校。我的拉丁语的情况越来越糟糕下，因为失去了说的习惯，我于是就不用它了。这一新型的教育方式，仅仅只为我派了一次用场：我一上来之后直接跟读高级班，当我13岁离开学校的时候，算是完成了人家所说的"课程"，其实那些东西对我现在来说毫无价值。

我第一次对书本感觉有兴趣，是源自奥维德的那本《变化》。那时候我有七八岁，我避开所有的一切乐趣，只埋头于读这些故事；更何况拉丁语是我的母语，并且这是我所知的最容易的书，就内容来说，最适合我这个年纪的孩子了。 其他的孩子都津津乐读的很多乱七八糟的书，比如说《湖中的朗斯洛》、《阿马迪斯》、《波尔多的于翁》，我不只是不知道书名，更不知道内容，由于我选书是十分严格的。 因为读了奥维德的寓言，我在学习其他规定课程的时候，更加显得无精打采。 更有趣的是，我刚刚遇到了一位豁达的辅导老师，他知道灵活处事，对于我的行为和其他离谱的事情，总是睁一只眼闭一只眼。 我一口气连着又读了维吉尔的《埃涅阿斯记》，另外还有泰伦提乌斯、普劳图斯以及意大利的喜剧，我被那种十分美妙的主题深深吸引。 假如那位老师愚蠢到禁止我这么读书，我觉得我从学校带回来的只有对书本的憎恶，就像是我们的贵族子弟一般所处的那种状况。 他做得十分巧妙，装作什么也没看见，仅仅只是让我偷偷地贪读这些书，这样就更加刺激了我阅读时候的那种强烈愿望，而对于其他规定的课程而言，只是温和地让我尽到职责就可以了。 我父亲给我选择家庭教师时，主要看重那些人温厚随和的性格，因此，我的毛病也就是倦怠懒惰。 危险其实不在于我做坏事，反而是无所事事。 没有人预言我会变坏，只是变为无用之辈，没有人预言我会变得腐败堕落，只是游手好闲。

我感到事实就好像人们所预料的。 我耳畔总是一直响起这样的埋怨："没有任何事情做；对朋友以及亲戚冷漠无情，对公众事务也是如此，太自我。"最最不公正的人不说："为何拿了？ 为何他没付钱？"而说："为何他不免除债务？ 为何他不给予？"

人们希望我像这样一味地只是付出，关于这个我没有意见。但是不公正的是特别严格地要求我做不该做的，而不要求他们做自己该做的。 当我为别人效劳的时候，那是我自己的意愿在起作用；我天性不善于被动做好事，因此我这样做更应该受到称赞。 我绝对不放弃我的权利或者是债权。 那些越是我自己的财产，我反而越能够自由支配。 然而如果我是想为自己的行为锦上添花的那种人，我可能会有力地驳斥这些指责，我可能会对有些人说，我对他们的冒犯还不足够多，我还能够走得更远些。

但是，这时候，我的心灵依旧独善其身，围绕它所可能熟悉的事物，会有十分坚定的冲动以及正确而且坦率的看法，它自己将它们消化，而决不和别人分享这样的感受。 同样的道理，我相信我的心灵绝对不可能屈从于武力以及暴力。

我在努力融入我所扮演的各种角色的时候，是否应该夸一下我小时候就有的那种能力：神态自信，声调抑扬，行为灵活呢？因为我还没有到该这样的年龄刚刚满十二岁，我就在布卡南、格朗特以及米雷的拉丁语悲剧中扮演主角的角色。 那一些悲剧曾经在居耶纳中学演出过。 安德烈·戈维亚校长在这方面没有什么可以比拟，堪称全法国最棒的校长，就像是他在行使职务的其他方面所表现的行为那样。 大家把我看作行家里手。 我十分赞成贵族子弟演戏，这对他们来说是一种娱乐。 我发现我们的君主以后也亲自满怀敬仰和赞叹，效仿我们的某些古人。

在希腊那个地方，有身份的人是被批准以演戏为职业的："他（谋反罗马的安德拉内多尔）向悲剧演员亚里斯顿透露了那个计划。 后者出身高贵又富有，他的职业对他没有一点损害，由于演戏在希腊并不是一种见不得人的职业。"

我一直都是觉得，谴责这种消遣的人说话是不礼貌的，拒绝有才能的演员进入我们的城市，剥夺民众这一公共娱乐，这种做法是特别不公正的。 良好的管理要精心召集民众参加集体活动和娱乐活动，和要他们参与严肃的宗教仪式一样，这样就可以增进人与人之间的交往以及友谊，再次，还有什么样子的娱乐活动，会比民众每个人都参加，甚至还包括行政长官在旁监视的消遣更规矩？我甚至觉得明智的做法是，行政长官和君主自己掏钱，有时带着情感和爱心赏赐给民众团体，这显示了慈父一样的深情和关怀。 在那些人口稠密的城市，应当有专供演出这些节目的公共场所，也能够有一些比这里更坏的秘密的娱乐活动。

最后言归正传。 唯有这样，才能够刺激孩子们读书的欲望以及热情，不然的话，培养出来的仅仅只不过是驮着书本的蠢材，用鞭子抽打他们，让他们管好装满知识的口袋。 知识应当跟我们合二为一，而不仅仅只是我们的房客，这才是十分正确的做法。

论友爱

观察我请来的画工的工作程序，心中油然而生一股想模仿他的念头。 他选择在墙壁中央那个最佳的部位画上一幅画以此来施展他的才华；周围的空白上他画满怪物，这全部都是一些荒诞不经的图案，用各种奇形怪状来表现出画的魅力。 那么我在这里所写的东西，其实还不是一些身子长着不同的肢体、不同的形状，全凭偶然的顺序和比例拼凑，没有比例的妖魔鬼怪么？

我继续追慕我这位画家所经历的第二阶段，但是在另一点上，在他最优秀的一点上就跟不上他了。 由于还没有达到那个功力，敢去按照艺术的法则试着去画一幅内容丰富而且手法精致的画。 我想起了去借重艾蒂安·德·拉博埃西的一篇文章，这样使我这部作品的其余的部分可以得以沾光。 这篇论文他起名为《自愿奴役》；不知道这个题目的人后来给它取了一个更恰当的名字《反对独夫》。 那个时候他少年气盛，写成了一篇评论文，论文中间提倡自由抨击暴君。 长久以来，这篇文章在具有大智慧的人中间传阅，并且获得很高的评价，由于这是一部非常好作品，内容特别的丰富。

但是这还不能称得上是他最好的作品。 当他到了一个更加成熟的年龄之后，我熟识了他；他在年龄上已经增长不少，如果他像我一样执意将自己的思想写下来，我们就能够读到许多稀世佳作，但是使我们特别接近古代的荣誉，由于在天赋方面我还没看见过谁能够与他匹敌，然而他身后留下的正是这篇论文，而且还是偶然留下的，我还相信稿子散落以后他自己再也没有见识过；还有的就是由于我们的内战因而出名的元月敕令的回忆录，也很有可能在之后会在哪里可以找到出版的地方。

这是我所能找到的他的全部著作。 他在病笃的时候立下遗嘱，充满了爱心的嘱咐，除了我已经请人出版的那几本论文集以外，还让我继承了他的藏书室以及文稿。 我对这篇论文怀着一种特殊的感激之情，因为它是把我们连接在一起的纽带。 在认识他之前很久的一段时间，已经见过那部书，这使得我第一次听说他的名字，就这样开始了我们之间日益深厚的友谊，似乎这算得上是上帝的安排，它是那么全面那么完美，可以肯定这是极为少见的友谊，男人之间特别是绝无仅有的。 需要建立这样的友谊首先得需要多少机缘，三百年的时间可以遇见这么一次已经是鸿运高照了。

我们走向交往的过程，不是别的什么，似乎完全是受天性的驱使。 亚里士多德称优秀立法者关心友谊的程度要多于正义。

但是，完美相聚的最高点和基本点是友谊。 一般说来，由欲念或者是利益，公共需要或者是个人需要建立和维持的所有的交往都不十分的高尚美好；在友谊中间掺入了友谊之外的其他因素、目的以及期望，而且谈不上什么友谊。

自古以来有以下这四种情谊：血缘的、社交的、待客的以及男女情爱，不管是单独或者是合在一起，都可能达不到这样的友谊。

子女对待他们的父辈，更多的是一种尊敬。 沟通建立友谊，他们之间因为差别太大所以不可能存在交流，交流也很有可能妨害亲情的责任。 父辈内心的想法不是全都可以和子女沟通的，不然的话会过于随便有失体统；另外还有规劝以及指正是友谊的第一要素，子女对父辈特别难做到这一点。

从前有过一些民族，按照习俗孩子杀死自己的父亲；另外还有一些民族，父亲可以杀子，目的都是为了避免相互间可能产生的障碍，从自然规律上来说一方的存在往往取决于另一方的毁灭。 古时候有些哲学家往往唾弃这种天然习俗，能够以亚里斯卜提为证明。 有的人逼着他说，那个孩子是他自己生的，应当对他们有亲情，他朝地上吐了一口痰，说这口痰同样出自他的身体，然而我们身上也可能会生虱子以及小虫。 另外还有一个证人，普鲁塔克规劝他跟他的兄弟进行和解，但是他回答说："我不可能因跟他出自同一个洞里而对此特别的重视。"

兄弟是一个美好的称谓，充满了亲情，我们在这个称谓之下团结一致。 然而财产究竟分与不分，一个富但是另外一个穷，这都可能会大大损害并且疏远上面说的兄弟情谊。 兄弟并行同速沿同一条小路向前进，磕磕碰碰和互相顶撞是常有的事。 除此之外，志趣往往是相投的，脾性默契可以促使产生这些真正而且美好的友谊，为什么会一定存在于兄弟之间呢？父子的性格很有可能截然不同，兄弟也会一样。 这是我儿子，这是我父亲，但是他粗野无礼、凶恶或者愚蠢。 另外还有，自然法则以及义务需要我们保持这种友好的关系，我的选择以及自由意志也就更少。 情感和友谊得不到真正属于自己的果实，我们的自由意志也一样。

这并不是我在这方面没有体验到所有可能有的一些感情。我有个特别好的父亲，一直到风烛残年却依旧宽容之至。 我的家庭从父亲到儿子都声誉卓著，是一个兄弟和睦堪称模范的家庭。

> 谁都可以知道我爱兄弟就像是父辈。
>
> ——贺拉斯

尽管对女人的感情也常常是出自我们的选择，但没有办法与之相比，也不属于相同的一类。 我承认情欲的火焰更加旺盛，更加炽烈，而且更加灼人。

> 女神往往也了解我们，
> 在爱情的焦虑中加入了甘与苦。
>
> ——卡图鲁斯

然而这种火焰来得急所以去得快，波动没有规律，蹿得一会儿高一会低的，仅仅只是存在于我们心房的一隅。 在友谊当中，有一种普遍的无处不在的热情，一种均衡和缓持久平静的热情，一种甜蜜和细腻、绝无苦涩和刺激的热情。 在爱情中间还有另外的一件事，那么就是我们得不到的时候反而有一种疯狂的欲望。

> 就像是猎人追逐野兔，
> 不顾寒冷，不顾酷暑，跋山涉水，
> 即使捕获了也不再在意，
> 逃跑了但是也死不甘心。
>
> ——阿里奥斯托

爱情进入友爱结束的那个阶段之后，就是说不再意志投合的时候，爱情渐渐会消退，而且会厌倦。 肉欲的目的是十分容易满足的，爱情也会因为它享受到了而失去。 相反，我们愈是渴望友谊也愈是享受友谊，它在享受中升华、坚持、增长，因为友谊是精神上的东西，灵魂在实践友谊之中愈发变得高雅。

在这样一种完美的友爱之下，也曾经有飘忽的感情在我心里面停留下来，更不用提到那位拉博埃西，他在那些诗篇中间已经作了太多的表白。 所以这两种情欲我都有过，彼此之间并不互相排斥，可是两者之间也不能够相比：友谊昂首阔步地向前进，十分鄙夷地看着爱情那么远地在底下踮着脚走路。

关于婚姻，这简直是一个交易的市场，唯有入市是自由的（期限受到约束以及强制，绝不是我们的意愿所能够支配的），这个市场的运作通常别有目的，这中间需要清理千百种外来的各种纠纷，处理不好的话，联系就可能会切断，热情之路就可能会转方向。 但是友爱除了友爱本身之外，没有任何交易和商业的成分。

这种神圣的友爱是靠默契以及交流相互滋养的，坦白地说，女人资质十分平庸，一般达不到这样的默契以及交流的程度；她们的心不够坚强，承受不了这种长时间亲密结合的压力。当然了，假如没有这个，假如能够建立这样一种串联自由以及自愿，不仅仅心灵得到完全彻底的享受，身体也同样会参与结合，整个人全部身心地投入，这样就能够肯定友爱会更加的丰富更加的完满。可是还没有例子说明女性可以达到这一点，古代的学派共同地把它排斥在友谊之外了。

另外一种狎昵的希腊式爱情也十分自然地为我们的习俗所不容纳。那种喜欢在习惯上情人之间的年纪差别非常大，宠幸程度当然也就不一样，也不符合我们这里所要求的那种情投意合以及和谐一致："这种友好的爱情，到底算什么东西呢？为何一个丑的年轻人；一个美丽的老头儿就没有人爱？"（西塞罗）当我对于这种情况这样说的时候，我觉得柏拉图学院提到的情景也没有对我加以否定。维纳斯的儿子在情人心中挑起疯狂的冲动，这一种没有节制的热情剧烈澎湃，造成所有鲁莽行为，同时也为他们所容许的；然而这种初恋仅仅只是建立在以身体生殖当成是假象的一种外表上。这在精神上是很不可能的，精神表现是隐藏起来的，它还仅仅只是刚刚诞生，处于一种萌芽的前期。

品行低端的人有了迷恋之后，他就会用财富、送礼、高官厚禄等等利诱手段来引诱对方，这是被柏拉图派所一直唾弃的。心灵高尚的人一旦有了迷恋之后，采用的手段也常常会是高尚的：哲学的教训，尊重宗教的教育，遵守纪律，为国捐躯，勇敢，智慧，正义的榜样。爱的人特别用心修饰自己的灵魂，使自己的灵魂显得美丽高雅，能够被对方接受，身体已经慢慢失去风采，渴望用精神交流建立一个更加密切而且长久的联络。

当这种追求达到成熟之后，那时候被爱的人通过一种精神美的媒介来传递，心中孕育对那种精神的欲望。（他们其实并不要求爱的人在追求爱的时候显得从容慎重，而是要求被爱的人在这方面做得仔细，而且一丝不苟，被爱的人才需要判断难以认识难以发现的内在美。）精神美是主要的部分，但是肉体美是次要的，而且是偶然的；这恰恰是爱的人的反面。因为这个原因，他们更加喜欢被爱的人，证明诸神也更喜欢被爱的人，大声斥责诗人埃斯库罗斯在阿喀琉斯以及帕特洛克罗斯的恋爱过程中间，把爱的人这样一个角色给了阿喀琉斯，让这个年纪轻轻的小伙子当上了希腊的第一美男子的角色。

相互达成一致之后，友谊中间最有价值的核心部分就开始发挥作用，占据着主导地位，为我们带来了对私人和集体生活都十分有用的结果。这也正是接受这种习俗的国家的力量所在，公正以及自由的主要捍卫者。阿莫狄乌斯和阿里斯托吉顿彼此之间健康的爱就是很好的一个证明。他们把它称之为神圣和非凡的结合。与他们而言，暴君的残暴以及民众的懦弱才让它充满敌意的情绪。

最后，我们支持这个学派的努力，只限于说这种爱最后将演变为友谊，这和斯多葛派对爱的定义其实也并不相违："我们被一个人的美丽所吸引的时候，爱就是需要获得他的友谊的一种尝试的行为。"（西塞罗）

我现在继续描述友谊，说得更公正和更恰当一些："当性格以及年龄达到一种成熟与稳定的时候，才能够对友谊作出一种完整的判断。"（西塞罗）

到现在为止，平常所说的朋友以及友谊，只不过是出于某种环境或某种功利的需要，把我们的心连接在一起的亲密关系。但是我说的这种友谊，则是两个人心灵彼此之间密切交流，而且完全地融为一体，感觉不出来是两颗心灵缝合在一起。假如有人逼着我说出我为何会爱他，我认为不能够表达，所以只能够回答："因为我爱的是他，因为爱他的是我。"

除了我理解还有我能够给予明确说明的东西之外，促成他跟我成为知心朋友的还有我说不清楚的那种缘分。我们在相遇之前因为听别人谈起对方，就在寻找对方，我相信这里面似乎有什么样子的天意。我们听到名字之后就开始拥抱了。

偶然之间在城里的一次大集会上，我们第一次相遇，就已经互有好感，熟悉和离不开对方，我们的关系已经密不可分了。他创作了一首十分杰出的拉丁讽刺诗歌，后来那首诗歌发表了出来。那首诗中对我们相遇没有多长时间就心领神会，如此迅速而且默契无间，都作了一种辩解性质的说明。这一关系是那么短促，而且开始得那么晚，由于我们两人都渐渐靠近了而立之年，他甚至还比我长几岁，不能够再让时光虚度，依据正常慢悠悠的交友的模式，事前要有很长一段时间进行小心翼翼的交谈。

我们的友谊只有一种理想的模式，就是它自己的模式，它只能和自己进行比较。这不是一种十分特殊的因素，而且也不是两种、三种、四种，或者说是一千种；而是全部这一切混合之后形成的精髓，我也说不清楚是什么，它抓住我的全部愿望，延长并深入他的愿望；它也控制了他的所有意志，带着它陷进并且消失在我的意志中间，怀着一样的饥渴，一样的激情。我所说的消失，是一种真正意义的消失，属于我们自己的什么东西都没有留下，我们毫不保留自己的东西，不管是他的还是我的。

罗马执政官依法对提比略·格拉库斯定了罪以后，追捕所有跟他有过密切接触的人；当列里乌斯在执政官面前询问盖乌斯·布洛修斯（格拉库斯的最重要的朋友），他自己乐意为朋友做什么事情时，布洛修斯回答说："做一切可能做的事情。"

"什么是任何什么事？"他又问到，"如果他命令你必须放火烧掉我们的神庙呢？"

"他绝对不会命令我做这种类型的事。"布洛修斯反驳说道。

"万一他这么命令呢？"莱利乌斯又接着追问了一句。

"我肯定会服从命令的。"他回答说。

史书上记载，假如他真的是格拉库斯的密友，他就没有必要在最后大胆表白去刺激执政官，他不应当放弃他对格拉库斯的意愿的信任感。但是，斥责这是一句具有煽动性回答的人，没有领会到这中间有什么样子的奥秘，而且没有料到他实际上对格拉库斯的意愿能够做什么，明白做什么，全部都了如指掌。他们是公民，更是朋友，他们的友情超过了对国家的爱与仇，超过了野心和骚动。他们完全可以情投意合，也可以完全掌握彼此之间的脾气性情的缰绳，凭借美德以及理性行为来操纵这辆马车（就如同不装上这个是不可以驾驭的），所以布洛修斯的回答简直是恰到好处。

如果他们的行动不一致，按我的标准来衡量，他们就成不了朋友，他们也不会同意自己的做法。关于这个，我的回答肯定不会比他更好。假如有人问我："如果你想杀女儿，你会杀吗？"我唯有同意。这其实并没有证明我赞成这样做，仅仅只是我绝对不怀疑我的意愿，同样不会怀疑这么一位朋友的意愿。我对我的那些朋友的意图以及判断是深信不疑的，所有人说任何理由都不可能推翻我自己的信念。 他的所有行动不管以什么面目出现在我面前的时候，我都不会不立刻找到它的动机。 我们的灵魂齐步前进，我们的灵魂热烈地尊重对方，推诚相见，肝胆相照，我不仅仅了解他的心灵就像是了解自己的心灵一样，而且还更加愿意相信他超过相信我自己。

但愿不要把一般人之间的非常普通友谊归于我这一类；我关于这些友谊，哪怕其中最好的友谊，也像是别人有相同的认识。可是我劝人们不要混淆友谊的不同规则，否则的话就会出错。身处在上面所说的四种友谊中，必须缰绳在手，而且谨慎小心。情谊不是那种可以密切得能够让人没有必要担心疏远。 开伦曾经说，"爱他的时候想着有一天会恨他，恨他的时候想着有一天可能会爱他。"这句格言在优越和至高的友谊中是十分糟糕的，用在那种普通平常的友谊上则是十分清醒而且有益的；关于它们，不得不引用亚里士多德的那句经典的老话："我的朋友啊，朋友恐怕是没有的！"

帮忙和做好事可以维系友谊，在崇高的人际关系中则不值一提。 原因是这可能会混淆我们的意愿。 我心目中的友谊——不论斯多葛派如何说——并不因为我给人家危难的时候帮了忙因此有所增加，就像是我为自己服务的时候也不会对自己表示任何的感激，同样，由于朋友之间的团结是至诚的团结，他们不再感觉到这是 种责任，而关于恩情、尽责、感激、请求、道谢还有这类区分你我以及包含差别的用词，在他们彼此之间遭到憎恨还有驱逐。 他们的所有的一切全部都是共有的：愿望、思想、判断、财富、女人、孩子、荣誉和生命都和谐一致，按照亚里士多德的特别恰当的定义，他们会成为一个双身子灵魂，因此也不可能给予对方什么或者是借用对方什么。

上面那些道理说明为什么立法者，为了把婚姻尊崇为是想象中多少带有一些神圣意义的结合，因此禁止夫妻之间会有什么样子的馈赠，目的是想说明一切财产本来就属于夫妇二人，他们之间根本不存在分割和分配财产的问题。假如说在我谈论的友谊中一个人可以给另一个什么，这应当是接受好处的人跟他的同伴表示一种感激。因为，大家都在努力地为对方做好事，提供材料和机会的人也就突现其慷慨的一面，他满足他的朋友去处于他的位子而且做他最渴望做的事。在哲学家第欧根尼缺少钱花的时候，他不说是向朋友借钱，而是说跟他们讨钱。为了说明这类事情实际上是怎样做的，我列举出一个古代的例子，简直是匪夷所思。

科林斯人欧达米达斯还有两个朋友，西希昂人卡里塞努斯跟科林斯人阿雷特斯。他们的两位朋友相当富有，但是他自己非常穷，临死之前立下了那样的遗嘱："我遗赠给阿雷特斯，请他解决我母亲的吃饭问题并且负担她老年的生活；给卡里塞努斯的就是把我的女儿出嫁以及赠给她尽量丰富的嫁妆；假如两位被遗赠人中有一人先逝世，我要在世的那个人继承我给他的这份遗赠。"

最先读到这份遗嘱的人无不觉得可笑，但是，他的继承人得知消息以后满心欢喜地接受了这份遗嘱。其中的一位，卡里塞努斯在五天的时间之后也过世，就让阿雷特斯替代作为继承人。他十分周到地赡养这位母亲，从自己的五塔兰财产中间中分出两塔兰半给自己的那位独生女作为她的嫁妆，还有另外两塔兰半给欧达米达斯的女儿做嫁妆，他为她们在同一天举行了婚礼。

这个例子差不多是完美的，除了有一种情况之外，那就是他有不止一个朋友。 由于我说的这种完美友谊是难以分割的，每个人都把自己所有的给了对方，再也留不下什么东西给别人。相反的是，他会觉得很抱歉，不能一分为二、一分为三或一分为四，自己一个人没有好几个心灵、好几个意志，全部都奉献给一个对象。 通常的友谊是能够分享的；能够爱这一位相貌漂亮，爱另外一位性格随和，再爱另一位慷慨大方，有的慈爱就像是父辈，有的情谊就好像是兄弟，以及其他的种种情形；然而这个友谊占有以及支配着我们的心灵，是不可以一分为二的。 假如两人在同一时候要求你帮助，你怎么解决呢？假如他们要求你做两件截然相反的事，你如何安排呢？假如有件事一人需要你保守秘密，但是另一人又十分有必要知道，你如何应付呢？

　　具有排他性和超越性的友谊可以免除其他的义务，我发誓不向别人说的秘密，我不需要假惺惺就能够透露给的另一个人就是我。 两个人同心同德已是十分了不起的奇迹，有的人称三个人是同心同德，这是因为不明白这种友谊高不可攀。 凡是有可以比拟的东西就不是很雅致的。 有人设想，两个人，我可以平等地爱他们，他们也互相爱对方，绝对也不亚于我十分爱他们。那是他把那种唯一、统一的友谊庸俗化成了大众眼中的友爱。但是那种友谊就算是走遍全世界也是不容易觅到的。

　　这个故事的下文特别符合我刚刚说的：欧达米达斯在需要的时候向朋友求助，当做是对他们的好意以及恩惠。 他请他们继承他的慷慨，把做恩人的方法教给他们。 没有任何疑问，他做的事情要比阿雷特斯做的事更显现友谊的力量。 总之，对于一个没有亲身体会的人来说，这是十分难想象其威力的。 特别令我称道不已的是那位士兵对居鲁士一世做出的回答，士兵的马刚刚在比赛中获奖，国王询问他那匹马准备卖多少钱，是否愿意去交换一个王国，那个士兵说："肯定不愿意，陛下，但是要是我找到一个值得交心的人，我十分乐意换来跟他做朋友。"

他说得很对："如果我找到"；由于要找泛泛之交的人有的是这样的。然而我说的那种，遇事商量需要推心置腹，没有一点的保留，各种动机都必须绝对地清楚和可靠。

人跟人的关系只需要顾及一头的时候，因此大家也仅仅只是防止这一头出现任何的不足之处。我的医生和律师信什么教与我有什么关系。他们十分好意给了我的服务以及这层考虑全部都扯不到一起去。我跟那些为我做事的人的主仆关系也是一样的。说到仆人，我很少问他是不是清白纯洁，我要了解他是否勤劳。我担忧赶驴的不是赌钱，反而是笨手笨脚，担忧厨师的不是爱骂人，反而是做不好菜。我不会出去跟大家说应该做什么——出头说的人已经够多了——我只管自己所做的事。

> 我如此做，你能够按你的方法做。
>
> ——泰伦提乌斯

我和爱说笑以及那些不拘谨的人在餐桌上不拘礼节。在床上，我把美丽放在善良前面；在交谈的过程中，最开始是能干，就算是不婉转。其他的事情也这样。

就像是阿格西劳斯，被人撞见了骑着一根棍子和他的孩子在玩的时候，要求遇到的人什么都不要对此发表任何意见，等他自己当了父亲之后，觉得心里也有这样一份父爱，会促使他对这个行动作出一种公共的评判。对于那些尝试过我说的那种友谊的人，我也希望听我说话的人经历过我所说的事情。 可是深知这样一种友谊实在是少有的，跟当下那种常见的友谊天差地远，并不期望会找到一个公正的法官。 由于古代给我们留下的文献当中，谈到这个题目的时候我觉得跟我所说的那种感情比较起来十分无力。 关于这一点，事实超过了哲学家的名言：

> 对隽智者来说，什么都及不上一位好友。
>
> ——贺拉斯

古人米南德曾经说，哪怕是遇见朋友影子的人也是有福了。 他自然有理由如此说，特别是这话他是有感而发的。 假如我回顾一生，说句实话，感谢上帝，除了失去这么一位朋友，我的日子过得还愉快和宽裕，没有忧虑，心境十分愉悦，满足于自然最最基本的需要，也不考虑其他的；我需要说的是，假如把这样的生活和我与那位朋友怡然相伴的那四年的时间相比，那就只能算是烟云，只是黑暗和无聊。 自从失去他的那天开始，

> 这一天永远让我伤心思念，
>
> （神啊，这难道是你们的旨意！）
>
> ——贺拉斯

从此之后我过得无精打采；人生的乐趣非但不能使我得到安慰，反而使我更加怀念失去的朋友。 我们每个人为整体的一半，我觉得我像是偷去了他的一份。

从今往后再也不追求快乐，

既然他已经不在与我分享生活。

——泰伦提乌斯

　　我已经是那么习惯于到哪里都是以第二个身份自居，感到自己只剩下生命的一半。

啊！如果命运夺去了我的半个灵魂，

另外的半个我留在这里做什么用？

既然它对我已经不再可亲，勉强地图存。

那天为何使我们同时沉沦！

——贺拉斯

　　不管做什么想什么，我都在想念他，如他一样——他也一定在想念我。 他在学问以及品德方面超过我何止千里，相同的是尽友谊之责的时候也是如此。

为何要为我的悲悼脸红？

为何痛哭我的知友不能放声？

——贺拉斯

兄弟，因为失去你，我是多么不幸啊！

伴随着你而去的还有这些欢乐，

那是你的温情友谊所带给我的温情！

你走了，我的幸福也因此随之破碎，我的

兄弟，

随着你走了，两个人的灵魂一起葬入坟里。

你的死击碎了我的幸福

勤读的悠闲以及思索的乐趣。

我再也不能够跟你说话，或者是听你说话？

甚至是比我生命还亲的，兄弟啊，

起码，我将永远地爱你？

——卡图鲁斯

然而让我们听听这个十六岁少年到底在说些什么。

由于我发现这部作品到了后来被人怀着不良意图出版了，那一些人企图制造一些混乱，改变一下政策，一点也不在乎这是不是有利于局势的改进。他们还把自己写的其他的文章夹在了里面，我因此放弃了把它收入本书的想法。为了使作者的名声不至于在对他的思想行动还不足够熟悉的人中间受到什么影响，我告诉他们这篇论文仅仅只是他少年时代撰写的一篇习作，是一个平平常常、在其他书里老生常谈的题目，在各种书籍里成千上万处出现。

我一点也不怀疑他对自己写的东西是相信的，由于他做事特别认真，就是在游戏的时候也不说谎。我还了解如果他自己来选择，他宁愿出生在威尼斯也不愿意是在萨尔拉；这是非常有道理的。然而他的脑海中深深地印着另一句格言，就是服从和严格地遵守他的出生地的法律。任何一个公民也比不上他那么奉公守法，那么热心地促成国家的安宁，敌视时局的动荡和改革。他仅仅只会运用自己的力量去消除那些动乱，但是不会去推波助澜。他的思想是依据前几个世纪的模式从而形成的。

因此，我准备用另一篇文章，来代替这部严肃的著作，也同样是在那个年代写的，但是相比之下更加轻松活泼。

论节制

我们身上似乎有邪气，本来是美丽的好东西，我们在触摸的时候就不会有美好的感觉。美德是一件好事，假如我们怀着过一种过分急切强烈的欲望去努力抓住它的时候，就可能会变成一件坏事。有人说美德不能够过分，因为过分的美德不再是美德，他们一起玩起了文字游戏。

> 追求美德过了头之后，
> 　理智的人可能变成疯子，正常的人可能变成
> 痴子。
>
> ——贺拉斯

这是一条十分微妙的哲理。我们可能太要美德，在正当的行动中走上极端。那一句圣言是用来纠正刚才所说的这个偏颇的："不需要看自己过于所当看的……要看的是不是合乎中道。"（《新约·罗马书》）

我以前遇到过一位大人物，为了显得虔诚的样子，超出一般同类人的所有的做法，到最后反而坏了教会的名声。①

我喜欢性情中允而且平和。过分，就是做一件好事情，即

---

　　① 指法王亨利三世，为表虔诚，加入鞭笞派教派，引起希克斯图斯五世教皇的嘲笑。

便是没有冒犯我，也让人惊讶，不知怎么说的好。　波萨尼亚斯的母亲是第一个开始控告的，率先置儿子于死地；那位独裁者波斯图缪斯，因为儿子年少气盛，私自领先冲出兵阵，十分成功地扑向敌人，但是却下命令把他处死。　对此我首先的感觉是不可思议，其次才想到对与错。　我并不怎么喜欢向人推荐，同时也不要求模仿这样一个野蛮、代价昂贵的美德。

弓箭手仅仅只有一箭就打过了靶子，就好像是打不到靶子一样，完全都是没有命中。　迎头撞上强光以及瞬间跌入黑暗，一样叫我眼睛发花。　柏拉图笔下的加里克莱说十分极端的哲学是特别有害的，提出建议说不要陷入太深，不要超出实效的界限；节制的哲学让人感觉愉悦方便，否则的话会使人变得野蛮恶毒，蔑视大家的宗教以及法律，敌视人际交往以及大众娱乐，不能够参加任何政治管理，对人对己而言都没有一点帮助，最后落到只能任人掌掴的地步。　他说的全部都是实话，由于哲学走上极端可能会束缚我们天生的爽直，让我们钻进了一个牛角尖，偏离自然铺成的美好平直的道路。

我们对妻子的爱一直是天经地义的，然而神学还是不放过需要加以约束以及限制。　我好像以前在圣多马的著作里读到过，他认为必须完全禁止近亲结婚，其中有一条的理由是这很有可能导致对这样一位妻子的爱不加以节制。　由于丈夫按理应当全心全意爱她，到现在又加上了一份亲情，没有任何疑问，这一种亲上加亲可能会让丈夫毫无疑问地离开理性的栅栏。

男人的道德规范，就像是神学与哲学，渗透到所有的领域。没有一件私人以及秘密的行为，能够逃过它们的视线以及管辖。批评他们恣意妄为的人简直就是少不更事。　那些女人，交的时候什么部位都可以让人看，要脱衣就医的时候则羞得不愿暴露。

因此从科学的角度出发，我想告诉丈夫们一件事，任何人如果是热情太旺盛了，不加以节制，就算是跟妻子行房事也是应当排斥的。这也可能会像在私通中使得人误入歧途，放浪，甚至是纵欲过度。初尝禁果之后迷恋肉欲而不能够克制，不仅仅是不正派，而且十分有害。起码她们从别人那里学会了不惧怕难为情。实际上我们需要时她们总是能够满足的。在这方面我仅仅只是听其自然，而且简单行事。

婚姻是神圣的信仰上的联系；因此从中得到的乐趣也应该是节制严肃，而且还带点古板。这应当完全是一种谨慎而且有意识的肉欲。由于它的主要目的仅仅只是传宗接代，所以有人心里在想，如果他不希望有这样的果实的时候，还有当她们过了妊娠年龄或者是已经怀孕的时候，是否还允许寻求她们的怀抱。依据柏拉图的说法，这是形同杀人的罪行。有一些民族，特别是穆斯林憎恶跟怀孕女子做爱，也有很多不跟月经期女子同房。叙利亚王后齐诺比娅仅仅只是为了受孕才接受她的丈夫；一旦事成，她在整个怀孕期间都会将他拒之门外，再要受孕的时候才让他有权利进入房内；真的是婚姻的崇高好榜样。

柏拉图还从一位好女色但是贫穷诗人那里听来这个故事。朱庇特有一天欲火难熬的时候要跟妻子行房事，没等到妻子上床，他就把她按在了地板上，兴头上根本忘了他刚才在天庭跟各位神作出的重大决定，还夸奖说他真干得过足了瘾，就好像是第一回背着他们的父母夺去她童贞的那次。

波斯国王带了后妃一起出席宴会，但是，到了饭饱酒酣非得发泄一下肉欲的时候，就让她们退出不用再作陪了，而是召来那些他们不需要尊重的女人纵情作乐。

寻欢作乐，以及宠幸赐赏，并不是每个人都有份的。 伊巴密浓达下命令把一个误入歧途的男子关进了监狱，佩洛庇达跟他求情，要求放任他自由；他不同意，但是却把青年给了那位也为他求情的本家的姑娘，说这个情能够放给一个情人，但是不配放给一位将军。

索福克勒斯在官署里面陪同伯里克利，偶然之间遇见一名美少年从那里经过，对伯里克利说："多英俊的小伙啊！"伯里克利对他说道："对别人很有可能是好事，但是对行省总督却不是，他不仅仅手要干净，眼睛也应该干干净净。"

罗马皇帝埃利乌斯·维勒斯，当皇后埋怨他宠幸其他女人的时候，他说他有一个内心的原因，因为婚姻关系到名誉和尊严，并不是搞风流韵事的。 我们古代一些宗教著作家们赞扬一个离弃丈夫的女人，由于不愿意陪同丈夫荒淫无度，因此把他赶出了家门。 总而言之，任何一种行乐不管怎样正当，放任不加以节制不得不受到谴责。

坦白说，人不是一种不幸的动物吗？他恰恰凭天性有能力去享受唯一完全纯然的乐趣，又连忙辛辛苦苦用理智去压制住这个乐趣；如果不是处心积虑自添烦恼的话，他的命运也不至于这么悲惨。

> 我们都在十分巧妙地增加自己命运的不幸程度。
>
> ——普罗佩提乌斯

人的智慧在十分愚蠢地卖弄自己的聪明，想尽办法去删减属于我们的情欲的数目以及快乐。 就像是它十分勤奋地施展所有的诡计去粉饰我们所经历的痛苦，以此来麻木我们的感情。 如果我是教派的头头，我一定另辟蹊径，找一条更自然的道路，说实话也就是方便纯洁，我也因此很有可能足够坚强去做到适可而止。

尽管我们精神以及肉体方面的医生，似乎是经过串通密谋一样找不到治愈的道路以及身体与精神的良药，但是却会巧妙地利用知识为我们掩饰、美化和减轻痛苦一样。 节前守夜、斋戒、穿粗毛麻衣、远地单独流放禁闭，而且笞杖、终身监禁，以及其他刑罚，都是因为这个目的因此引进的，只需要它们是真正的苦刑，让人痛彻心扉就足够了。

有一个加里奥就遇到过这样的事，他一个人被送到莱斯博斯岛上一直流放，罗马人听说他在那里优哉游哉，施加在他身上的刑罚但是却被他用来过得十分愉快；这样罗马改变了决定把他召回，在家里跟妻子一起生活，下了命令他待在那里，让他觉得这是他们强加到上面的一种刑罚。

由于对于斋戒可以增强体质、轻松感觉的人，吃鱼比吃肉更加有胃口的人，结果，禁食和吃鱼就不再是治病的办法。 就如同在医学上，把药吃得特别津津有味的人，药对他而言是不起作用的。 苦药难咽因此才对他们的病情十分有帮助。 针对用惯大黄的体质，使用大黄简直就是糟蹋。 不得不使用触动胃的药才能够治愈胃病；在这一点上，不存在互相排斥才能克服对方的普遍规律，也就是以毒攻毒的办法。

这种看法和古代的那样一则记载倒有很多相同的地方，考虑到以屠杀生灵来祭祀天地，这是所有宗教大都普遍信奉的仪式。近在我们的祖先生活的时代，穆拉德二世攻占科林斯地峡的时候，杀了六百个年轻的希腊人祭拜其父亲的亡灵，让所有的这些血补赎死者生前的罪孽。 在我们生活的这个时代发现的新大陆，与我们的大陆比较起来还是一块纯洁的处女地，这样的做法也到处存在。 他们崇拜的偶像全都喝人血，各种残忍的例子不胜枚举。 有活活被烧死的，也有烤到半生不熟再拉出火堆然后剖腹掏心的。 同时还有把人，甚至包括一些妇女，活活地被剥皮，而且鲜血淋漓的拿来穿在身上，或者是给别人做面具。

当然，坚强不屈的例子也不少见。 由于这些可怜的人牲——一般是老人、妇女和孩子——几天前自己主动要求施恩，让自己充当牺牲，跟着在场的那些人唱歌跳舞一起走上祭台。 墨西哥国王的使臣们跟费南特·科尔特斯大谈论他们君王的伟大，谈着他有三十位封臣，每一位封臣能够召集数十万名战士，他住在天底下最美丽最坚固的城堡里，他们还说他每年向诸神祭献五万名牺牲者。 他们谈论的也是事实，他跟邻近的那些大民族一直不断开战，不仅仅是锻炼自己民族的青年，更加重要是抓获战俘去做人牲。 此外，在一个小镇上，为了欢迎这一位科尔特斯，他们一次就杀了上五十个人牲。

这件事我还没有说完呢。 有一些被他打败的民族专程送来准备做牺牲的人，以表示友好并承认他的宗主地位，使臣向他献上一共三件礼物，并且还说："大王，给您的这里是五名奴隶；你如果是一个威武的神，平常的时候吃的是血与肉，那么就把他们吃了，我们还将陆陆续续给你送来；你如果是一个慈悲的神，这里是香柱以及羽毛；你如果是一个人，请你享用这些禽鸟和水果。"

论隐逸

我们暂且撇开那关于活动以及孤寂生活的详细的比较；至于那些隐藏着野心和贪婪的漂亮话："我们一生来并不是为自己而是为大众"，让我们大胆地去诉诸那些在漩涡里生活的人们；请他们扪心自问，与那些漂亮话相反，到底那对于职位、任务，跟世上那么多纠纷的营求是不是反而正是为了假公以济私的目的。现在常人借以上进的坏方法特别的清楚地告诉我们那目的特别的不值得。让我们告诉野心，正是它使我们产生离群索居的愿望，由于还有更比它需要避开人群的吗？还有更比它需要寻找到处活动的余地的吗？不管什么地方都有为非作歹的机会；但是，如果比雅（Bias）这一句话说得不错——"险恶成了主流"，或者是书本《传道书》里的这一句话："千人之中也找不到一个好人"。

> 善人何其少？充其量仅仅，
> 只是如梯比的城门。
> 或者是尼罗河的出口。
>
> ——郁文纳尔

跟群众接触简直是再危险不过了。我们不学习变为恶人便得憎恶他们。二者其实都危险：由于他们占多数，并且效颦多数；或者因为相去太远而憎恨他们，反正都是危险。

那些航海的商人十分留意那些跟他们同舟的人是不是淫佚、亵渎或者凶顽，假如有这种人，就可能把这些伴侣看做是不祥的，确实是很对。

因此比雅开玩笑似的对共同面临暴风雨的危险，向诸神求救的人说："请你们住口，以免他们知道我跟你同在这里。"

还有另外一个更雄辩的例子：一位代表葡萄牙王爱曼奴尔（Emanuel）驻印度的总督名字叫做亚尔卜克克（Albuguerque），他在海上遇到生死攸关的暴风雨，于是肩扛一个小男孩，这样做唯一的目的是：他们的命运不仅仅是联在一起，幼童的天佑能够作为他关于对神恩的保证，使他可以转危为安。

这并不是说哲人不可以随遇而安，而且在大庭广众中也依旧是一个孤独者；不过，如果可以选择的话，他一定会避之唯恐不及，连看一眼都不愿意。不得已的时候，他可能会忍受前者；但是假如由他做主，那么他就会选择后者。

他不可能会妄自以为他全部免除了恶，假如他还得跟别人的恶抗争。

夏龙达（Charonda）像惩罚坏人一样惩罚经证实常与坏人来往的人。

再也没有什么东西能够比那么不宜于交际但是又善于交际的：前者由于他的恶，后者是由于他的天性：

我认为安提思典（Antisthenes）并没有圆满答复那个责备他喜好交结小人的人，当他说"医生们应该常常生活在病人当中"，因为，医生固然改善着病人的健康状况，他们自己的身体也由于接触、观察和处理疾病而日益受损。

到了现在。所有的一切隐逸的目的，我坚信都像是如出一辙一样：要更加安闲、更加舒适地生活，但是我们并不经常找着正当的路。我们往往以为已经放下手中的事务，实际上只是把它们改变了一下而已。治理一家过程中的烦恼其实并不比治理一国轻松多少：如果心有牵挂，那么就整个儿放在上面；家务虽然没有那么重要，但是却不因此而减少了烦恼。 此外，我们尽管摆脱了司法和商业等等事务，但是却没有摆脱我们生命的主要烦恼。

> 我们心灵的宁静，因为理性还有智慧
> 并非因为汪洋大海的旷观。
>
> ——贺拉斯

> 野心、贪婪、犹豫、恐惧和好色，不会因为我们换了地方就放过我们。忧愁的影子总是一直坐在骑士的背后。
>
> ——贺拉斯

它们甚至还一直追随我们到修道院还有哲学院里。 不管是沙漠还是石头的山洞，也不管是扎人的粗衣还是斋戒的饥饿，都不可以帮助我们摆脱，他肋下带着一种致命的利矢。 （维吉尔）

有些人对苏格拉底说某一个人旅行之后不管哪方面都不见得有什么改进。 他回答说："我早就想到了，那毛病是跟着他一起走的。"

> 在别的太阳下面我们能够有何所求？
> 哪个人放逐自己。可以放得下自己？
>
> ——贺拉斯

假如我们不先把自己以及灵魂的重担卸下，行动起来将会更加增加它的重量：就好像船停泊的时候，所载的全部货物便看起来没有那么的壅塞；你挪动病人的位置，害处大于益处。 移动可能会把恶摇到囊底，如同一根木桩愈摇愈牢固一般。 因此单是远离众生还不足够，仅仅是迁离地方也不够，我们还必须得把我们里面的凡俗之恶习全部洗涤除净。 必须远离存在于我们身上的老百姓的生活方式，必须把自己隔离起来，必须重新控制自己。

你说："我早就已经打破我的桎梏！"

> 没错！试试看那亡命的狗，
> 就算它已经咬断了铁链
> 但是圈儿可不是还挂在颈后！
>
> ——柏尔斯

我们把自己的那根桎梏带走，这不是完全的自由，我们回头看留在身后的东西；我们的脑袋还一直给充塞着。

> 除非是心灵澄净，否则是什么险都不要去冒，
> 任何的冲突也不在我们胸中乱捣，
> 所有的焦急以及恐怖也不把我们煎熬，
> 另外还有奢侈、淫佚、恼怒和骄傲，
> 以及那懒惰、贪婪、卑鄙与无行，
> 将如何地把我们践踏蹂躏！
>
> ——鲁克烈斯

我们的恶深植于灵魂之中，但是灵魂又避不开自己，

病植根在灵魂里，她怎么可以逃避？

——贺拉斯

因此我们必须把灵魂带在身边，隐居在我们自己的躯体里面,这才算得上是真正的隐逸。 在城市以及宫廷里，他能够享受，但是离开则更加的如意。

目前，我们既然试图独自生活，而且要息交绝游，使我们的满足全部靠我们自己吧，让我们割断所有的把我们维系于别人的羁绊吧，让我们克服自己以便可以真正独自活着而且快乐幸福地活着吧。

司梯尔彭（Stilpon）避过城中的大火，他在火灾中失去了妻子儿女和财产。 狄密提犁·波里阿尔舌特（Deme·triasPoliorcetes）看到他站在故乡的废墟中间，脸上一点也不变色，问他到底有多少损失，回答道：“没有，感谢上帝，大火没有带走任何属于他个人的东西。”这恰恰是哲学者安提思典的意思。 当他自己十分诙谐地说：“人应当带些可以浮在水面的粮食，以便在沉船的时候能够借游泳来救人及自救。”

确实，聪明人只要保全自己，他就什么都没有失去。 当娜拉城被野蛮人毁坏以后，保连奴司（Paulinus），那个地方的主教：丧失了所有而且身为俘虏，于是祈祷上帝：“主啊，不要让我因为失去的东西而耿耿于怀，你知道，他们并没有什么触着我。”那令他富裕的财富，那让他善良的产业还没有丝毫损失。这就是所谓擅长选择那些能够免除灾劫的宝物，把它们藏在无人可以触及，并且除了自己，没有人能泄漏的地方了。

我们应当有妻子、财产，特别是健康，假如可以；但是我们的幸福不能全部倚靠它们。 我们必须保留一个完全属于我们的完全空置的后院，使我们得以真正自由地隐匿其中，在那儿，我们树立我们的真正自由，更主要的是退隐还有孤寂。 那里，我们平常的晤谈是跟我们自己，并且那么秘密，几乎不存在为外人所知或者是泄露出去的事情；在那儿，我谈笑——如果妻子、产业还有仆从全都一无所有。 那么，即使我们万一失去这些东西，也不会觉得遇着了新问题。 我们拥有一颗能够环绕自己，能够给自己做伴的灵魂；我们没有必要担心在这隐逸里我们会沦于那样一种无聊的闲散，你应该在孤寂里面然后自成一世界。（梯布勒）

"德行，"安提思典说道，"自足于己：无需理论、无需言语、无需行动。"

我们平常的举动，其中没有和我们相干的。 你看到的那个爬着颓垣，狂怒并且失了自主，冒着像雨一样的枪弹；还有那个浑身疤痕，饿到打噤并且面如土灰了，宁可丢了性命也绝不打开城门的人。 你觉得他们是为自己吗？因为一个，或许，他们从没有见面而且对于他们的命运一点也不关心，而且还沉溺于荒淫以及游乐里的，还有另外一个，你以为他在书中寻找如何做一个更加幸福更加聪明的善人吗？绝对不是。 他将会死在那里面，不然的话就会教后代如何读蒲鲁特（Plaute）的一句诗或一个拉丁字的准确写法。 谁不在心甘情愿地用健康、休息、生命换取名声和荣誉，这一种最无用、最空虚而且最虚伪的货币呢？我们因为自己的死还不足够使我们畏惧，我们还需要愁我们妻子、奴仆的死。 我们觉得自己的事情还不够烦；那就把邻居和朋友的事情揽过来，为他们坐立不安、头脑发胀吧。

啊！一个人为何居然会溺爱他人和外物甚至比

自己还要亲切、殷勤？

——梯布勒

我认为隐逸对于那些早就已经把他们生命的最最活泼、最最强壮的时期献给世界的那些人更加的适宜，更加的合理，按照达列司的榜样。

我们为别人活得够了，起码也得为自己活一段时间吧。最起码在这短促的余生中间。让我们把我们自己的思想以及意向带回给我们还有我们的安逸吧，需要十分妥当布置我们的隐逸其实并不是一件小事，由于即便不掺杂别的事，我们其实也已经够忙的了。既然上帝让我们为离开作准备，我们就去准备一下吧：准备行李，及时地与社会告辞，打破各种各样把我们纠缠以及那些让我们分身分心的种种羁绊。我们必须解开这些强有力的枷锁，从此随心所欲，但是又情归自己。但是只是为了自己。也就是说，其他的身外之物也都能够笼络我们。然而并不紧紧黏附在我们自己的身上，以至于我们拿开它们的时候，还必须得剥去我们自己的一层皮，甚至连带撕去身上的一块肉：世上最大的事情是懂得属于自己。

这刚好是我们跟社会断绝关系的时候，既然我们再不能够对它有什么贡献。尽管不能借出，最起码也得想办法不要借人。我们渐渐年老力衰，我们应该把力气保存和集中起来。哪个人能够把友谊以及社交且全部都排斥而是仅仅注重自己的话，那么让他做去吧，在这使得他对于别人变为没有用的。累赘以及骚扰的衰落情况里，让他最起码不要对自己是累赘、骚扰或者是无用吧。要自信，要安慰自己，尤其要自制，尊重并敬畏自己的理智和良心，以至于不能够在它们面前走差一步而不感觉有什么

羞耻。"因为可以自重的人确实很少见。"（景提里仁）

苏格拉底说，年轻人应该多学习，成熟的人应该努力做好事情，老人们卸去所有军民职务，起居所有的全部从心所欲。不需要受什么固定的生活秩序所约束住自己。

有些人的气质比较能适应退休的观念。比如说那些理解力薄弱、情感以及意志敏锐，并且不愿意服役或者是承担任务的人——我自己就是其中的一个。他们因为天然的倾向还有自我的反省都十分容易相信这忠告，比起那一些活泼忙碌的心灵，什么都管，事事插手，干什么事都热情洋溢，一有机会就自告奋勇，挺身而出，全身投入。我们应当利用这一些身外的偶尔机缘，做到适可即止，而不必要把它们当作自己的命脉一样；它们原本不是这样的，不管理性还是天性都不愿意这样，

我们为什么要反对自然规律，置幸福于别人的权力之下呢？还有的为防止命运之不测，剥夺我们既可以得到便利（像很多人由宗教的热忱以及有些哲学家受理性的驱使而出此）。惩罚自己，身体力行，睡硬地，挖眼睛，把财产扔进河里，或者是自寻痛苦（或者想由此生的苦难获得来生可以得到的欢乐，或者是想把自己放在最下层避免再有下坠之苦），这些都是不一般的美意的行为，让那些更加坚定更加的倔强的天性连同他们隐居的一隅也从这里显赫而树为模范吧。

> 在我运气不佳的时候，
> 啊！我多么希望过那俭朴寒微的生活：
> 怎样的富贵荣华都不能够把我诱惑！
> 但是如果命运待我稍好一点，让我富裕一点，

> 我将声言世上唯一的一个福乐明哲
>
> 是购置田地以及成家立业。
>
> ——贺拉斯

对我来说不必走这么远，手上的事就已经做不完了，我只希望在命运的恩宠之下，打算看它如何翻脸，并且在我感到舒适的时候，按照我自己想象之所及去模拟那未来可能的厄运：就像是我们在太平之际居然用竞技以及比武来模拟战争一样。

我并不由于哲学家亚尔舍路施（Areesilaus）依照他的家境使用金银的器皿因此就把他看得没有如此的贤德。我甚至还把他看得更崇高，由于他慷慨并且十分的得当地使用它们，这些远胜于全部摒弃它们。

我明白人的地位所受的限制程度，看着可怜的叫花子站在家门口，往往比我活泼比我健康，我便把自己设身处地，试着依照他的尺度去装扮我自己的灵魂。我还按照这样的方法比较过其他各种各样的榜样，我能够想象死亡、贫穷、轻蔑以及疾病早就已经迫在眉睫，我也很容易下定决心，连远远不如我的人都毫不抱怨地接受这些事情，我还有什么可怕的。我绝对不相信一个低下的理解力甚至比那高强的更加的能干，或者说理性不能跟习惯达到一样的效果。而且既然知道这些外来的福泽有多么的无常。我总是不由自主。在最得意称心的时候，我也会向上帝提出最高的请求，让我满意自己，满意产生在我身上的美好事物。我看到很多的青年尽管非常的壮健，但是却依旧准备了一大堆药丸放在他们的衣箱里面，以便伤风的时候服用，由于既然有药已经在手，心里就不会特别地害怕。我们也应当这样做；并且，如果自己觉得很容易患某一种更严重的病症。就应该带些能够使患处麻醉或者是使自己沉睡的药品。

我们为了安逸因此应该选择的事业，肯定是那些既不辛苦又不厌烦的，不然的话隐居的目的就完全落空了。 这应该由每个人的趣味来决定：我自己就一点也不宜于农作。 那些喜欢农事的自当然和缓从事。

要使财产成为我奴。
不要使我为财产奴。

——贺拉斯

耕种原本是一种奴隶干的工作，这是沙路士曾经对它的称呼。 但是它有一些部分则是特别可人的。 比如说是园艺，根据洗诺风说，那是西路生前最爱好的，我们而且能够在这里找到一种折中，介乎与我们常常在那些完全埋没在艰苦劳作中的人的身上所看到的低微和下贱、紧张和充满着不安，革命我们在另一种人身上看到的那放任一切的那种深固的而且特别极端的疏忽之间。

狄墨克里屠的灵魂早就远游于云天，
——任凭羊群恣意嚼食他的麦田。

——贺拉斯

然而我们试听一下那小披里尼（Pline）给他的朋友名字叫做哥尼奴士·鲁夫（CorneliusRufus）关于隐逸的一些劝告："你所在的地方既充实又富足，我建议你把低级和可恶的家务工作交给仆人去做，自己就一个人专心致志去研究研究文艺，以便可以从那里取得一些属于你自己的东西。"他所说的意思其实是指名誉。他跟西塞罗一个鼻孔出气，当西塞罗说道，他准备卸去所有的公务归隐，以换取不朽的功名，君之学问几乎等于零，"藏之深闺哪个知晓?"（柏尔斯）

既然说应该遗世隐逸，好像应该瞩目于世外才合理；有些人半途而废。他们为离开世界的那一天整理好东西，可是由于一种可笑的矛盾，他们工作的却但愿在他们早就已经遗弃的世界里来采摘。那些因为宗教的虔诚求隐逸，相信圣灵的期许可能来生应验的人的想象合情合理得多了。他们把目光投向充满无限善意和全能的上帝，灵魂通过他可以完全自由地满足自己的愿望。痛苦以及悲愁之来临是一种利益，借此能够获得永远的健康以及欢乐；死亡其实是一件切盼的事，是用来超度到这美满的境界的一个过程。他们的严格的戒律因习惯而被清除，肉体的欲望被拒绝、抛弃和麻醉，由于唯有常思常用才能够保持它的活跃力。仅仅是这未来的福乐永生的展望就值得我们抛弃现在的所有安逸与甘美了。谁可以确切并且永恒地用这强烈的信仰以及希望的火焰燃烧他自己的灵魂。他可能会在隐逸里面度过美妙并且愉快的一生，超越任何其他生活方式、快乐的高尚的享受。

因此披里尼这忠告的目的与方法都不能够使我满意，这仅仅是永远由疟疾转变发烧而已。啃噬书籍的生涯也跟其他一样辛苦，同样是我们健康的大敌，但是健康是我们必须关心的主要问题。我们应该留神不要给某一件事情的快乐让我们昏昏欲睡，拖累那一些经济家、贪夫、色鬼以及野心家的正是这种快乐。智者教我们提防欲望，不要让它出卖我们，跟辨认那真正单纯的快乐以及那些混着很多痛苦的斑斓的快乐。由于我们大部分的快乐，他们说，大部分的快乐抚慰和拥抱我们，目的是想掐死我们，跟那些埃及人称为菲力达的强盗相同，假如我们头疼在醉酒前面，我们或许会留心不再贪杯。但是愉快，因为欺骗我们，常常走在前头，把跟随着它来的不幸全部给掩住了。

书是好的，但是，如果经常和书打交道最终使我们失去欢乐和健康，失去我们所能拥有的最美好的东西，那么离开它们吧。很多人觉得它们的果很难抵偿那个损失，我也这样认为。就像那久病的人身体渐渐衰残，全部听任医生摆布，应该遵守很多规定的起居规律；同样，脱离世界的人，厌倦了常有的世俗生活，那就得按照理性的法则来策划，从深思熟虑然后去安排他的隐逸。他想要辞退各种工作，不管它戴着怎样面具，逃避所有能够妨碍身心安宁的情感以及选择最适合自己口味的道路。

我们应当读书、佃猎，以及从事各种各样的活动，直至获得全部的乐趣，同时小心不要越过极限，从那里开始快乐将慢慢变成痛苦。我们应当保留相当的事业以及工作，但是又应该适度的活动，不让我们流入极端的懒惰以及闲散的恶果。

有一些贫乏和困难的知识，大部分是为大众所用的，我们应当让给那些把自己献身于公务的人去做。而我，我所喜欢的事要不是很容易、充满兴趣以及可以引起我自己的幻想的。便是那些能够慰藉我并且指导我如何去调理我自己的生死的，比较明智的人，因为他们的灵魂更强大更有活力，可以为自己创造心灵上的安宁：而我，有着一颗特别平凡的灵魂，于是就得求助于肉体上的舒服。年龄不仅剥夺了那些差不多合我脾胃的娱乐，于是培养和提高更适合新时期的兴趣。我们不得不要用爪牙并用以抓住那些时光从我们手里——夺去的那些生命的娱乐。

及时去采撷生命的甜蜜，否则到了明天呀，

你就只是灰烬、影子、空洞的字眼。

——柏尔斯

而把光荣当做是我们的目标，像披里尼跟西塞罗给我们的建议，但是离开我的计划甚远。 跟隐逸最不同的脾气就是野心。光荣以及无为是两件截然相反的东西。 依我所见，他们只是置手和脚于社会之外，他们的灵魂跟意向却比任何的时候都更加粘着在里面。

那龙钟的老朽，

难道你活着仅仅是为取悦人家的耳吗？

——柏尔斯

他们后退只是为了向前跳得更远，为了蓄积更大的力量脱颖而出。 你们乐意知道他们如何差之毫厘吗？试着把两个派别根本不同的哲学家的建议和他们比较，两个人的劝告都是分别写给他们好朋友的。 一个(伊壁鸠鲁)是给衣多明纳，另外一个(洗尼卡)给路西里乌，为了说服他们放下公共事务并隐居起来："他们说你从开始到现在都是一直浮游着，现在来港口接受死吧。你早就已经把前半生的时间献给光明了，把那里剩下的一半献给阴影。 如果你不放弃结果，你就放不下种种繁琐的事务；所以，撇开所有光荣与名誉的操心吧。 估计你过去的功业会把你炫耀得太过厉害，会不停地追随你到墓穴里。 把那经过别人的赞赏而得来的愉快以及其他愉快全部抛弃吧；关于你的学问与才能，不要为它们牵挂，如果你感觉到新的生活更加惬意，它们只会发挥更大的作用。 铭记有人当人家问他为何费许多心血在一种仅仅只有几个人能够了解的艺术上，回答道：'几个于我而言已经足够了，一个，不，比一个还要少的话也足够了。'他说的是实话：你和另外一个人，或者是自己跟自己。 便可以互相表演的角色了。 让群众和你等同一个人，让一个人跟你就是全部群众。 想从闲暇以及隐逸取得荣名简直是极可悲的野心。 我们应该像野兽一样把家门口的足印抹干净。 你所应该关心的，不是社会如何说你，而是你如何对自己说。 归隐在你自身里。 但是先要准备好在那儿迎接你自己。 假如你不能够自治就信赖自己，那是疯狂的行为。 遁世隐居和投身社会，都可能犯错误。'除非你早就变成了一个让你不敢在自己的面前有什么轻举妄动的人，除非你对自己羞惭以及尊重——在心里想着道德的楷模。'（西塞罗）——你得经常在心里铭记卡都（Catou）、福史安（Phocien）以及亚里士提（Aristides），在他们面前甚至疯子也需要藏起他们的过错。 你要把他们看成你某些思欲的管理人；如果你的图谋偏离了常规，你对这些人物的尊重会使它们重拾正道。那些人会扶助你走上自足之路，使你不管怎样都只向自己索取，使你的心灵回归在那些有边际的思想上，在那里面心灵能够自娱，因此，在了解了真正的幸福——越是认识也更加享受——以后，使你十分知足，不再希冀延长生命或名气。"

这是真正并且自然的哲学的建议，并不是什么炫耀或者是空言的哲学。

论荣誉不可分享

人们千思万虑，无非就是关心名望以及荣誉。 他们坚持不懈，甚至愿意为此放弃财富、休息、生命和健康，丢开那些有用和根本东西然后追求没有用处的形象和没法捉摸的甜美声音。

> 自以为是的人的名声看起来是多么的美好，
> 那动听而且迷人的声音，只不过是一个回声，
> 一幅影子一样的虚无缥缈的梦境，微风一起，
> 梦幻的影子将瞬间消散，变得无影无踪。
>
> ——塔索

这样看来，在人类不合理性的那些倾向当中，名声甚至连哲学家们也是不愿意丢弃的。

那是最难办、最顽固的倾向。"由于它不停地引诱灵魂，阻止灵魂继续进步。"在谈及名声的时候，很少有人和他们那样准备无误地指责那些虚荣的。但是它在我们身上变得根深蒂固起来，我不知道有谁曾经摆脱过它的纠缠。当你为了否定它因此而公开说出来以后，它又会让你不顾及你的言论在内心身处喜欢上它，折磨的你没有办法应付它。

由于就像西塞罗所说，即使那些在努力克服虚荣心的人，他们写书论述虚荣心，依旧想着在书名页上留下自己的名字，乐意凭借自己去蔑视荣耀因此而变得荣耀。在与人交往中，别的所有都无足轻重；出于朋友的需要，我们能够拿出财产和生命；不过，假如与他人分享荣誉，把荣耀让给他人，那就不多了。

卷二

论人的行为变化无常

致力于检视人类行为的学者，遇到的最大困难莫过于把个人的行为放在阳光下进行拼接和分析。因为通常人的行为是自相矛盾和复杂多变的，简直会让你无法相信某些行为会是同一个人所为。有时候小马略会是马尔斯的儿子，但是有时却又是维纳斯的儿子。据说博尼费斯八世教皇在获取权力时像只狐狸，在位时是狮子，死的时候又变成了一条狗。没有人会相信，尼禄皇帝一向残暴无比，但是当臣子按照惯例要他在罪犯判决书上签名时，他竟说："噢，我真希望我自己从来都不会写字！"判一个人死刑竟会使他如此为难。

诸如此类的例子数不胜数，而且每个人身上都会有这些复杂的行为。因此我们经常会感到很奇怪，为什么有些明白人居然也费心把人的复杂行为——分类。他们认为优柔寡断天性之中最共同和最明显的毛病，这一点可以从滑稽诗人普布利厄斯的诗句中得到见证：

只有人类的恶习才会一直都不变。

一般来说，从一个人日常的行为举止来判断这个人是非常有道理的。但是，鉴于习惯和观念天生的不稳定性，我常常认为，即使是最优秀的作家也会有失误的时候，他们试图把人塑造成始终如一、坚忍不拔的模式就是一种错误。

他们选择普遍的样板，然后根据这个模式去诠释这个人所有的行为。 如果此人的某些行为有悖于这种模式，他们便称之为虚伪。 实际上奥古斯都就不符合他们的模式。 因为他的身上突现了行为的多样性，而且是那么鲜明、突发和连续地贯穿他的一生，叫人无法想象。 即使是洞察力最强，最有见解的评判家也不敢对他妄下评论。 我相信和其他德行比起来，人类最难做到的就是始终如一。 而与此相反，人类却很容易变化无常。

详细地个别地评论每一个行为，才能更多地反映真实。

尽管持久永恒被视为智慧的来源，但是我们很难从历史中找到一些一生行为都恒久不变的人。 有位先人为了把智慧归结为一个词，把人生的全部规则总结为一条规则，他曾说过：

诚然，我以前曾经听说过，恶行只不过是事不规范、没有节制的行为，因此不可能有始有终。

迪莫斯西尼曾经说过：所有的美好德行都始于请教和深虑，其完结则因为持之以恒。 理智地选择一条道路，而且坚定不移地走下去，这将是一条最好的路，但却从来没有人认真考虑过自己的选择。

　　曾经努力寻求的事情他不希望去做，刚刚放弃
的事情他却又想重新捡起。
　　他瞻前顾后，左右摇摆，他的一生都充满着
矛盾。
　　　　　　　　　　　　　　　　——贺拉斯

我们行事一般都是随心所欲，向左，向右，向前，向后，听

凭性情的变化和机缘巧合。

不到十分紧迫的时候，我们不会预先计划自己想要的东西。我们随波逐流，像变色龙一样，随遇而安。 我们在此时此刻提出建议，但是一会儿又改变了主意和方向，一会儿又改回来。翻来覆去，左右摇摆，反复无常。

> 我们是旋转的陀螺，任凭别人的抽动和摆布。
>
> ——贺拉斯

> 我们不是用脚在走路，而是在随波逐流，时急时缓，任凭水流冲动。
>
> 我们还看到：有些人弄不清楚自己在追求什么，只是不停地寻找，不停地更换地方，仿佛如此就可以卸下背上的重负。
>
> ——卢克莱修

> 每天都会滋生新的想法，而且随着时间的推移我们的性情也会产生变化。
>
> 人的思想闪烁不定，仿佛是阵阵闪电，也好像是天神朱庇特射向人间的道道光芒。
>
> ——荷马

我们摇摆在不同的意向之间。 我们对所有的事情都不愿做出自由的、绝对的或者是恒定的抉择。 如果谁能够按自己的想法给自己制定和颁布一些恒定不变的规范和准则，我们就可以说，在他的生活中，他品行一贯，处事有序，肯定在他的行为和这些准则之间存在着一种牢不可破的关系。

但是，恩培多克勒却在阿格里真托人的身上看到了充满矛盾的方面：一方面他们纵情寻欢作乐，纸醉金迷，仿佛第二天他们的末日就会来临；另一方面却又大兴土木，仿佛他们永不死亡。

而小加图的性格则是简单明了、一目了然的。他前进的每一步，都是前后一致的，彼此照应，像是一首完整和谐的乐曲，不会发生任何差错，但我们与他比起来却是截然相反。我们在做每一件事的时候都会有不同的判断方式。依我之见，最可靠的办法是把这些行为和周围的具体环境联系起来，不需要瞻前顾后，最好也不要借题发挥。

我听说正当我们这个贫穷的国度处于秩序混乱的时候，在我所住的地方附近有一个女子，因为想要逃避驻扎在他家附近的一名下等士兵对她的强求，便从窗口纵身跳下。但她并没有摔死，于是她便拿起刀子刺向自己的喉咙，虽然受了重伤，还是被人救了回来。她自己也承认，其实那名士兵并没有强迫她，只是对她说了一些甜言蜜语，然后给她送了一些礼物，并热切地恳求她答应。但是她担心对方最终会付诸武力，于是她就用自杀的方式来寻求逃脱。这位少女面容端庄美丽，言辞恳切，品德贤良，就像另一位洁身自好的姑娘柳克丽西亚①一般。

但是我知道，无论从任何方面来说，她都绝不是那种会拒人于千里之外的少女。

正如阿里奥斯托的一则故事中所说：不管你多么英俊和诚

① 罗马贵妇，受骄傲者塔克文之子赛克斯都的凌辱，自杀身亡。

实，如果一时不能成功，你不要马上断定你的情人一定贞洁无暇，说不定她会对你的车夫有很大的兴趣。

安提柯见他手下的一名士兵勇猛善战，十分的勇敢，于是倍加喜爱，还特意命令医生无论如何要把这位士兵缠身已久的病痛治好。 但是，他发现士兵在病愈以后失去了过去的热忱。 安提柯于是问他为什么变成了现在这个状况，士兵回答说："将军，一切都是因为您治好了我长期的病痛，让我不再像从前那样对生活充满绝望了。"卢库卢斯的士兵遭敌人抢劫——士兵以牙还牙，狠狠地把他们教训了一顿。 因此卢库卢斯对他赞赏有加，便决定派他去执行一项十分危险的任务，并对他再三鼓励，寄予厚望。

> 即使是懦夫听了也会勇气倍增。
>
> ——贺拉斯

> 但是坚决不服从调遣，回答说："派那些被敌人掏走了钱包的小兵去执行这项任务吧。"
> 那些丢了钱包的可怜虫会十分愿意去执行任务的。
>
> ——贺拉斯

然后他就这样很干脆地拒绝了卢库卢斯。 你可能会感到非常奇怪，为何昨天所见的那个士兵英勇无比，第二天却是胆小如鼠。 其实，或是愤怒，或是需要，或是伙伴，或是酒精，或是号角，所有这一切都能激起人无畏的战斗热情。 勇敢的行为绝对不是没有任何理由的，是环境造就了那时的坚定不移和勇猛直前。 因此，在相反的环境中又出现另一种情景，完全不足为奇。

鉴于我们自己身上所表现出来的种种矛盾和变化多端，有人觉得我们人类有两个灵魂存在，还有一些人认为有两种截然不同的力量一直伴随并支配着我们的行为。 一种力量鼓励我们向善，一种力量唆使我们从恶。 如果只有一个灵魂和一种力量，我们就不会有这么大的变化和行为差异。

对于我自己来说，即使是偶然的一件小事也会像一阵风吹来般，使我随风摇摆，心神不宁。

无论是谁，只要静下来仔细聆听自己的内心世界，就会发现自己从来都没有过一模一样的心境，哪怕是一点点的相同。 根据情景角度的不同，我们的心灵有的时候会转到这个方向，有时候又转到那个方向。 我说自己多变，因为我从不同的角度来看自己。 人类所有的差别都来自于内心世界的某个角落：胆怯、傲慢；纯情、荒淫；健谈、沉静；勤劳、懒惰；灵巧、迟钝；忧郁、乐观；虚伪、真实；博学、无知；慷慨、吝啬、挥霍等这些本身相互矛盾的方面都多多少少地在我身上出现过。 谁认真地研究自己，都可以发现自己具有这种多变性和不一致性，甚至包括判断力在内。 我没办法证明自己是纯粹简单和坚定不移的，我逻辑中的通用信条是"各不相同"。

虽然我会经常尽最大努力把好的事情说得更好一些，把不好的事情说成比较好的。 但是有的时候人的情况很复杂，往往是恶习促使我们去做好事，如果好事的判断标准不仅仅是依据我们的主观意愿。 所以，不能仅仅从一次勇敢的行动就做出这个人是勇士的最后的判断。 一个真正英勇的人，他应该自始至终地英勇，不论时间和场合。 如果一个人拥有勇敢无畏的精神，而不只是一次鲁莽的行为，那么这种精神会促使人在任何时候都表现出同样的决心、意志和行动：不论他是单独行动还是结伴而行；不论是在军营里还是在战场上，他都会像平常一样表现出超人的胆识和过人的行为。 因为对于他们来说不存在只属于生死拼杀、战火纷飞的战场而不表现在平常的英勇，他会在病床上勇敢面对疾病，在军营里勇敢面对受伤，在家中不畏惧什么，在战场上同样也能视死如归。 依此而推，一个人在攻城时能够奋不顾身，在输掉一场官司或痛失一个孩子时也不会像软弱妇人一样捶胸顿足。 一个声名极坏的懦夫，却能坚强地面对贫穷；被理发师的剃刀吓得胆战心惊，却可以毫不犹豫并无所畏惧地冲向敌人的刀剑。 值得称道的是行动，而不是人。

西塞罗说：很多希腊人从来都不敢正视敌人，却可以忍受住病痛的折磨。 辛布赖人和凯尔特人却恰恰相反。

没有坚定的原则，就没有一致的行动。

——西塞罗

没有人敢说自己比亚历山大更勇猛，但亚历山大也只是一时一地之勇，他并不是在任何场合下都始终贯穿的勇猛。 不管它怎么无与伦比，都明显地存在着瑕疵。

他疑神疑鬼，因为害怕会遭到部下的陷害而经常惶恐不安，甚至到了差点就失去理智的程度；为了查明内情，他竟然采取了非常激烈而且草率的不正当手段；他还非常迷信，对谋害克里斯图一事始终忏悔不已，同时这也说明他的勇猛并不是贯穿始终的。

有人说，我们的行为，都是用不同的部件拼装起来的，我们所追求的是一种虚情矫饰的荣誉和虚荣。为追求美德而获得的美德才能够长久，如果有人借它到处招摇撞骗，它会立即扯下这个面具。美德一旦沁入人心，就会与心灵紧紧地融为一体；失去它就意味着心灵的缺失，会严重伤害我们的心灵。因此，要想判断一个人，一定要长期地认真地跟着他的脚印。

经过深思熟虑，选定人生道路。

——西塞罗

如果环境的改变可以引起人类行进步伐的变化（我的意思是说人的社会行进步伐可以加快也可变慢放缓），那就任凭他跑吧，就如同塔尔博特的箴言里所说的那样：它将随风摇摆。

一位先人曾说：我们的出生纯属偶然，所以我们的生活受偶然的支配也是很正常的。如果一个人如果不在大致上确立生活的目标，那么他就不可能把自己的行动有条不紊地组织起来。就仿佛一个人头脑中从来都没有一个总体的轮廓作指导和参考，怎么可能将一堆凌乱的碎片拼凑起来？如果不知道画什么，买来一大堆颜料有什么用？没有人可以绘出一生的蓝图，我们只是在注重人生的细节和各种片断。弓箭手首先必须知道要瞄准的对象，才能按照这个方向搭弓引箭，调整动作和力度。我们给别人的忠告之所以不被接纳，是因为漫无边际，没有做到有的放矢。航海的人如果没有目的地港口，那吹什么风都没有用。我不敢苟同人们对索福克勒斯的评判，只要读过哪怕一部他的悲剧，就可以驳倒他儿子对他没有治家能力的指控①。

我也非常不同意佩里塞人的做法：他们被派往顿米利都岛去管理各种事务，查看那里把农田种得最好的，把农舍管理得最井井有条的人家，记下这些农户的名字，然后召集所有岛民，宣布任命这些户主为岛上的新总督和法官。他们认为善于处理私事的人也一定擅长管理公务。但我却对这种做法持否定，我们都是分散的个体，我们之间的联系松散而多样，每个部分所发挥的作用的不同，就像人与人之间的差别一样大。

> 做一个从始至终始终如一的认识是一件非常了
> 不起的事。
>
> ——赛内加

即便是野心也可以教人勇敢、克制、自由和正义；贪婪也可以使平庸懒散的小店员发愤图强，远闯他乡，不辞劳苦，不畏艰难，小心谨慎地闯荡江湖，任凭风吹雨打；爱情可以指引求学的少年下定决心并勇往直前，还可以使刚刚离开母亲温暖怀抱的少女经受锻炼。

> 维纳斯引导着这个少女，
> 小心地躲过哨兵的视线，
> 独自一个人穿过茫茫黑夜，

---

① 据西塞罗记载，索福克勒斯受到儿子指控，说他丧失理智，索福克勒斯要求法官阅读他的最后一部悲剧《科洛诺的俄狄浦斯》，表示思路清晰，为自己申辩。

奔向她心爱的情郎。

不能仅凭借一时的表象来判断和定位自己，必须深入进去，看清楚是哪一根弹簧引起的震动。 但是因为人的内心高深莫测，这项工作做起来难度很大，还是少做为妙。

论良心

内战时期，有一次我和我的兄弟勃鲁斯领主外出旅行，途中遇见一位风度翩翩的绅士，他属于我们的敌对派别，但是我并不知道，因为他掩饰得天衣无缝，这场战争有一个最糟糕的地方，就是局面异常复杂，无论是从外表、语言还是穿戴来说，敌人和你都基本上差不多，双方共同遵守同样的法律和同样的习俗，呼吸同样的空气，很难相互混淆。 我很害怕在人地生疏的地方遇到自己的部队，这时必须要说出自己的名字，但还是生死难卜。以前我就曾经遇到过这样的事，在那次不幸的遭遇中，我损失了很多，不但如此，他们尤其凶残地杀害了我悉心照料的一名意大利随从，我很细心地培育过他，但是一个年轻的生命、一片光明的前程就这样消失了。

但是我们遇见的这位绅士显得惶恐不安，他每次遇见骑马的人向他奔过来，穿越这片效忠于国王的城市时，都吓得几乎晕死过去，我终于可以猜到他的恐惧是从他的心里来的。 这个可怜的人仿佛感觉到，人们透过他的面具和外套上的十字看到了他心中的图谋。 心灵的力量竟是那么奇妙和强大！良心使我们背叛，使我们控诉，使我们战斗；在没有外界证人的情况下，良心会谴责我们，反对我们。

　　　　它心如铁石，挥动无形的鞭子抽打我们。

——尤维纳利斯

　　这已是众所周知的故事：一名帕奥尼人贝苏斯，被人指证说他故意打下一个鸟窝，还杀了小鸟，他觉得自己做得有理，因为这些小鸟片刻不停的指责他害死了自己的父亲。 到此时为止，并没有任何人揭发这桩弑父案，案情始终无人知晓；但是他的良心开始申冤，使这个背上沉重赎罪包袱的人无法自制。

　　柏拉图认为，惩罚紧随在罪恶之后，希西厄德纠正了柏拉图的说法，他说惩罚是与罪恶同时起步的。 等待惩罚的人已经备受惩罚之苦，应受惩罚的人必受惩罚。 恶意给满怀恶意的人带来痛苦，做坏事的人最容易吃尽做坏事的苦！

　　正如黄蜂蜇人伤害了别人，但是它自己受到最大限度的伤害，因为它从此失去了自己的刺和力量。

　　　　它们在伤人的同时失去了生命。

——维吉尔

　　由于自然界的矛盾对立关系，斑蝥身上可以分泌一种自身毒液的解毒素。 所以，尽管人在作恶时感到很高兴，良心上却会截然相反，产生一种罪恶感，引起许多痛苦和联想，令他寝食不安。

　　　　这样的罪人不仅仅是几个，他们在睡梦中或在谵妄中自怨自艾，泄露了长期隐藏的罪过。

——卢克莱修

阿波罗多罗斯梦见自己被斯基泰人剥掉了皮，继而放进汤镬里煮，他的心悄声抱怨说："你所有的痛苦都是因为我引起的。"伊壁鸠鲁说："坏人无处藏身，因为无论他们躲在哪儿都不会得到安宁，良心使他们无法躲避自己的眼睛。"

没有一名罪人能在自己的法庭上得到赦免，这才是主要的惩罚。

——尤维纳利斯

良心使我们充满畏惧，也同样使我们安心和充满信心。 在人生道路上我敢说我经过许多险阻，但是我步伐始终不乱，就是因为我对自己的意图了解得很透彻，自己的计划光明正大。

人的内心充满恐惧还是希望，全凭良心的判断。

——奥维德

这样的例子不胜枚举，只需举出同一个人物的三个例子。

有一次西庇阿在罗马人民面前被指控犯了一桩大罪，但是他既不为自己辩护，也没有讨好法官，反而却对他们说："好哇，归根结底你们还不是靠了我才有权利审判每个人，如今竟要起我的脑袋来了。"

又有一次，人民法庭要对他起诉，他也没有为自己辩，只是侃侃而谈："来吧，我的公民们，去拜谢神祇，在今天这样的日子里，让我战胜了迦太基人。"说完，他朝寺庙走去，所有在场的人，甚至包括指控他的人，全都跟在他的后面。

又一次人民法庭应加图的要求，传讯西庇阿，要求他对安蒂奥克省的一切开支作出汇报，西庇阿专程为此事来到元老院，从袍子下面取出账本，说账本里列明了确实的收支账目；但是他不同意把它转交给法院档案室保存，说他不愿意自取其辱，于是在元老院他当着众人的面亲手把账册撕成碎片。我不相信，如果心灵处于煎熬之中，他还能够保持如此地镇静。李维说他天性慷慨豪爽，一向虚怀若谷，他决不会像一个罪人一样，低声下气的去声辩自己是无辜的。

刑罚是一种危险的创造，它似乎更多的是考验忍耐，而不是考验真理。能够忍受苦刑的人会隐瞒真情，不能够忍受苦刑的人也会隐瞒真情。痛苦能够使我供出一切事实，为什么就不能使我供认非事实的一面呢？反过来说，如果说一个人没有做被人控告的事，他会有足够的毅力忍受痛苦的折磨，罪有应得的人难道就没有耐性忍受这些折磨，去获得更加美好的生命的补偿吗？

我相信这项发明的理论依据是建立在良心力量的基础之上的。因为，对罪犯来说，良心的折磨足以使他坦白罪行，使他心力交瘁；但是与此相反，无罪的人则会变得更加坚强，绝不会畏惧苦刑。说实话，这个方法充满不确定性和危险性。

> 为了逃避如此严重的苦痛，什么话不会说，什么事不会做呢？
> 痛苦会迫使无辜的人撒谎。
>
> ——普布利流斯·西鲁斯

审判者折磨人的目的是为了不让他清白死去，而结果是他让那个人在受尽无尽折磨后清白死去。 成千上万的人受不了拷打，他们的脑袋里产生出假的忏悔。 我想到亚历山大审判菲洛特斯的情景，以及菲洛特斯受折磨的整个过程。 我这次要特别以菲洛特斯作为例子。 但是有人却说，苦刑充其量只是软弱的人类所能创造的最无害的东西。

但是依我看来苦刑也是最不人道、最没有意义的发明！有许多被希腊和罗马称为野蛮的国家，在这方面却不远远不及希腊和罗马野蛮，他们认为折磨和杀害一个对自己的错误还只是心存怀疑的人，是非常可怕和残忍的事情。 你不想毫无缘由地杀他，但是你对他做的事却比杀他还糟糕，你不是一直都很公正吗？事情就是这样：很大程度上他不明不白地死去，也不愿知道处死他的原因，这种审讯往往比死刑还令他痛不欲生，这等于在执行死刑以前就已经把人处决了。

我不知道从哪儿知道的这个故事，但是它正确地反映了司法的良知。 一名村妇在一位军队司令兼大法官面前控诉一名士兵，说这名士兵抢去了她喂几个小孩的仅存下来的一点点面糊，这支军队早就已经把四周村庄掠夺一空。 但是她没有证据来证明她所说的一切是真的。 将军要妇人好好想想她说过的话，如果她撒谎的话将要承担诬陷的罪责，这名妇女坚持不改口，确定无疑。 将军于是下令剖开士兵的肚子验证事实真相。 结果证明这名妇女说的话是对的，罪证确凿。

论身体力行

推理与学识，即使我们有意识地对这两种能力赋予全部的信任，这也不足以指导我们的行动，除非我们的心灵还曾经经过实践的考验与培育，勇敢面对生活的历程；不然，在真正行动的时候，我们仍会感到左右为难。

所以，那些梦想着取得更大成就的哲学家，不甘心在和平和荫庇中等待命运的残酷，害怕一旦时乖运蹇，他们自己在人生斗争中尚为一个缺少经验的新手。他们主动地迎上前去，自愿接受困难的考验。有的人抛弃家中一切，心甘情愿过贫困潦倒的生活，有的人去做工，节衣缩食，磨炼自己吃苦耐劳的精神。还有人舍弃身上最宝贵的肢体和器官，比如说眼睛和生殖器，因为他们担心纸醉金迷、声色犬马的生活会腐化他们的意志和腐蚀他们的灵魂。

死亡是所有人一生中要完成的最大的事业，但是对此我们却无法身体力行。我们可以通过习惯和经验变得坚强，克服痛苦、耻辱、清贫或者其他逆运；但是死亡，无论是谁都只能试验一次。我们在经历死亡的时候全部都是没有经验的新人。

古时候有一些人非常善于利用时间，他们试着体会和品尝死亡，他们聚精会神地观察走在死亡道路上究竟是怎么样的感觉和情况；但是他们从来没有一个人回来向我们提供任何信息。

> 没有人可以在冰冷的死亡中
> 安息后又再醒过来。
>
> ——卢克莱修

加尼乌斯·朱利乌斯是罗马贵族，一个极有道德极其坚强的人，被恶魔卡里古拉皇帝定为死罪时，他表现坚韧不屈，令人叹服，在他即将遭受到刽子手的大刑时，他的一位哲学家朋友问他："加尼乌斯，你此时此刻的心情怎么样？在做些什么？在想些什么？"加尼乌斯·朱利乌斯回答说："我的思想在聚精会神的做准备，要知道在这个稍纵即逝的死亡时刻，我要了解一下，能不能看到灵魂远去的情形，会不会有灵魂离我而去的感觉，如果我以后又能回来，我会告诉我的朋友。"这个人一直到死还对死亡进行哲学探讨。 在如此紧要关头还有心思想到其他，要把死亡作为课题研究，这是多么自信，是多么勇敢和自豪！

> 他在临终的一刻依旧牢牢地控制着自己的
> 灵魂。
>
> ——卢卡努

但是，我似乎觉得有某种方法可以让我们亲近死亡，也可以一定程度上体会死亡。 我可以进行试验，虽不完整也不完美，但是至少不是毫无用处的，这可以使我们更加更加坚强和自信。若不能亲身体会死亡，但是可以接近它，可以仔细观察它；若不能进入死亡国度，至少可以看到和踏上进入这个王国的道路。有人叫我们多看我们自己的睡眠状态，那不是没有道理的，因为睡眠和死亡确有一些相似的地方。

我们从清醒状态进入睡眠是多么容易！我们失去光明和意识又是多么不在意！

睡眠使我们失去一切行动和感觉，表面看来这是没有一点功用和违反自然规则的，除非大自然想通过这个现象告诉我们：它可以让我们生，也可以让我们死；自从我们有了生命，它就在向我们展示它给我们这辈子准备的不朽状态，为了使我们对此习惯并且适应，解除不必要的害怕心理。

但是依我的看法，那些遇到突发事故猛然间心力衰竭的人，那些失去一切知觉的人，他们是凑近并且看到了死亡的真正面目；因为，说到过程中的瞬间和某一点，我们无需害怕它包含着痛苦或者悲伤，因为根本就没有时间去感觉。受痛苦是需要时间的，但是因为死亡的时间是非常短促的，所以必然人无法体会那种感觉。我们害怕的是走向死亡的过程，因为接近死亡是可以体验的。

有许多事物在想象中好像要比在实际中夸张很多。我整个生命中大部分时间都身体健康；甚至可以说的上是精神抖擞，热情奔放。这种充满青春活力和快乐的状态，使我一想起生病就觉得十分恐怖，然而到我真的得了病，却觉得病痛跟畏惧比起来简直就显得微不足道。

我天天有以下的这种感觉：如果我在一间舒适温暖的客厅里，而外面黑夜中风雨交加，我为那些滞留在旷野中的人们感到不安和悲伤；但是如果我自己也正在遭受风雨的袭击，就决不会去想其他别的事情了。

整天关在房间里，似乎是我唯一无法忍受的事，有时迫不得已在里面待上一星期、一个月，就忧心忡忡，衰弱无力，这时我会发觉健康的时候往往会比生病的时候更容易同情病人；因为生病时我要同情的是自己。我的想象力把事情的本质和真实特点几乎扩大了一倍，我希望我对死亡的想象也是如此，不值得我兴师动众，大惊小怪，只怕承受不了死亡带来的沉重的压力，不管怎么样，我们在面对死亡的时候是不可能占有优势的。

我已记不清了在我们第三次还是第二次宗教战争中，有一天我离家走出一里地。法国内战时期，我的家处在兵家必争的位置。但是那次我觉得自己离住所很近，不会有危险，也就没有必要全副武装，只是拣选了一匹容易驾驭、但是稍嫌单薄的马。在回来的路上，突然这匹马变得不听驾驭，使我对它无可奈何；我的一名仆人粗壮有力，他骑在一匹棕色骏马上，马不听使唤，雄赳赳脾气暴烈；为了表现自己胆量过人，他跑在别人前头，策马朝着我直冲过来，像座大山般沉重地压向我和我的马，于是人仰马翻，那匹马躺在地上晕头转向，我跌出十几步远，仰天躺在地上昏死了过去，脸上血肉模糊，手提的宝剑也摔在十步以外，我的腰带断成几截，我不能动弹，也没有知觉，就像一段朽木。

这是我这辈子唯一的一次昏迷。跟我同行的人想尽一切办法要叫醒我，但是他们都没有成功，于是就以为我已死去，抱着我好不容易才回到了半里外的家。

整整两个小时他们都以为我真的已经死了；后来在路上我开始动弹和恢复呼吸；由于胃部贮血太多，身体的自然反应要调动体力把血吐出来。他们扶我站起来，我站着吐出来满满一桶血块，一路上这样反反复复好几回。我也因此恢复了一点生命和精力。但是在很长一段时间里我隐隐约约感觉到我的原始感情接近死亡大大超过接近生命。

灵魂还没有找到归路，
惊慌失措，飘忽不定。

——塔索

这件事深深地印在我的脑海里，十分贴近地向我展示了死亡的面孔和形象，在我和死亡之间建立了某种协调的关系。当我开始注视死亡时，我的视线那么模糊、微弱和黯淡，除了光以外什么都无从辨别。

眼睛时而张开，时而闭上，

人处于睡眠与清醒的半道中。

——塔索

心灵的反应跟肉体的反应是一致的。 我看见自己满身是血，因为我的紧身短上衣上沾满着我吐的血。 我第一反应是头上中了一枪；的确，在我们周围有人同时放了几枪。 我觉得我的生命悬于一线；我闭上眼睛，好像在自己把自己的生命向外推，很乐意就这样懒洋洋地让生命消逝。 这个想法浮现在脑海里，一个轻轻的淡淡的想法。 实际上不仅没有不愉快的感觉，甚至还掺杂慢慢入睡时的舒适感。

我相信，临终前奄奄一息的人大概就处于这种状态；我还觉得，我们通常情况下认为他们一定是全身痛苦不堪或者灵魂深感不安而同情他们，我想都没有什么道理。 这一直是我的看法，不管其他人甚至艾蒂安·德·拉博埃西的意见如何。 我们看到有些人倒地毫无知觉，接近死亡；或长期卧床不起，或者因中风或者因癫痫而虚弱和昏沉，或者伤及头部的人……我们可以听到他们的呻吟，有时还唉声叹气，声音刺耳，让我们把声音和动作看作是他们的身体的反应；我们会觉得他们的灵魂和肉体已经麻木，已经被埋葬。

一个人经常抵不住病魔的暴力，

像遭受雷击一般，在我们的眼前倒下，

他口吐白沫，痛苦地呻吟，四肢发抖；

他谵妄、肌肉抽搐、挣扎，喘气，在全身乱颤

中衰竭。

——卢克莱修

> 他活着，但是没有意识到自己活着。
>
> ——奥维德

　　我不会相信身体在受到无比大的震动，感觉受到无比大的摧残的时候，灵魂还能有足够的力量使自己保持清醒；我也不能相信他们还有理智可以感到痛苦，感到自己不幸的处境，综上我认为他们没有什么需要怜悯的。

　　一个人的灵魂感到悲伤但却又无法表达，我想象不出还有更难以忍受的可怕状况。　就像我说的那些被割了舌头送上刑场的人，沉默无语，再加上一张严肃没有任何表情的脸，这简直就是死亡的最好写照。　我还要说说那些可悲的俘虏，他们落入卑鄙下流的现代刽子手——士兵之手，受尽形式多样的残酷的苦刑，屈从一些骇人听闻的勒索欺诈行为，而且在他们的那种处境之下，根本就不能对自己的思想和苦难有任何表达或者是流露。

> 诗人却创造了一些神，让那些正在慢慢死去的
> 人说出他们心里的想法，按照神意，我把这根头发
> 带给普路托，帮助你离开你的躯体。
>
> ——维吉尔

　　有人冲着他们的耳朵大声喊叫，呼天抢地；他们被迫发出一些不相连贯的片言只语，做出好像招供的样子，这些都不能说明他们还活着，至少他们不是完全活着。　我们在真正入睡前口出呓语，我们会像在梦中一样看到周围发生的事情，我们会模模糊糊地听到别人说的话，好像这些话停留在大脑的边缘；另外，对于别恩跟我们说的最后几句话作出的回答，我们也是胡诌的多，

有意义的少。

现在我有了经验，毫不怀疑在此之前我没有作出比较好的判断。 首先，昏倒的时候我用指甲撕裂我的紧身衣（盔甲已经溃乱），在我的印象中也感觉不到疼痛，因为有许多行为是不受我们控制的。

半死不活时，手指痉挛，抓住那把剑。

——维吉尔

倒下的人由于自然的推力，会把双臂朝倒下的方向伸出去，这完全是一种本能的反应，说明四肢配合大脑一致行动，有时它们的行动不受到理性的控制。

有人说，战车上的大刀砍断四肢，
肢体落在地上还在动，
伤害来得是那么快，
灵魂与身体甚至来不及感觉痛。

——卢克莱修

凝结的血块压迫我的胃，无需大脑的指示，我的双手本能地揉着胃部，如同挠痒一般。 有不少动物，甚至是人，在死亡以后，还可以看到他们的肌肉伸缩抽动。 每个人都有以下这样的体验：身体的某些部位在运动的时候，或者直起或者倒下，是不需要得到同意的。 这些动作在表面上呈现，这些不能说是我们的动作；要使这些动作成为我们自己真正的动作，必须整个人都投入进去，实际上我们睡眠时手脚感到的痛不是我们的痛。

离家愈来愈近，我坠马的消息早已传开，我回到家里去时，家里人全部都过来迎接我，遇上这类事他们总是喊喊闹闹的。他们说，我不但回答了几句别人的问话，而且当我看到妻子在那条凹凸不平的小路上磕磕绊绊的时候，还想到要给她准备一匹马，这种意识和考虑就好像是头脑特别清楚的人才会有的，实际上，我的脑袋是空的，我的思想模糊不清。 其实这完全是无意识的、飘离的想法，全是耳目的感觉引起的，这不是我内心的真正的意识。 我不知道自己从哪儿来，也不知道自己要到哪儿去，也不能对别人的要求进行斟酌思考，这是感觉产生的轻微反应，这些反应就像一些习惯动作一样；灵魂的作用非常微弱，就像在梦中一般，感觉里只留下淡淡的、水一样的痕迹。

然而，我的状况说实话是相当美妙相当平和的。 我既不为别人难过也不为自己难过，这是一种疲倦，还可以说是一种极度的衰弱，然而却没有一点痛苦。 我能看见自己的家但喊不出来，别人让我躺下，我感觉到休息当中有着无限的温馨，因为我被这些可怜的人折腾得半死，他们辛辛苦苦的用双臂抬着我走了很长时间，道路凹凸不平，中途累得换了好几次手。

他们要我吃好多药，但是全被我拒绝了，我坚持认为自己头部受了致命的伤。 说实话这样死去会很幸福的；因为思维上的损伤使我对什么都不能做出判断。 我虚弱的身体令我没有任何感觉。 我任由自己的思想到处漂流，那么温柔淡然，我不觉得还会有其他什么动作比这个动作更加飘飘然。 我在两三个小时后又活了过来，恢复了力气和思维，"终于我的感觉又恢复了活力。"（奥维德）

我同时重新有了疼痛的感觉——我在堕马的时候四肢伤得不轻，接下来的两三个夜晚都是非常难受，仿佛又死了一回，但是这回死得却不是那么不平静，现在还感受到那时辗转难眠的情景。

有一件事是我不想忘记的，就是我最后想到的事竟是回忆这次意外；在我恢复意识以前，我总是要别人复述好几遍——我到哪儿去，从哪儿来，这件事是什么时候发生的。至于关于我是怎么跌下马的事情，为了保护肇事人，他们全都瞒着我，另外编了一套说法来骗我。但是到了第二天之后，我的记忆渐渐开始恢复，我想起了那匹马冲向我身体的那一刻（因为我看到马紧紧跟在身后，我当时以为自己已经死了，但是因为这个想法来得太突然，我根本没有时间害怕），我觉得是一阵闪电使得我灵魂战栗，便从另一个世界回来了。

这是一件无关紧要的事，除了从中我可以得到我所要的体会，提起它根本就不能说明什么问题。因为事实上，我认为要习惯死亡，必须要接近死。像普林尼说的，每个人都是自己最佳的研究对象，只是他必须有能力从近处去观察自己。这里谈的不是我的学说，而是我的研究，这不是给别人上了一课，而是给自己上了一课。

我把这件事告诉大家，大家不要因此而责怪我。对我有用的东西，也非常有可能对别人有用。同样我没有糟蹋东西，我只是很好的利用自己的东西。我若做的是蠢事，只会对我自己造成伤害，而跟别人的利益没有任何关系。因为这种疯狂正从我身上消失，它不会产生任何后果。我们知道即使是古人，他们中也只有两三位曾在这条路上探索过。我们知道的仅仅是他们的名字，也就没有办法判断他们的经验跟这次经验是不是相像。之后，也没有人踏着他们足迹继续前进。

捕捉飘移不定的思想，深入漆黑一团的心灵角落，选取和抓住细微闪烁的反应，的确是一种棘手的、比表面复杂得多的尝试。 这也是一种特别的打发时间的新方法，使我们摆脱世间惯常的甚至最被看重的事务。 近些年来，我只是按照我自己的思想设定自己的目标，我只想检验和研究自己；如果我研究其他什么事，也是为了在自己身上——或更确切地说——在自己心中得到印证。 我并不觉得自己有什么错，就像在其他那些如果不比较就一点用处都没有的学问中，虽然我对自己的努力不是很满意，但是我会把学到的东西公之于众。

和任何其他描述比起来，自我描述是最困难的，当然也最有意义。 我们去公共场所的时候还要梳头，还要梳妆打扮呢。 我不停地在描述自己的过程，也是不停地修饰自己的过程。 夸耀经常是令人厌恶的，因为它总是与自我吹嘘同行，大家习惯上把谈论自己看作是一种恶习，这种行为历来遭人忌讳。

> 给孩子擤鼻涕，结果却把他的鼻子给拧了。
> 害怕错误反而导致恶癖。
>
> ——贺拉斯

我觉得这帖药弊大于利。 但是，即使在公众面前谈论自己真的是一种自负的举动；根据我自己的总计划，我不可能隐藏住我内心存在的一种病态的品质，也不会隐瞒我不但在习惯上而且在工作中有的种种缺点。 无论如何，我把自己的想法说出来，不管怎么样，如果只是因为有人喝醉酒就去谴责酒的一切，这是没有任何道理的。 只有好东西才会让人产生不加节制的冲动。我相信这条规则仅仅是针对大众酗酒而已。

绳子是用来套牛的,我们经常听到圣人、哲学家和神学家高谈阔论,他们都不会受其束缚。 虽然谈不上我是哪一种人,但是我也不需要绳子。 虽然他们现在没有写到自己,但是至少时机一到,他们不会犹豫,会当着众人的面冲上这条轨道。 苏格拉底谈什么会比谈他自己还多? 他教导他的学生讨论什么比讨论他们自己还多? 他们谈的不是他们书本中的东西,而是关注灵魂的本质和活动。 我们向上帝、向忏悔师很虔诚地谈论自己,但是我们的邻居新教徒却在向全体教徒来谈论自己。 有人说,我们在忏悔的时候只讲自己的罪恶。 因为我们的美德也会有缺陷,也需要忏悔,所以无论什么我们都谈。

我的职业和技艺是享受生活。 谁禁止我依据自己的判断方式,禁止我依据自己的经验和实践来发表议论,就如同他命令一名建筑师不坚持自己的见解,而是听从他的邻居的意见,不调动他本人的知识,而是根据其他人的见解来谈论房屋建筑一样。如果说到谈论自己就被认为是骄傲,那么西塞罗和霍尔坦修斯两个人都认为自己的辩论才能不及对方,这又怎么解释呢?

也许,人们希望我通过作品和行动来证明自己,而不是空洞的言辞。 但是我主要描述的是思维这种看似虚无缥缈的东西,不可能将它展示在行动上,如果能诉之于笔端就已属不易的了。在最智慧最虔诚的人中间,有人毕其一生避免任何有形的行动,我自己则更是谈论命运多于谈论自己。 这些证实了他们各自的作用,但是却不是我的作用,即使是有也是偶然和不确定的,仅仅是作为一个特例而已。 我把自己和盘托出:这是一具骷髅,只要一眼就可以看到血管、肌肉、腱,这些器官都在各自应在的部位上。 咳嗽一声可以彰显出身体的一部分,而面色苍白和心跳显现另一个部分，而且显现得并不清晰。

我即将要写的不是我的行为举动，而是关于我和我的本质。我认为必须谨慎地判断自己，举例证明时要认真，不论夸奖还是贬损态度都应该没有任何差别。 我如果觉得自己善良、聪慧或是差不多如此，我就会大声说出来；贬低自己，这是愚蠢，不是谦虚。 按照亚里士多德的说法，低估自己是一种怯懦和吝啬的表现。 任何美德都不可能通过造假来抬高自己，真相也绝不会为错误提供口实。 高估自己，并不总是因为自负，还经常是由于愚蠢。 按我的看法，过度的自我欣赏，不恰当地自怜自恋，才是这种恶习的本质。

治疗这种病的最好办法是不理会别人开什么药，你要反其道而行之，也就是说不但不谈论自己，更要做到想都不想到自己。骄傲一般都是存在于思维之中的，语言实际上只起了很微弱的一部分作用。 他们思想中坚持认为独自过日子是自我欣赏，自我行动更是一种自恋行为。 这是可能发生的事，但是这只是在说一些对自己不做深入要求、事后聪明、一直活在幻想和懒散中的人，是自我膨胀和追求虚无缥缈的梦想的人：总之就是把他自己看成在自己之外与自己无关的一样东西，这样的人才会产生上述的自恋行为。

如果一个人自我欣赏，一味地看着别人不如自己，那么请他转过头去看看已经过去的无数个世纪，看看在历史长河中可以把他踩在脚下的英雄豪杰何止千千万万……如此他会自愧不如，羞愧难当。 如果他沾沾自喜，感觉到自己勇气过人，那么让他阅读两位西庇阿的传记，还有那些勇猛的军队和民族的历史，所有的这些行为和英勇都会让他深感惭愧。 没有任何一种品质就足以使人踌躇满志，他必须清醒的知道自身还有许多弱点和缺陷，最后还应该记得要忘记人生的虚妄性。

历史上只有苏格拉底曾经严肃认真地探究过有关上帝的训诚——人要自知。 这样的研究可以使人清楚地认识到人应该学会自贬，所以，人们认为他是唯一一个称得上是智者的。 他通过自己的嘴勇敢地说出要学会剖析自己，让别人认识自己。

论父子情
——致德·埃斯蒂萨克夫人

夫人，如果不是新奇的事物转移了我的注意力——事物新奇，也就有了价值——我不会从我现在正在进行的工作①中解脱出来。 相反，它是那么古怪，看上去那么不同寻常，我还是一步一步走过来了。 近几年来，我常常因为孤独伤感情怀而被忧郁心绪所左右，这与我的天生气质是互相排斥的，它对我产生的最初影响，就是使我陷入渴望写作的欲望之中。 然而，我没有任何其他的题材可写，我就请自己当了书中的主角。 这是一部清新且与众不同的书，内容独特而又不落俗套。 因为它的主题是如此的虚幻和如此的繁芜，所以我相信没有任何的书可以像它那样凭借新奇而吸引读者，即使是全世界最优秀的工匠都无法用文字作品的形式把它表现出来。 但是，夫人，如果我只顾一味地表现自己，而不把我对您崇高品德所怀有的敬意表达出来，那我就是忽略了生活中一件非常重要的事情。 我在这一章的开头特别说这些话，因为在您的诸多美德中，您对您的孩子们的慈母之爱是位居首位的。 谁都没有想到，在您那样的年龄，您的丈

---

① 指本书《随笔集》的写作。

夫德·埃斯蒂萨克先生便早早离开了人世，这种突变使您过上寡居生活。 像您这位法兰西夫人有多少德高望重的追求者的人；但您总是守情依旧，毫不动心，这么多年来历尽无数艰难险阻，跟随孩子们奔走在法国各地，尽心尽力地照顾他们，直到今天还在为他们操劳和忙碌着。 因为您的谨慎从事，或者说由于幸运之神的眷顾，您的家庭生活万事顺利；他们会跟我一起说，在这个时代里找不到如您这样确实无疑的母爱的范例。

夫人，我赞美上帝，您的母爱得到了上天如此圆满的回馈：您的爱子德·埃斯蒂萨克先生如今已开始显露出无可限量的美好前程，这一切都在表明，他在长大成人之后会成为一个懂得服从和感恩的好儿子。 当然，他现在仍然处于幼年阶段，还不可能深刻地体会到您给予他的无比伟大的细致周全的照顾和关怀。所以我希望，当我再也无力讲话、无法用语言向他阐述这一切的时候，但愿他能读到我这些完全符合事实的证言，使他从中知道全部事实，那时他的心中一定会激起层层波澜；如果上帝有灵，他一定会深深地铭记在心：在法国，还没有哪位贵族可以像他那样受到母亲如此大的照顾和恩惠，在未来的日子里，他在未来只有承认您是这么一位母亲，才能确实地证明自己的善良和勇敢。

如果有一条真正自然的规律，换句话说，也就是说除了本能之外，还有某种同时存在于人类和动物界的特定本质的话（关于这一问题不是没有争议的），依我看，在每个动物除了自我保护的本能和逃避危险的意识之外，占第二位的便是它们对自己后代的爱心和照顾。 因为大自然似乎就是这样劝谕我们的，它最关心的事情是使自己这架机器不断地延续和光大；但是当我们回过头去看的时候，孩子们对父辈的爱和感情总是不那么深，用这种理由去解释，就不是什么奇怪和令人疑惑的事了。

再补充一个看法，这是亚里士多德说的话，即真心爱别人的人，爱人的程度远远要深过被人爱的程度；爱人者的付出比被人爱者的收获要多很多；如果作品也具有灵性的话，那么每一位作者爱作品的程度绝对胜过作品爱作者。 因为一般情况下，我们热爱生命，而生命存在于运动和行为之中，因此我们每个人总是会多多少少地出现在自己的作品中。 热衷于付出的人，做出的是美好而真诚的贡献；但是接受恩惠的人，其收获往往只是得益于他人而已。 可是，人们更喜欢受尊敬。 诚实的价值和收获是稳定和流传久远的，言行诚实的人得到的回报是一种心灵上持久不断地满足和陶醉。 好处则会慢慢失去，很容易被遗忘，回忆受益不可能日日常新，不可能永远那么温馨。 越是我们在心中感到珍贵的事物，就越要求我们额外为之付出更多的努力。 做到有益于人永远要比得益于人难得多。

一定要凭借自己高尚的美德——善于知足、为人慈爱和品性优雅让人觉得可亲。 即使是化成了灰的贵重物品，它的价值仍会永存；过世的德高望重者的遗骸同理也会赢得我们的尊重。一个人光荣体面地度过了一生，他的老年绝不可能变质和腐朽到不再受人尊敬，特别是受到他的子女们的尊敬。 如果想要让子女们不忘记做晚辈的职责，尽到他们改进的义务，最好的办法就是明之以理，而不是诱之以物，更不是通过粗暴和高压的手段达到目的。

> 我隐约有这样的感觉，他错了而且还在这条路上走得太远：他竟然相信建立在暴力上的权威比爱心孕育的权威更可靠、更持久。
>
> ——泰伦提乌斯

我们培养年轻人懂得荣誉和自由，我谴责在教育中使用任何暴力。 我一直认为，在所有暴力和强制性的行为中，有一种我不知应该怎样定义的奴役人的性质；我认为靠理智、靠智慧和技巧做不到的事情，靠武力更加做不到。 我就是在一种理智的教育环境中长大成人的，他们对我说，我小时候一共只挨过两次打，而且都是很轻的那种类型。 我对自己的孩子也是这样做的，但是很可惜的是他们大多在吃奶的时候就已夭折，只有我的爱女莱奥诺尔逃过了此种厄运，现在她已经六岁多了。 在对她幼稚行为中的错误进行教育和责罚的时候，我的妻子都是轻言细语，循循善诱。 即使我有时候感到希望破灭，也是由于许多其他可以责怪的原因，而绝不是我的教育方法出了问题，我相信我们的教育方法是非常正确并且合乎天性的。 我认为对男孩子的教育还需要谨慎细心，他们生性好强，比女孩子更加追求自由自在；我希望他们心里充满崇高和自由的精神。 直到现在为止我还没有发现鞭打会产生哪怕一点点好的效果，那样做，不是使孩子更加懦弱无能，就是使他们更加桀骜不驯。

　　我们不是希望孩子爱我们吗？ 我们不是希望他们不要总是诅咒我们早死吗？（不言而喻，这种可怕的愿望在任何情况下都是错误的和不可饶恕的：“任何罪恶都缺乏理性的基础。”）那么，在我们能力所及的范围内，我们应该尽可能地帮助他们理性地处理和安排好他们自己的生活。 为此，我们不要太早结婚，如果过早结婚的话，我们的年龄和他们的年龄相差就会非常小，而这种可怕的现实会将我们引入重重困难之中。 我特别要对贵族阶级强调这一点，他们的日子过得轻松闲适——正如人们常说的那样——靠年金生活。 而社会上其他阶层的生活往往会成为很大的问题，大部分家庭需要孩子们帮贴来维系生活，身边的孩子是家庭的纽带，同样，也是发财致富的一种新工具。

我在三十三岁时结婚，我同意三十五岁结婚的看法，据说这是亚里士多德的建议。 柏拉图反对人们在三十岁以前结婚，不过他也会经常嘲笑那些在五十五岁之后才结婚的人，他认为这些人的子女不值得喂养，不应该存活。

泰利斯提出了一个真正的年龄界限：年轻时，他对不断催促他结婚的母亲说还没到时候；到了合适的年龄他又说时候已过了。 人们对一切不愿意做的事总是可以找到理由拒绝事情来临的适当时机的。

古代高卢人认为，在二十岁之前和女人发生肉体关系应该受到斥责，高卢人还特别告诫男人说，高卢的男子是为战争而特别培养的，所以在成年之前一定要好好保持他们的童贞，因为男女之欢会使人意志消沉，使人偏离正确的轨道。

> 他与年轻妻子结合，幸福无限，
> 满心丈夫的情，满怀父亲的爱，
> 但他却丧失了昔日的勇气和气魄。
>
> ——塔索

一个贵族到了三十五岁，这不是让位给二十岁的儿子的时候，理由是：他仍然常年随军征战在外，对内还得效忠君主、侍奉朝廷，所以说他还需要财产，虽然应该分出去一部分，但是也不能因为别人而忘了自己。 那些已经做父亲的人们常挂在嘴边的一句话，用在这位贵族的身上是最合适的："我不能在我自己躺下之前就让人剥光了衣服。"

但是，一位疾病缠身已到垂暮之年的父亲，由于虚弱和健康的原因不能再与人进行一般的交往，还不忘死守着一大笔财产，这对他自己或是对他的家人来说都是有害而无任何好处的。 如果他足够聪明豁达，那么他就应该选择一个合适的时机并且高兴地主动脱掉衣服去躺下：当然他没有必要连贴身衬衣都脱去，完全可以换上暖和的睡袍；对于其他一切自己没有能力再次支配的财产，应自愿高兴地按血缘关系分给那些应该得到这些财产的人。 既然老天爷已经剥夺他享用的权利，那么，把这些东西留给别人享用便是合情合理和正当的做法，否则，怀有罪恶、愤怒和妒忌心的悲剧就可能发生。 在查理五世皇帝的一生中，他最让人普遍称赞的行为就是他模仿先贤帝王的那种从善的品质，他清楚地知道当身着的皇袍令人感到沉重和不舒服的时候，就遵从理性的安排将它及时地脱下来；当双腿发软的时候，就及时躺下来让自己休息；当他意识到处理国事力不从心、缺乏决断能力，几乎丧失以往的那种荣耀时，他便把财富、地位和权力给了儿子。

　　　　但愿你会是个明智的人，

　　　　及时放弃老态龙钟的坐骑，

　　　　不要等待让人取笑它最终失蹄倒地。

　　　　　　　　　　　　　　——贺拉斯

　　下面所说的这种错误曾使世上许多大人物的名誉丧失殆尽：不懂得早早地承认，感觉不到岁月自然而然地销蚀着我们的精神和肉体，会使我们无能为力和极端退化（依我看，身体和心灵永远都是在对等地衰退，有些时候心灵会比身体衰退得更厉害）。

我在年轻的时候曾见过和密切接触过一些极具权威的人，他们在自己走红的年代里可谓是蜚声国内外，但是一段时间后他们就眼睁睁地从我们的生活中消失了。为了他们的声誉考虑，我想说一点对他们有益的话：在逐渐衰老之后，继续驰骋疆场或是活跃于公众事务之中，已不是他们能力范围以内的事了，还不如趁早回家安享天伦之乐。我曾经是一个贵族家庭的座上宾，这位贵族丧偶独居，年事已高，但是精力充沛。他有好几个待嫁闺中的女儿和一个即将踏入社会的儿子；家中开支名目烦乱，每天来访的客人络绎不绝，他对这些事毫无兴趣，但是他不仅要考虑到节省开支等各项事宜，更因为年龄的缘故，他采纳了一种与我们截然不同的生活方式。有一天，我大胆地向他建议（过去我常常这样向他进言），最好的办法就是把位置让出来，把现在的这座住宅（他只有这么一栋适合居住的房子）留给他的儿子，他自己应该退隐到附近属于自己的田庄，在那里没有人来打搅他的休息。根据儿女们的情况，他只有这样做才能避免受到各种干扰。他听从了我的建议，搬到庄园里面以后生活得很舒心。

老年人有许多不足，他们是那么无力；于是他很容易被人看不起，那么在这种情况下他能得到的最好回报就是子女们的体贴和关爱了，支配财政和统管家人再也不是他的武器了。我见过一位在年轻时十分专横的父亲，慢慢进入老年以后，尽管他努力地约束自己，但他仍然是经常打人、咬人和咒骂家里人，完全可以说是法国那种脾气最暴跳如雷的家长作风；他日夜担心和提防，但这一切仅是一场闹剧而已，他的所有家人都串通起来欺骗他：他们随意打开他的粮仓，自由出入食物贮藏室，甚至使用他钱柜里的宝藏，尽管他像保护眼睛一样把钥匙收藏在腰包里。 他诸事节俭，一日三餐要求普通简单，但是他的家人却在他家其他房间里肆意挥霍浪费，想尽一切办法玩闹取乐，同时在取笑他徒劳的愤怒和预言。 每个人都在细心地提防着他，但是却不把他放在眼里。 如果有哪个多事的仆人表示忠心，向他打个小报告，他就会立刻怀疑起仆人的动机：老年人的怪癖使他很容易上钩。 他曾经无数次自豪地向我炫耀，他为家里人立下了各种规矩，家里所有人都顺从他，尊重他，他是多么"明察秋毫"啊。

实际上被蒙蔽的仅仅只有他一人。

——泰伦提乌斯

我不知道还有谁比他更具备先天和后天的维持权威的品质，然而，在老年期他却可叹地回到了童稚时代。 在我所熟知的许多个相类似的故事中，仅仅将这个故事引入本书中，是经过了我的一番认真思考的。

虽然上述欺骗行为没有发生在我身上，至少我很清楚人们可以轻而易举地欺骗我。 曾经有人反复地强调朋友才是如何的可贵，但是照此说来家庭关系又算得上是怎么一回事呢？ 看见动物间纯洁的友好关系，我是多么羡慕啊！

如果有人欺骗我，我不会说我有能力防止上当受骗，也不会费尽心思地去这样做。 我只凭借自身的力量回避欺骗者对我施行的背叛行为，做到明哲保身；我不会跃跃欲试又忐忑不安，而是避免想它，坚决地不想它。 当我听到某人处于某种处境之时，我不会是去看他的笑话，而是会尽量多想想自己，检视一下自己处于一种什么样的状况之中。 如果他的遭遇与我有很大的关联，他的遭遇提醒我，引起我的注意。 每时每刻，我们都在谈起其他人的事，但是实际上，如果我们能够打开自己的思路，由此及彼地想想我们自己的处境，就会发现我们谈论的其实就是我们自己。

许多著作者不是努力捍卫自己的事业，却轻率地谈论他们所攻击的事业。 有谁知道，他对别人进行的攻击不会被别人拿过来对他进行反攻呢？

现在，我们爱孩子是因为我们生育了他们，把他们称为另一个我们；同时好像还有另一种东西也来自我们，同样值得我们去珍惜。 因为由我们的灵魂所产生，由我们的头脑、心灵和才干所造就的孩子，比肉体部分要重要得多，更有资格被称作是我们的孩子；我们在养育他们的同时肩负着无比重大的父母亲的职责，我们在它们身上耗费的心血更多，如果他们最终可以闯出一番事业的话，也将给我们带来大得多的荣耀。 因为我们生育的孩子的价值主要取决于他们自身，而不是由我们来决定；我们在其中起的作用是非常微弱的；但是上面我所说的第二类孩子，他们的一切美感、一切优雅和全部价值都是遗传我们的。 所以，他们更能更能代表我们，可以比任何人更生动地反映我们的面貌。

柏拉图还补充说，这样一来，他们就成了永世长存的孩子，而且使自己的父辈永垂不朽，甚至被奉若神明，就像鲁库格斯、梭伦和米诺斯那些人一样。

史书上记载了无数父辈爱子女的事例，我在此引用一个故事应该不会犯离题的错误。

赫里奥道鲁斯是特里加的一位德高望重的主教，为了不失去自己的女儿①，他宁愿丧失在教会中的崇高地位，失去令人向往的高级神职人员的种种好处。 他的女儿仍然存留于世，优雅美丽，当然，她作为教士的女儿，应该是那种非常注意修饰、情感和外现的。

我有时甚至自己也说不清楚，我到底是愿意和我妻子生下一个正常完美的孩子，还是更愿意跟文艺女神缪斯生下一个这样的孩子。

对于现在所写的这部书，如他现在这个样子，我对他毫无保留，我给予他的也绝不收回，就像对待亲生的有血有肉的孩子一样。 我为这部书费尽心思和体力，但它却并不受我的控制，它知道的事可能是我以后不再知道的，它保留住的事可能是我完全没有能力保留的，当我有需求的时候，我会像陌生人一样向他借用被他拿走的东西。 虽然我比它聪明，但它比我更富裕。

对诗歌有所偏爱的人，很大一部分会为自己成了《埃涅阿斯》②的父亲而非罗马最美少年的父亲而高兴，也会有很多人因为失去这部作品而比失去了最美少年更悲痛欲绝。 这是因为，根据亚里士多德的看法，在所有的创造者中间，正是诗人最疼惜他的作品。

下面所述的这个传说似乎是让人无法相信：据称，伊巴密浓达曾自我吹嘘为后世留下了几个必将为父亲争光的女儿，她们将会给他带来荣誉（此处指的是他两次打败斯巴达人的伟大胜利），有人说他非常愿意用他自己的这些女儿去换取全希腊最有文采和修养的女儿；也有人说亚历山大大大帝和恺撒都曾经说过，

---

① 指他撰写的《埃塞俄比亚史》。
② 维吉尔的诗篇。

142

他们宁愿失去显赫的地位和绚烂的成功，换取几个孩子和继承人，这样他们才会感到功德圆满。 我同时十分怀疑，菲狄亚斯或是其他某位杰出的雕塑家，经过长时间的精雕细琢，创造出一座优秀的塑像，但是他们能像喜爱这些作品那样，去爱自己的骨肉子女，或者会希望他们和塑像有同样的寿命吗？

论残忍

我觉得，美德不同于我们从善的本性，它更加高尚。 出身不错、通情达理的人和具有良好美德的人，生活方式相同，行为也相同。 但是，前者只是因为幸运的天性所致，他们所做的只是跟着理性平静地向前走。 相互比较之下，美德更有一种说不出的伟大和积极之处。 一个天生非常平易近人、非常友善的人不会在乎其他人触犯自己的行为，他会表现得非常大度，做出值得世人称道的反应；但是，如果被人伤害而且触到了痛处，仍能拿起理性的武器装备自己，压制内心愤怒的报复心理，经过内心的激烈斗争但最终成功控制自己的情绪，他所付出的就远远超过了前者。 前者做得好，后者表现出很大的美德；前者的行为可以称之为善，后者的行为便是德；因为，我认为德这个字好像是以困难和对立作为前提的，没有对立面就没有权利论德。 所以，我们说上帝仁慈，全能，宽容，正义，但是，我们从来都不说他有美德：因为他的行动完全是自然的，不需要任何额外的努力的。

哲学家们，无论是斯多噶派，还是伊壁鸠鲁派（我采用此种顺序虽然是错误的，但这却是最普遍的说法；有人责怪阿尔塞齐拉斯，说许多支持他的学派的人改换门庭，都转投到伊壁鸠鲁学派，但是却从来没有发生过相反的事情。 不管他巧妙的回答所包含的实际含义如何："我相信你说的是对的！公鸡可以变成阉鸡，但是，反过来，阉鸡却绝对不可能变成公鸡！"实际上，从言论和观点的坚定性和严格性的角度来说，伊壁鸠鲁学派是丝毫不比斯多噶派差劲的；那些喜欢争论的人为了推翻伊壁鸠鲁，为了手握一副好牌，他们歪曲他的谈话，把他想都没有想过的话强加于他，利用语法规则强加给他的讲话一种实际上他的头脑或行动中根本不可能存在的解释；有一位斯多噶派学者的表现要比其他人诚实得多，他说他之所以考虑放弃成为伊壁鸠鲁派其中的一员，是因为考虑到该派的方法太高不可攀：那些被称为贪图享受的人，实际上期望的是诚实和正义，他们尊重并且积极实践所有的美德)(西塞罗)，在斯多噶派和伊壁鸠鲁派的所有哲学家里，我认为，许多人都认为光有随时随地准备实践美德的心，仅仅有克服命运残忍并挑战它的决心和想法是远远不够的，而且应该找寻机会考验自己。 他们期望发现痛苦、贫穷和蔑视，然后勇敢的战胜它，让灵魂得到安静，"使美德在奋斗中成长"（塞内克）。 正因为如此，当时还是两派之外的埃帕米农达斯婉拒了从天而降，但是非常合法的巨额财富，他宣称说他要与贫穷战斗一辈子，确实最终他也彻底地穷了一辈子。 我还认为，苏格拉底仿佛接受了更加严峻的考验，其中包括他凶悍的妻子：那可是真真正正的考验啊。 罗马的护民官萨图尔尼努斯曾经想不择手段地想通过一项不公正的法律为地方图利，但是，单枪匹马的罗马参议员梅代吕斯，希望以德行来对抗暴力，但是因此他触犯了萨图尔尼努斯订立的专门针对反对派的法律，于是招来杀身之祸，但是即使在这样危险的情况下，他仍然对押解他去广场的人说："做坏事太容易，也太卑鄙；做不冒风险的好事太平常；只有做有危险的好事，才是一个品德高尚的人的真正的责任。"梅代吕斯的这些话，清楚明确地表达了我想证明的东西——美德拒绝与唾手可得为伍；这种便捷轻松的下坡路是给天性善良的人准备的，是让他们规规矩矩地走的，但这并不是真正的美德的道路。美德要求一条陡峭的，布满荆棘的道路；它期望可以克服外来的困难，就如同梅代吕斯遇到的困难那样，结果是运气不好而最终半途夭折；或者去克服因为混乱的欲望和我们自身的不足造成的内在困难。

　　我十分顺利地写到这里。 但是讲完这段话，我突然发现苏格拉底的灵魂才是我所认识的灵魂中最完美的，但是，如若按照我的评价标准，他却又会变得没有任何长处可言了；因为，我无法想象在他身上会有什么邪恶在作怪。 依照他的品德，我无法想象他遇到过任何困难和约束。 我清楚地知道他的理性：那么强大和那么的有主宰力，这种理性是绝不会允许任何罪恶的欲望冒头的。 在像他这样有着高尚美德的人面前，我无法设想有任何障碍。 我仿佛看见他迈着胜利的步伐，雄赳赳气昂昂地向着前方行进，浩气万丈，从容不迫，勇往直前。 如若美德只能通过和对立的欲望作斗争才能闪耀其独特的光芒，那么如此说来，是不是说它必须要得到罪恶的协助，必须求助于罪恶才能得到尊重和荣耀呢？ 那么，伊壁鸠鲁派要求在自己的怀抱中哺育美德，让它手拿羞耻、狂热、贫困、死亡和苦难当玩具戏耍作乐，我们又应该如何评价这种美好和高尚的享受呢？如果我事先假设，完全的美德必须在克服和忍受痛苦中才能得到确认，那么它就必须坚定地对付风湿病的侵蚀；如果我把它必然的目标设定为困难和险阻，那么，最后提升到不仅蔑视痛苦，而且以苦为乐，甚至认为肠绞痛发作所造成的那种剧痛也是一种欢快的刺激，伊壁鸠鲁的传人们定下的这种德行，其中有许多人用真实的行动为我们留下了十分肯定的证明，那么这样的德行又是怎样的德行呢？我发现还有很多别的例子，实际上已经远远超过了学派所确立的规矩。 小卡东也是一个例子。 我见过他慷慨赴死的场面，被撕裂五脏六腑的情景，我不仅想到此时他的灵魂完全不会慌乱和恐惧，我也不能相信他这么做仅仅是因为斯多噶派的教条，坚定、平静和沉着；我仿佛觉得，在这个人的美德里存在着太多的冲劲和活力，使他能够一直坚持到底。 我绝对相信他在如此崇高的行动中体会到了快乐和享受，比起人生中的其他任何行动，他都会更加心甘情愿：他远离生命，很高兴自己找到了死的理由（西塞罗）。 我对此深信不疑，以至于我想他不会愿意让人夺走这个创造伟业的机会。 如果不是他那种将公众利益置于个人利益之上的善良本性的引导，我一定会落入下面这种想法里：他感激命运安排他的品德接受如此美好的考验，他感激命运帮助这个强盗（恺撒）来蹂躏祖国古老珍贵的自由。 我从他的行动中似乎感觉到他的灵魂无比地喜悦，在他的灵魂看到自己无比的尊贵和高尚的时候，他肯定有 种与众不同的快感和强烈的满足。

> 她决心去死，更觉得分外地骄傲。
>
> ——贺拉斯

与有些人作出的庸俗无力的评论不同（如此评价一颗慷慨、高贵和正直的心，实在是太低级了），他的灵魂不会受到名利的驱使；而是努力追求事物本身的美好：他看得清楚得很，而且要完美得多，他手中操纵着机关，这是我们无法达到的。

我很高兴哲学界做出的这种判断。除了小卡东，如此美好的行为不会同样地发生在其他任何人身上，只有他的生命才可以像这样结束。正因为这个道理，他要求陪伴他的儿子和参议员们根据各人的不同情况行事。"卡东，天生就具有令人难以置信的严肃性，他始终不渝的、坚定的意志使他看起来更加严肃，在原则问题上绝对不让步，所以，他宁死不屈，与暴君不共戴天。"（西塞罗）

死和生其实是一样的。就算死了，我们也仍然是原来的那个人。我总是习惯用生来解释死。如果有人告诉我说某人的死看上去非常壮烈，但是却活得很窝囊，我就很肯定他的死一定是轻于鸿毛的。他的死和他的生应该是一致的。

因此说，从容地死，通过灵魂的力量获得视死如归的精神，我们能说它使美德的光辉削弱了吗？头脑中真正有一些哲学思想的人，谁可以想象苏格拉底在经受牢狱、枷锁和死刑之灾的过程中，表现出来的只是不怕死、不怕苦的精神？谁不承认在他身上不仅表现出坚定和顽强（这是他一贯的作风），在他的谈话和对待死亡的态度中，还有一种说不出的新鲜的幸福感和幽默的愉悦感？除去镣铐后在腿上自由挠痒带来的快感使他的身体为之一震，因为摆脱了过去的苦难，并得以认识未来的事物，他的头脑中不也在呈现着同样的轻松和快乐吗？请卡东多多原谅我，可以说他的死的确悲惨，让人揪心，但是苏格拉底的死，我不知道怎么描述，应该是更加壮丽吧。

阿里斯迪普对哀悼的人说：但愿诸神让我像他一样死得其所！

人们从这两个人物以及他们的模仿者（因为，我一直在怀疑是否真的有同样的人）的灵魂中看到，那是一种习以为常的美德，已经成功变成了他们性情的一部分。 它不再是令人痛苦的美德，也不再是强迫你绷紧神经贯彻理智命令的美德；这是他们灵魂的精华所在，这是美德自然而真实平常的行动。 这是他们长期坚持实践哲学的教条，而哲学的教条又恰好遇上了美好和丰富的天性的最终结果。 我们心中产生的从恶的欲念，在他们那里无门可入；恶念刚一萌芽，就被强大和坚韧的心灵力量所窒息和扑灭了。

依照我的观点，通过崇高和神圣的决心，阻止诱惑产生，培养美德从而使罪恶的种子无地生根，这比起花大力气阻止罪恶发展，等到遭到情欲突袭时才匆忙拿起武器，阻止它并克服它的行为来说，显然是更好的办法；而后一种情形，也肯定比只是因为天性随和及善良，天生讨厌堕落和罪恶为好。 因为，这第三种和最后一种情况，它们似乎可以使一个人清白，但是不能使他具备任何美德；可以使他们免做坏事，但是也不足以促使使他做好事。 不仅如此，这种天性非常接近于缺点和弱点，我甚至都不清楚该如何划分界限，从而将它们正确的区分开来。 正由于这个原因，善良和清白在某种程度上来说是两个贬义词。 我见到过许多德行，比如节欲、吃喝有度等，可能是因为我们的身体出了毛病的结果。 临危不惧（如果这也叫坚定），宁死不屈，忍受命运的打击和苦难等，很有可能是由于在判断不幸事件时出了一些差错，或者是没有实事求是地思考困难所造成的。 不明事理和愚蠢，有时候会模仿德行。 例如，我经常见到下面这样的情形，明明应该受到责备的人结果却受到了赞扬。

一位意大利的绅士，有一次对我说了以下对他的同胞们大不敬的话："意大利人性格的细腻，他们思想之活跃，使他们可以很早地预见到危险和麻烦，如果你见到他们在证实危险以前就已经早早做好了安全准备，你千万不要大惊小怪；我们和西班牙人都不是那么精明的人，我们就会做得更加过分，必须亲眼看到并且亲手触摸到危险，我们才会感到害怕，但是到了这种时候，我们可以做的除了束手待毙之外已经别无选择；德国人和瑞士人更加粗鲁也更加笨拙，他们直到大难临头之际才会如梦初醒。"他说的很可能就只是笑话而已，但是千真万确，在战争这个行当中，不顾一切横冲直撞的通常是新人，在被蛇咬过之后他们就不会这如此轻率了。

> 凡是当兵的都知道新的胜利、首次凯旋的温馨希望有多大的力量。
>
> ——维吉尔

这便是为什么判断一个人的行为，我们必须在综合考虑各种环境因素和完成行为的那个完整的人之后，然后才给它一个结论的原因所在。

现在来说说我自己。 我有时候听见朋友们把本来是运气的东西说成是我的智慧；把本来是判断力和思想上的优点说成是我非常勇敢和坚韧；他们还给我各种各样的头衔，有的对我有益，有的对我非常不利。 但是无论怎么说，我距离佼佼者这个比较完美的第一种情形，就是美德已成为习惯的阶段还非常遥远，也没有表现出第二种情形里的应有的能力。 我还没有尽全力控制一直在困扰我的欲望。 我的美德，实质上只是某种品德，或者说得更清楚明了一些，仅仅是一种偶然的突然的纯洁。 如果我天生再放荡一点儿，我怕我的一生将变得十分可悲。因为，在我的心中还没有坚定地对付哪怕是稍微激烈一点的欲望的经验。我不知道应该如何争论和抗争。所以，我在今天能够避免很多的毛病，实在不觉得自己有什么功劳。

如果我的天性在整体上说是正直的，"缺点平常且不多，就像美丽的面庞上有几处淡淡的污点，我将它归功于我的运气，而不是我的理智。"（贺拉斯）

命运将我降生在一个以诚实著称的家庭里，我有一个非常好的父亲，我不清楚他是否把他的一部分好性格遗传给了我；或者说，家庭的好榜样和我童年时代所受的良好教育在无形中起了很大的作用；我出身如此，或者说还有别的原因，

> 也许是受到天秤座或天蝎座的眷顾，
>
> 他们用严厉目光注视着我的诞生；
>
> 也许是因为摩羯座赫斯贝里海的暴君……
>
> ——贺拉斯

不管怎么说，我憎恶大部分的不良习惯。有人问安蒂斯坦纳学什么才是最好的，他说：不要学坏，他似乎很注重的特别了强调这一点。我说，我厌恶那些毛病，完全是出于一种十分自然，完全个人的趋向的驱使，我把襁褓中带来的本能和印记一直保存了下来，而且在任何环境之下都没有变化过；甚至我都没有改变我个人的判断，由于我的判断在一些事情上的确会偏离常规，如果有所改变的话，是很容易让我做出我天生憎恶的行为的。

我现在想要说一件丑恶的事，不管它怎么丑恶都得说：我发

现，实际上我的行为比思想更严格、更规矩。 我肉体上的堕落远不及理智的堕落。

阿里斯迪普发表过非常大胆的意见，支持肉体享受和财富，在整个哲学界掀起了轩然大波。 但是关于他的品行，有以下这样一种说法：暴君德尼曾经送给他三位美女，让他随意挑选，他说三个都要，而且还说在三个女伴中最偏爱其中一个，结果帕里斯最后倒霉了。 但是，当阿里斯迪普把这三位美女带回家以后，碰都没有碰就把她们打发走了。 他的仆人背着大袋的钱，不能承受如此大的重量，他就命令仆人把钱袋扔了，把那些碍手碍脚的东西全部都丢掉。

至于伊壁鸠鲁，他的教条是反宗教的，是柔弱的，在他的一生中他表现得非常虔诚和勤奋。 他写信给他的朋友说，他仅仅依靠面包和清水度日，他请求他的朋友寄一点奶酪给他，让他可以在某一天想做大餐的时候使用。 为了做一个完全的好人，必须通过个人的、内心的、天生的、全身心的、没有规矩、没有理由、没有榜样的方式才能够做到，但是真的是这样吗？

感谢上帝，我的放纵还不算是最坏的。 因为，我的判断能力还没有被它们完全破坏。 我在心里毫不留情地谴责它们；相反，我抨击我自己放荡的行为的时候，比抨击别人的更加厉害。但是，事情到此结束；因为，不管怎么说，我的抵御力太弱，除了为节制放纵，阻止它们同别的毛病掺杂在一起之外的目的外，我特别容易倾向于天平的另一端，因为很大一部分的坏习惯都是盘根错节、相互纠结的，如果哪次不小心，它们就串联在一起了。 我自己的那些毛病，我竭尽全力将它们分开，尽可能地使它们变得孤立和简单。

再说说斯多噶派的观点，他们说智者在行动的时候，会动用所有的美德，虽然根据每种行为的性质不同，其中某一种美德会显得相当地突出（拿身体做这方面的比较也许可以清楚地说明问题，一个人在愤怒的时候，必须调动所有的情绪，虽然愤怒占据主导的地位），但是如果他们由此就得出类似的结论，说坏人在犯罪的时候一定会集中所有的恶习，我不会毫无保留地相信这种说法，或者说我不太明白，因为凭经验我感觉到事实是完全相反的。哲学界在这些十分微妙和抽象的问题上已经争论了很久。

我对有些毛病听之任之，不加理会，但是对另一些毛病，却像圣人一般唯恐避之不及。

同理，亚里士多德的支持者们怀疑所有恶习之间存在着不可割裂的紧密联系；但是亚里士多德认为，一个谨慎和正派的人也可能在欲念方面无所节制。

曾经有人在苏格拉底的相貌中看出他有某种罪恶的倾向，而苏格拉底本人也承认自己确实有这种自然的倾向，但是他通过行为守则改正了。

与哲学家斯蒂尔蓬关系密切的人说，他天生就喜欢美酒和女色，但是最终他通过努力和坚持将两者都成功地戒除了。

相反，我所有的优点都幸运地来自于出身很好。既不是得之于法律教条，也不得之于其他的教育。我身上的清白，是一种与生俱来的清白：没有活力，欠缺艺术。在形式多样的罪恶中，我最憎恨的就是残忍，无论是先天的还是后天的结论，我都认为残忍是最大的罪恶。我敏感到甚至不能看别人杀鸡，听不得野兔在猎狗的撕咬下呻吟，那样我会感到恶心，虽然在很多人看来打猎是一种非常刺激和有趣的活动。

那些希望打倒肉体享受的人，很自然地会使用以下这个论点，用来证明肉欲是十分罪恶的和不合理的——当它无限膨胀的时候，就会完全控制我们，使理性根本就无法发挥其应有的作用。他们的依据是在我们和女人交往中得出的经验，"快感到来的瞬间，维纳斯亦将为沃土播下种子。"

他们觉得快感令人忘乎所以，使理智在享受肉欲中麻痹和陶醉，并慢慢地失去作用。我知道，假如你愿意的话，也可能发生另外一种事情，在你的心里会同时产生另外一些想法。但是，你的心必须同时紧张专注地去捕捉所有。我知道有人能够控制快感的诱惑；我本人就有这种本领，所以，我并不认为维纳斯是个激情澎湃的女神，虽然有很多比我更加洁身自爱的人是如此的想法。和一个心仪已久的情人自由自在地共度良宵，严格遵守只可以亲嘴和轻抚的承诺，我觉得并不像纳瓦尔的王后的《七日谈》（从内容来说是一本很好的书）这本书里所说的那样是奇迹和一件非常困难的事。我相信，打猎的例子更贴切一些（因为没有那么多快感，但是会有更多的乐趣和惊喜在里面，我们的理智常常会因为兴奋而没有时间准备或应付突发的事件），在长时间的搜索以后，猎物突然蹿到你的面前，而且是在最令我们意想不到的地方。这种震动和猎人们的激动欢呼给我们非常深刻的印象，钟情于此类狩猎活动的人在这个时候是不会想到别的事情的。所以在诗人们的笔下，黛安娜战胜了丘比特的火把以及弓箭。

置身其中，怎么能不忘记爱的痛苦和烦恼？

　　　　　　　　　　　　　　　　——贺拉斯

回到我自己的话题上来吧，我十分同情别人的痛苦，不论是什么原因造成的。能哭的话，我会很容易就和大家哭成一团。没有任何东西比眼泪更容易使我流泪，不仅仅包含真实的眼泪，而是不管什么眼泪，装的也好，假的也罢。人死了，我不怜悯，我羡慕他们；但是，我可怜那些奄奄一息的人。我不认为野蛮人那种烧烤和吞食死者的遗体的行为比那些折磨和迫害生者的行径更加令人震怒。执法处决，不管多么有理，我都没有十足的勇气观看。曾经有个人为了证明恺撒大帝的宽容，对别人说：恺撒的报仇方式是非常温和的。他迫使曾经抓捕过他，并且强迫他付出赎金的海盗投降。最后他判他们钉十字架，因为他曾经对他们这么说过，不过他是在先把他们掐死以后才钉上去的。他的秘书菲洛蒙妄图毒死他，他惩罚的办法也就是最普通的处死罢了。且不讨论提出恺撒只杀那些冒犯他的人并以此证明恺撒的宽容的拉丁作家是哪一个，我们可以很容易地猜测到，罗马暴君们惯用的下流而恐怖的残忍手段对他的影响极深。

对于我来说，我认为在法律的范围之内，一切超越于自然死亡的手段之上的行为，都是绝对残忍的，特别是在我们这里，我们特别关心灵魂离开时的完整性；但是，如果一个人受到无以复加的折磨之后的动摇而绝望的灵魂，是无法做到这点的。

有一天，一名被俘的士兵从关押他的塔楼里，远远看到有很多木匠在广场上搭建高台，并且有很多老百姓聚集在一起，他在心里肯定高台是为他而搭建的。于是他绝望了，但是手边没有任何东西可以帮助他自杀。偶然间他找到了一颗大车上用的已经生锈的钉子，就随手拿起来朝着喉咙用力捅了两下。但是他发现这样子根本就死不了，于是他又朝着肚子狠狠地捅了一下，终于他昏死过去了。有个卫兵进来看他，发现他昏迷不醒。他们把他救活以后，就利用他再次昏厥之前的时间，找人即时宣读了砍头的判决书。这个士兵高兴万分，原来不肯喝酒，现在也肯喝了；他甚至还感谢法官们的判决手下留情，解释说他轻率的自杀行动完全是由于他亲眼看到广场上在做的那些准备工作，他害怕他会遭受比这更残忍的酷刑。

我的建议是，迫使老百姓安分守己的这些严酷的例子，可以拿来对付罪犯的遗体：因为，看到他们的遗体被剥夺宗教的葬礼，然后用镬煮，被人用刀剐，对于所有凡夫俗子来说，这样做和令活人受罪的效果基本上是相同的，虽然实际上这并不算什么，或者说根本什么都算不上，正如上帝所说："那杀身体以后，不能再作什么的。"（路迦福音）而诗人们却大肆宣扬恐怖的画面，这种行为甚至在死亡的恐怖之上。

> 唉！国王的遗骸被烧焦了一半，骨头暴露在
> 外，满身黑污的血迹，在地面上惨遭拖拽。
>
> ——恩尼乌斯

我有一天在罗马，刚好见到要处决著名的盗窃犯加特纳。他首先被绞死，围观的人群一点反应都没有；但是，到了刀剐尸体的时候，刽子手的每一个动作都会使人群中发出阵阵叹息声和惊叫声，仿佛每个人都对这具尸体怀着一分感情似的。

这种非人道的过分举动，只应该施加于树皮等无生命的食物，而不应该施加于有生命的肉体。因此，在处置类似的案子的时候，阿尔达泽尔泽斯改变了古代波斯国的严酷法律。原来犯渎职罪的贵族一律施以鞭刑，他命令脱下衣服，用衣服替代肉

体来受刑；原来拔头发的刑罚，也变成了削冠以代罪。

虔敬神灵的埃及人认为，供奉彩绘的猪，就已经足够满足神的要求了。 这是十分大胆的发明创造，用颜料和模样来收买真实存在的神明。

我生活在这么一个时代，内战绵延不断，残忍的例子数不胜数；在古代历史中，我们根本没有见过比目前的情况更加糟糕的事。 但是，我却没有一点习以为常的感觉。 在亲眼目睹之前我总是勉强地劝服自己，有一些魑魅魍魉，专门以杀戮为乐，它们存心犯这种罪行：砍掉别人的脑袋和四肢；费尽心思发明新的酷刑和新的杀人方式，不为仇恨，不为金钱，就只是为了享受那些垂死挣扎表现出来的有趣情景，以及临死前的呻吟和哀号，在极度痛苦中说的凄惨的话语。 因为，这是残忍所能达到的极点，无法再继续超越。

> 一个人杀另外一个人，既不是出于仇恨，也不
> 因为恐惧，只是为了看看死亡的场面。
>
> ——塞内克

从我而言，每次看到追逐和杀害无辜、无助、对我们不造成任何伤害的小动物，我都感到心情无比沉重。 就像通常出现的情形那样，一只筋疲力尽、走投无路的小鹿，最后逃回来自动地匍匐在我们面前，泪水涟涟地苦苦哀求。

> 它似乎是用悲鸣和鲜血在哀求。
>
> ——维吉尔

对我来说，这始终都会是一幅令人非常难受的画面。

我不大去抓活生生的动物，抓住了一般也会放他们走。 毕达哥拉斯甚至向打鱼的和捕鸟的人买来这些被抓住的动物来放生。

> 我想，这是第一次短剑沾上了野兽的血。
>
> ——奥维德

对待动物的血腥行为和手段，反映出人性残忍的天然趋向。

在罗马稍稍习惯了斗兽的场面以后，我们来谈谈人和斗士。我一直担心，大自然本身就赋予了人某种不人道的天性。 没有人会去看动物间的嬉戏和爱抚并以此来消磨时间，但是人人都会很乐意见到它们互相撕咬和残杀。

希望大家不要嘲笑我对动物的这种同情心，因为神学一直也在教导我们要爱护动物；要想一下是同一位主人安排我们住在这座宫殿里，我们在这里伺候他，动物和我们都是这个大家庭的一员，这个家有理由要求我们尊重和爱护这些动物。 毕达哥拉斯借用了埃及人的灵魂转世说。 后来，这种学说又被很多民族，特别是被我们的德洛伊教派所接受。

> 灵魂是不死的，他离开原来的家，
> 就会去一个新家，在新家安顿和居住下来。
>
> ——奥维德

古代高卢人的宗教认为，灵魂是永恒不灭的，它会不停地迁移，不断地变换地点，从一个人身上迁移到另一个人身上；而且，他们的想法里还加入了神的意志。 因为，他们说根据灵魂的品行，当它还停留在亚历山大身上的时候，神就已经为它指定了另一个要去的身体。 一个多多少少会有点辛苦，但是与他的身份相称的地方。

> 他把灵魂关在野兽的身体里，
> 残忍的灵魂关在熊的身上，
> 窃贼的灵魂关在狼的身上；
> 他把狡猾的灵魂关在狐狸身上，
> 然后经过年年月月的轮转和千万次的变化，
> 他把它们放进叫雷德的冥河里净化，
> 再让它们回到源泉的地方。
> 如果灵魂是英勇的，就去雄狮的身上；
> 如果是贪欲的，就去猪的身上，
> 如果是胆小的，就去鹿或者是兔子身上，
> 如果是狡猾的，就去狐狸身上，
> 依此类推，遭此惩罚之后再回到另一个人的身体。
> 至于我自己，我还记得，
> 在特洛伊战争期间，我是潘德的儿子欧福伯。
>
> ——奥维德

至于人和动物之间的亲缘关系，我没有太多的根据；同样，有很多民族，特别是那些历史悠久的和文化比较高雅的民族，他们不仅接纳动物，和动物为伍，甚至还给予它们远在自己之上的地位，时而把它们看做是神的私交和宠儿，对它们顶礼膜拜，超过一般人所能得到的待遇；时而直接把它们奉为神明。

野蛮人将动物神化，因为动物给予他们好处。

——西塞罗

有人崇拜鳄鱼，有人看见嘴里叼着蛇的白鹳就惶恐万分。

这里矗立着长尾猴的塑像，那里是河里的一条鱼，还有全城的人敬仰的小狗，

——郁文纳尔

普鲁塔克在解释这种谬误的时候——非常理智的解释——对它们还是十分尊重的。因为，他说埃及人崇拜的不是猫或牛（只是举例），而是这些动物所体现出来的神的能力。牛代表着坚韧和有用，猫则代表着活力。或者就如同我们的邻居勃艮第人和所有的德国人一样，没有办法承受被围困的局面，那么对他们来说这就代表了自由的他们所热爱所崇拜的，压倒了任何其他的神力的自由，还有许多其他的例子。但是，在最温和的言论当中，我曾经听到过一种试图提出我们和动物之间紧密相似的推理，动物同样也应该享有一份与我们相同的特权，动物和我们比较是多么相像，我的傲慢心理大受打击。我也开始自觉地脱离自认为比其他物种均高一等的梦想王国中。

即便动物没有这些优越的地方，人类对有生命和感情的动物，甚至对树木和花草，都有某种尊重和普遍的义务在里面。我们所有的人都应该平等待人，善待和关爱其他的有感受力的生命体。我们和它们之间存在着某种社会联系，我们相互之间承担着责任。我不怕说这些观点出来，我天性温情如孩童，我从来都不会拒绝我的小狗和我亲热或者要求我和它亲热，不管是否

符合时宜。 土耳其人有施舍给动物的习惯，有为动物治病的医院。 罗马人建有喂养鹅的公共机构，因为他们得益于鹅的警觉性①，所以卡皮托尔山因此而得救；雅典人下令：凡是参加过埃加彤贝东神庙建设的骡子，不论公母，一律获得自由，可以不受阻挠地随处觅食。

阿格里根特人都普遍地有厚葬宠物的习惯，比如那些对他们有特殊贡献的马匹、狗和益鸟，甚至给孩子们当宠物的小动物。他们习以为常地铺张地对待任何东西，从众多多少个世纪以来高高耸立供人瞻仰的豪华的陵墓中可见一斑。

埃及人在圣地里埋葬狼、熊、鳄鱼、狗、猫等动物，给它们的遗体涂上香料，为它们举行隆重的丧礼。

西蒙曾经三次赢得奥林匹克运动会的赛马比赛，他为马匹在死后举行了隆重的葬礼。 老克桑蒂普把他的狗葬在海边，此后海边的这个地方也因此而闻名。 普鲁塔克踌躇再三，他说，才最终决定以低微的价钱将为他服务多年的牛卖给了屠宰商。

论他人之死

评说一个人视死如归，毋庸置疑，这是人生中最引人瞩目的英雄行为。 在我们讨论别人对死亡来临的肯定程度的时候，一定要注意这样一个事实：人非常不愿意相信自己已临近死亡的边缘。 几乎没有人在临死时可以确信地认为这是他们的最后时间，也是在这个时候，虚幻的期望的欺骗性达到了它的极

---

① 据普鲁塔克一书的记载，日耳曼人夜袭罗马，被城里的鹅发现，惊醒卫兵，奋勇保卫。

点。　因为它不停在人们耳边唠叨着："其他人甚至病得更重些，可是却没有死去；事情并非同人们想象的那样无望；就算到了山穷水尽的境地，上帝还创造了多少奇迹啊。"之所以会出现这种想法，是由于我们人类太看重自己。　我们好像觉得，大千世界会由于我们的消失而遭受沉重的损失，所以它会每时每刻关注我们的处境。　实际上是我们的看法出现了错觉，没有依照身边事物的原本面目来看待它们：就像航行在海上的人一样，在他们看来，群山、乡村、市镇、天空和大地全都在同他们一起晃动。

我们远离海港，大地和城市向后退。

——维吉尔

谁都见过这样的老人：他们总爱赞美过去抱怨现在，并且把自己的不幸和忧愁归因于世界和人间风气的变化上？

老农夫边叹气边摇头，
在他进行古今对比时，
不停地夸耀父辈的好日子，
并嘀咕着说过去的人更具有同情心。

——卢克莱修

我们老喜欢用自己的标准来衡量一切。

所以，我们觉得死亡是一件大事，觉得我们不会在日月星辰作出郑重的决定之前就突然死去的，因为"这么多的神灵正在围绕一条生命奔波"。　我们愈是自以为是，愈是会这么想。　怎么？如此多的知识自此消失，损失这么惨重，命运难道就不给以特殊的关照？同楷模一般的灵魂就这么被死亡带走了，难道不比少一个无用的凡人更令人痛心疾首吗？这个生命保护着非常多的生命，很多人由于它的存在才活着，它养活了那么多服侍它的人，它的地位这么显赫，如何可以跟草芥似的生命说去就去了呢？

我们中间没有人想到自己只是一个普通的个体。

就是由于这个原因，恺撒才会对他的航海驾驶员说出以下的话，这些话比威胁他生命安全的大海更加自命不凡。

> 如果因为怕老天爷而不敢去意大利，
> 那你就在我的庇护下把船开到那里；
> 你退缩的唯一可原谅的原因，
> 是你还不清楚你护送的乘客的力量。
> 请你相信我，
> 乘风破浪前进吧。
>
> ——卢卡努斯

还请读下面的话：

> 恺撒最后觉得，危险和他的勇气势均力敌，
> "看吧，"他说，"诸神都很难把我打败！
> 它们用广袤的海洋向我进攻，
> 而我稳坐小船之中！"
>
> ——卢卡努斯

还有一种公开的呓语般的狂想，说在他死后的一年之内，太阳都会为他服丧：

> 它（太阳）在恺撒死后也表示了对罗马的悼念，
> 在光辉的额头上缠了一条黑纱。
>
> ——维吉尔

还有无数像他这样伟大的人物，人们因此很容易上当受骗，认为我们的利益会引起上天的关注，法力超强的上天会被我们细枝末节的言行所摆布："实际上，上天和我们之间并不存在这么亲密的关系，日月星辰不会由于我们的死亡而失去光芒。"

我因此要说，一个人还不确定自己身处险境，即便他面对死亡表现出一种沉着、冷静的精神，我们也没有理由觉得他拥有这种品质，因为他的这种表现并非是察觉到死已来临时的反映，因此无法给他这样的评价。大部分人会发生这样的情况：他们在态度和言语上故作强硬，以获得这种声誉，他们的愿望就是想在生前被人称赞。我见过很多死去的人，他们的言行的好坏决定于临死时的情况，而并非决定于事前的愿望。我们有必要将在古代自杀的人区分两种情况，有的人选择的是迅速死亡法，有的人选择的则是慢慢死亡的方法。那位古罗马的暴君在讲到怎样使他的囚徒死去的时候，说要让他们一点一点察觉到死亡；假如调到有人在狱中自杀，他会怒吼"此人从我手心中逃了出去"。他想做的是把死亡延长，让囚徒在痛苦中体会死亡。

> 我们见到的是遍体鳞伤的躯体，
> 但是尚未受到致命的一击：这毒刑从未见过，

　　　　它想要置人于死地又不让他去见死神。

——卢卡努斯

　　说实话，一个人在十分健康和十分冷静的时候，决定自杀并没有什么了不起；在正式行动之前，东说西说非常简单：世上最荏弱的男子埃拉加巴卢斯，生活淫乱无边，打算在走投无路时以精心准备的自杀方式完结一生；为了不违背生前的原则，他专门建造了一座富丽堂皇的高塔，塔底和塔的正面镶着饰有黄金和宝石的木板，用来跳塔身亡；同时又让人准备好金线绳和红绫，好让自己自缢；又打了一把自戕用的纯金宝剑，以便自刎；还命人在用绿宝石和黄玉制成的壶中放好毒药，以便服毒而亡。他将按照自己的心愿，从以上的方法中选择一种自杀方式。

　　　　逼出来的勇敢和大胆。

——卢卡努斯

　　然而，就这个人而言，他做了死的准备，反而让人觉得，危险已迫在眉睫的时候，他是不是可以自己动手。就连那些更为坚强的人把自杀想法变为自杀行动的时候，也要仔细考虑（这是我的一家之言）他们这么做是不是一时冲动，根本没有足够的时间考虑后果：假如眼看生命远去，又能感受到交杂在一起的肉体痛苦和灵魂痛苦，如果来得及后悔的话，他们心里是不是还会始终坚持这种危险的决定。

　　"一种快速的死亡，"老普林尼说，"这是人生的一种无比高尚的幸运。"人们不喜欢承认死亡。事实上，没有一个人敢说他已做好了死亡的准备，假如他恐惧谈论死亡，没法正视死亡的话。 我们见到那被送上断头台的人，常常希望快一点对他们行刑，并督促刽子手下手。 他们这么做并无什么决心可言，而只是不想面对死亡而已。 他们不怕死去，可是恐惧受死亡的折磨。

　　我不期望受死亡的折磨，
　　不过变成死人倒觉得不要紧。

——西塞罗

　　我凭经验知道自己可以达到如此程度的意志力，像有些人紧闭双眼跳进大海一样。

　　我认为，苏格拉底用整整三十天的时间去思考对他死亡的判决，这是他一生中最让人侧目的事情；他在这期间，以一知道这些犹太人既不可以同水手一样以抢掠为生，又不希望抛弃优裕的生活，去一个未知的陌生的地方。 可是，眼瞧着希望又要消失，并且看见他们个个都决定离开，他在以前承诺提供的三个港口里减去了两个，认为延长离岸时间和增加旅途麻烦可以让一部分人改变主意，又或能够把他们集中在一个地方，更简单执行他以前制订的计划。 他命令十四岁以下的儿童离开父母亲，把他们送去一个看不到摸不到的地方，在那里接受我们的宗教教育。听说，这个计划制造了一个非常恐怖的场面，父母和孩子之间天然的亲情，还有他们对历来的信仰的忠诚，都让他们抗拒这个粗暴的命令。 父亲母亲纷纷自杀，风味残忍的景象是，他们由于怜爱先把孩子推下水井，让孩子免受法律的约束。 无论如何，到了之前规定的期限，许多人在毫无办法的情况下也只好束手就范。 有人成了基督徒，对他们和他们后代的信仰，即便在百年后的今天，尽管习惯和岁月比所有压迫更具说服力，也只有少量葡萄牙人真正抱有信心。 西塞罗说："不但我们的将军，就连我们一支一支完整的军队，多少次呈现出万死不辞的勇气啊！"

我曾有一位无论如何想要寻死的好朋友，他心里深藏着真正的死的渴望，他有各种各样的理由，我无论如何都说服不了他，死的机会在他的面前出现，头上戴着荣誉的光环，他毫不犹豫地如饥似渴地迎了上去。

我们有好几个同一时代的例子，这中间还包括孩子，由于某个微小的困难就自寻了短见。 一位古人曾这么说："假如连怯懦选取的避难所都害怕，还有什么是我们不怕的吗？"假如在此列一个长长的名单，不分男女、不分贵贱、不分派别，把所有在和平的年代里坚决地等待死亡，或者主动寻找死亡，不只是为了躲避人生中的祸患，也包括由于活得不耐烦了，或者期望去其他地方寻找更好的生活环境的人全部登记上去，我猜这样的名单也许长得一辈子都写不完。 人数如此之多，也许罗列一个怕死者的名单会更实用一点。

只有 件事可说。 某天，刮大风下大雨，哲学家庇隆坐在一条船上，对四周一个个怕得要死的人——他用这个例子鼓舞他们——指着对狂风暴雨毫不在乎的公猪。 我们非常高兴地拥有理性，因这种长处而把自己看成万物的主宰和统治者，可是，有谁敢说这种理性实际上是一种烦扰？假如由于认识事物而丢掉了无知状态中的心安和宁静，假如它让我们的遭遇连庇隆的猪都不如，这种认识又有何用呢？上天为我们的最高利益着想赐予我们智慧，莫非我们要用它反对大自然的意愿，反对万物的普遍规律，来完全摧毁我们吗？现实需要每个人使用自己的工具和手段去争取自己的利益。

好吧，或许有人会说，就当做您的规则对死亡适用吧，可是您怎么看待贫困呢？阿里斯迪普，依埃罗尼姆和大部分智者都觉得病痛是最大的不幸，您又如何看待呢？口头上否定的人，实际上是承认的。珀西多尼奥斯突染大病，痛苦非常，正好庞贝前去拜访，并且因为挑选了这么一个不合适的时间来听他讲哲学表示歉意，珀西多尼奥斯回答说：“希望上帝不要让我疼痛到不能讲述和谈论哲学！”然后，他滔滔不绝地讲起了藐视苦痛的题目。可是，病痛仍在肆虐，在不断地折磨着他。说着，他喊了起来：“病痛啊，你做无用功了，我永远不会说你是一种祸患。”人们一直津津乐道的这个故事，到底对藐视病痛有怎样的意义呢？哲学家仅仅是咬文嚼字而已，假如他这时不为病痛所动，为何要中断谈话呢？为何不称它是祸患就是一桩伟大的事呢？

这里不全是想象，还有我们的看法。这里，可靠的知识产生着影响。我们的感官是判断事物的法官。

假如感官不真实可信，那么理性也是一个骗子。

——卢克莱修

我们能让皮肤觉得鞭子在为它挠痒吗？能让舌头觉得芦荟的味道像格拉弗葡萄酒吗？庇隆的小公猪绝对是支持我们的。它在死亡面前的确镇定自若，可是，假如有人打它，它会大喊大叫，四处逃命。大自然的普遍法则适用于天底下所有的生命体里，适用于疼痛让人战栗的现象之中，我们可以违背这个法则吗？假如你敲打树木，仿佛树木都会发出呻吟。 死亡只是一眨眼的事情，因此，只有通过思索才可以察觉得得到：

> 也许它已经过去，也许它即将来到，它本身没
> 有即时性。

——拉博埃西

> 死亡创造的痛苦远不及等待死亡的痛苦。

——奥维德

　　千种动物，千种人，死亡的威胁还没来临，他们就已经死了。 事实上确定无疑的期盼心情审视这一判决，没有激动不安，也没有情绪上的波折变化，他的全部言行说明，在他这类智者的思想中，那种判绝不是什么伟大的事情，只是平常小事一桩。

　　罗马青年图利乌斯·马尔塞利努斯希望把自己的大限提前，因为他想尽快摆脱疾病的困扰，不愿继续在病魔的凌辱下苟延残喘，虽然医生们对他说，病也许不能马上治好，但绝对可以治好。 因此他把朋友们请来，共同讨论这一问题。 据塞涅卡说，某些朋友出于软弱怕事，给他提出了他们在同样处境下曾采取过的做法；另一些朋友见风使舵，提出了他们觉得最动听的劝告。可是一位斯多葛派的哲学家却对他说："你别自寻烦恼了，马尔塞利努斯，你完全是把这当成了一件不得了的事：活着有什么了不起？你的仆人和牲畜不是活着吗？；重要的问题是要死得恰到好处、聪明适度而又坚定不移。 试想，你有多少次地去做同样的事情：吃饭，喝酒，睡觉；喝酒，睡觉，吃饭。 我们不断地

在这个圈子里打转；人想离开人世的缘由，不但有让人没办法忍受的不幸事件，而且还有对生存的厌恶。"马尔塞利努斯那时不需要别人劝导，他需要别人帮助。仆人们都不敢介入这件事，可是那位哲学家对他们说，一旦主人死了，他的仆人必然会受怀疑；并且还应看到，阻止他死和把他杀死一样都是不好的事，因为"把不愿活的人救活相当于把他杀死。"（贺拉斯）

接着，他又对马尔塞利努斯说，止如我们饭后给客人上点心一样，在我们结束生命的时候送一些东西给仆人，这也是一种不坏的做法。

马尔塞利努斯是一个处事诚恳、慷慨大方的人：他命人分给仆人们一笔钱，并且亲自安慰他们。再者，他不依靠于刀剑，也不选择流血的办法；他试图离开生命，而不是逃跑；不是马上死去，而是慢慢体会死亡的滋味。为了让自己有时间品味死亡，他三天不吃饭，随后令人用温水将他全身洗干净，在昏迷中逐渐衰弱，按照他的说法，却感到了某种快意。确实，就像患心脏衰竭症而昏厥过的人所说的那样，他们不但没有任何痛苦，反而会有一种愉悦感，与即将入睡的时候一样。

以上就是研究和体验死亡的某些事例。

可是，虽然我把加图当做美德的至善典范，可是又觉得他高高在上的生活处境反而让他自杀的手变得犹豫不决，使他有时间面对死亡并与之搏斗，身临险境不气馁，反而勇气百倍。如果让我来呈现他在这一雄壮时刻的形象，我将把他描述成剖腹自杀，鲜血淋漓，而不是当年那些手握利剑的塑像。因为这第二次自杀要比第一次自杀壮烈很多。

论荣誉

世间万物都有名字，名称与事物之间有什么样的关系呢？名是指称事物的字和词；名称既非事物本身的一部分，也并非是一种物质，它是外附加在事物之上的一个组成部分。上帝本身是全能的，是完美的化身，他虽然不能够给自身争取或附加任何东西，可是他的名字能够通过我们的赞美和祈祷而得到升华，纵使我们并不可以同上帝合二为一，既然在他身上已经加不进任何好的东西，我们就把赞颂归于他的名下，而我们另外给他的那一部分实际上离我们自身最近，跟它自身却没什么关系，因此说莫非荣誉是仅仅加给上帝自己的吗？天底下最离谱的事情就是我们为我们自己寻求荣誉了，因为，我们内心贫穷，我们的本质不完善，需要不断地改进，这才是我们必须努力做的事情，当我们空虚难耐时，空想和名誉不可以让我们充实起来，我们需要的是确确实实的物质，一个食不果腹的人不去找一顿好饭，却想方设法去找一件华丽的衣服，他肯定是个傻瓜。我们寻找的是我们需求第一的东西，就如同我们每天祈祷的内容那样。

当我们的生活必需品得到满足之后，我们开始希望外在的装饰：美、健康、智慧、道德，以及其他同类的主要品质。神学对这一主题给予了完整的关注，遗憾的是我对此却不擅长。

克里西波斯和第欧根尼是最早、最坚定的提倡蔑视荣誉的人，他们始终觉得：在所有的快乐中，他们说最危险最应该避之唯恐不及的东西，莫过于他人的称赞。实际上，经验已经使我们知道了他的毒害有多深。阿谀奉承是世上最毒的，那些阴险狡诈、轻松骗取别人信任欢心的人是世上最可怕的，时常用奉承讨好的伎俩轻松诱骗女子芳心并让其失去贞操的人是世上最可恶的。

> 靠近点，来呀，噢！令人倾心的尤利西斯，快
> 过来，你是最耀眼的美男子，是全希腊的骄傲。
>
> ——荷马

哲学家说，世界上的所有荣誉都不值得聪明人伸出手指去摘取。

> 荣誉是什么啊？
> 假如荣誉也仅仅如此而已，
> 那么它还会这样光彩耀眼吗？
>
> ——尤维纳尔

我觉得在荣耀后面还牵扯着一连串的好处，使它变得引人垂涎，它让我们获得其他人善意的亲切，让我们免于成为其他人侮辱或攻击的对象等等。伊壁鸠鲁学派的基本信条就是：轻视荣誉。他的学派有一个禁止人们操持公职或公共事务的信条，提倡人们应当避免累身于公共谈判和官家事宜。他们觉得荣誉是人们为了嘉奖那些公共行为而制造的。这一信条要求我们静静地过日子，多操心自身，少管其他闲事，那些不希望把我们张扬出去的人，就不会给予我们荣誉和光荣，因此伊多梅纽斯（克里特王，在特洛伊战争中率部与希腊人一起攻打特洛伊）告诉我们：除非有不得已的情况——为避免小人也许制造意外的麻烦，大可不必用舆论和公众的评价来规范自己的行为。

我个人觉得这些观点十分正确合理。 可是我不清楚为何我们却如此的拥有双重性格结果是我们相信的事情，我们又完全不相信它，从而使我们没办法从我们所诅咒的事物中摆脱出来。假如我们看看伊壁鸠鲁（公元前 342？ —270），古希腊杰出唯物主义和无神论者的临终遗言就能了解，虽然他的那些话非常有见地，只能出自像他这样的哲学家之口，可是当中也不乏具有自我张扬的部分，而这恰好是他自己往常加以谴责的东西。 以下这段话就是他辞别人世不久前的口述：

> 在这个愉快的日子里——我生命的最后一天，我写下这些话，可是同时，我的身体却也由于膀胱和胃肠的疼痛忍受着巨大的折磨，虽然如此，我觉得这疼痛可以得到补偿，因为回想起我的发现和我陈述的思想就能感到灵魂上的快慰，如今，请用你那从小时候就开始关注在我和我的人生哲学上的热情，好好保佑梅特罗道吕斯的孩子们吧。
>
> ——伊壁鸠鲁

这就是他写的信。 他说他的灵魂因为他的发现而感到快乐，从这一点我能够看出他暗含了期望自己死后可以声名远扬；在遗嘱里，他指定他的继承人——阿弥诺马库和提摩克拉钦斯，每年一月份要依照赫尔玛库斯所列出的数目，支付每年一月生辰纪念所需的费用；并且还要支付他的哲学家朋友们每月二十日为纪念他而举办的集会费用。

卡涅阿德是持反对意见的主要代表，他认为荣耀本身令人向往，就仿佛我们关心死后的事情，虽然我们并不可以知道也不可以从中获得乐趣，可我们仍旧以此为乐。 这种观点自然更被人广为接受，因为它符合大众的爱好。 亚里士多德把荣誉推上了人类外在财富的最高宝座，不过他指出应该防止两种极端：一种是过分追求一种是过分逃避。 我相信，如果我们手上有西塞罗所写的有关书籍，我们可以读到大量的例子，因为他是一个这么狂热的人，如果他挑战荣誉的话，我猜他肯定会比其他人更加热衷于荣誉。 美德自身并没有让人垂涎三尺的味道，可是对于美德的描述却往往会引起人们对它的向往。

> 隐藏起来的美德同死掉的树懒无异。 （树懒：
> 生活在美洲中部和南部的树懒科哺乳动物之一，行
> 动缓慢，在树上栖息，无齿目，爪子长而有勾，它
> 们用爪子倒悬在树枝上，吃树叶、嫩芽和果实）
>
> ——贺拉斯

这种观点是非常错误的，而令我非常愤怒的是，它竟然能够进入一个冠之以哲学家称号的人的头脑里。

假如这话说得不错，那么人类完全不需要美德，只用出名就行了；我们也不用费心关心美德的真正宝座——心灵的高尚。我们只用达到让人了解我们的目的就可以了。 假如这样的话，那不等于是叫人巧妙地悄悄地做坏事吗？卡涅阿德斯说：“假如你完全了解有一条大毒蛇正在某个地方盘踞，这时候恰好有一个人完全不了解情况要坐下来，而这个人的死将给你带来某种利益，也符合你的心愿，假如你不警告他那里有毒蛇的话，你就是在作恶，并且，假如这件事除了你以外别的人都不清楚，你就是在作更大的孽。”假如我们不是从自身去挖掘为善的法则，假如

我们的所作所为溜过正义的大门也未受到惩罚，那么我们每天该做多少坏事啊？C. 普罗提乌斯委托塞克斯都·派杜寇斯私底下托他保管的财产，后者忠于职守，这种事我也常常做，因而我觉得也没什么需要赞扬的，可是假如他不这样做，我会觉得他十分可恶。 我觉得，假如我们在这里回想一下 P. 塞克斯提利乌斯·卢夫斯的事例也是会有点好作用的：那年，这个人私吞了一份遗产，尽管不违反法律，而且财产的转移也符合法律的规定，然而西塞罗指控说他是背叛了良心。 M. 克拉苏和霍尔坦西厄斯利用手中的权力，和一个陌生人合谋分割一份伪造遗书的财产。 由于他们没有没有参加弄虚作假，他们就有机会保住要分给他们的那份财产，因此他们没有回绝优势地位的诱惑而应承了这个勾当：假如他们可以逃脱控告、指证、法律的审理，就真的是非常的安全了。

> 应该让他们清楚
> 还有上帝在作证，
> 那便是（我的理解是）
> 他们自己的良心。
>
> ——西塞罗

　　假如美德因为荣耀而受人尊敬，那么美德就成了非常虚浮而无聊的东西；我们也就没必要如此费力地给它一个高高在上的位置，还把它和变化无常的命运分开对待，因为莫非这世上还有比名声更一文不值的东西吗？

> 命运的法则控制着万物，

它能够推进事物的发展，

也能够让事物停滞不前，

它随心所欲，

并非根据事实。

——萨卢斯特

所以，命运随意地给我们荣耀；是运气的草率决定帮助我们得到荣誉，我注意到那些被授予的荣誉常常是言过其实，并且完全是大肆夸张。 第一个把荣誉比喻成阴影的人要比单单是意识到这一点的人更加聪明；影子常常走在身子前面，有时候比身子长很多，绅士们受的教导——英勇的行为完全是为了获得荣誉。

仿佛不出名的行动就不是光荣的行动。

——西塞罗

如此这般的教导究竟目的在哪里？那不是在告诉人们，在没有人看见的情况下绝对不要冒险；即便有证人在场，也要看好这个人是否将他们的英勇行为传播开来？假如不可以，那岂非一千次做好事的机会摆在面前也被假装没看到了吗？在混乱中又有谁有闲工夫去注意观察其他人的行为呢？并且在这个时候，他证实战友们的英勇，反过来说明自己的怯懦。

真正英明的高尚品质宣称：

勇敢是天性的天然流露，

在实际行动中体现而非荣誉里。

——西塞罗

就我而言，我自忖从生命中得到的全部荣耀，就是平静地度过一生，这种安宁既非梅特罗道斯，也非阿凯西劳斯或是阿里斯蒂帕斯所指的安静宁和，而是按照我个人的意愿和理解。 既然哲学不能为所有的人找到通向平静的坦途，那就让各人分别去找吧。

　　恺撒和亚历山大的威名远扬不是由于命运还会是由于其他什么吗？ 我们真的不清楚，上帝让多少人在他们的事业刚刚开始的时候就灭掉了成功的希望，他们跟恺撒和亚历山大是同样地勇敢战斗，可是厄运在他们事业刚刚起步的时候突然阻止他们前进。 在许多巨大的危险之中，我不记得书上有记载他受伤的事；可是成千上万的人却在连恺撒承受的最小危险都不到的情况下纷纷倒在血泊之中。 无数的高尚行为等不到有人出来见证就消失得无影无踪。 一个人不会永远出现在突破口的最前沿，也不会永远是冲锋陷阵的排头兵，也就不能够像被挂在绞刑台上那么轻易得到长官的注意。 一个人如果是在树篱和壕沟中间遭受突袭，就经常容易会发生意外；没有谁会在鸡窝里面遇到危险；假如从粮仓里冒出三五个持枪的流氓同样需要对付；在特殊情况的需求下，还不得不离开队伍，按照可能出现的困难独自采取行动。这些都隐藏着随时发生危险的可能性。 我坚信，任何人，只要有心注意一下，就能够从经验中证明，那些越是看起来不起眼的地方常常越是最危险的地方。 在我们这个时代进行的战争里，更多善良的人死于普通的无关紧要的场合，死在提都不值得提的小要塞的争夺战中，而并非是死于最重要的战役之中。 如果他们是在最关键的战役中丢了性命，那么也许他们就能够会获得更高的荣誉。

　　那些觉得不死在重要时刻就等于是白送性命的人，那他不仅不可能死得光荣，相反会使生命失去光彩，失去许多真正值得冒险的机会。 每一次机会本身都是公正的，因为每个人的良知都能够为他做充足的证明。

> 让人觉得欣慰的是，
> 良心能够为我们作证。
>
> ——种林斯

假如一个人是好人的话，人们或许会清楚，而当人们真正清楚的时候，他就能够得到更多的尊敬；假如只愿意在人人都知道他有美德的条件下才做好事，对这类人就别期望他可以为别人付出什么。

> 我坚信，剩下的冬日里，
> 还有许多事值得我们去说说；
> 可是事情做得太秘密，
> 假如我不说出去，
> 也不该谴责我啊，
> 因为奥兰多尽管愿意做了不得的事情，
> 却不喜欢自我吹捧，
> 从而导致基本上没人知道他做的好事，
> 可那些事情全是有人见证的呀。
>
> ——阿里奥斯托

一个 保家卫国而毫不犹豫地奔赴战场，就会希望自己永远都不 个勇敢的人，并且希望可以做有意义的事；不管藏得多好，甚至包括美好的思想都必有回报。 一个人为了自己，也必定要勇敢；这样的话，在抗争命运的挑战时，他就会占据心理优势，从而得到必胜的勇气。

> 美德不知道什么叫不光彩的失败，
> 在高尚的荣誉里闪耀着光芒，
> 它既不占据也不抛弃高贵，
> 这跟俗人一心想的完全不一样。
>
> ——贺拉斯

我们的灵魂应该扮演它的角色，并非是为了显示自己，而是为了我们自己，尽管其他人看不到我们的内心世界，科斯我们自己可以看到；在面对死亡、痛苦、耻辱的时候，内心的精神力量会让我们远离恐惧；在失去孩子、朋友和财富的痛苦时，灵魂深处的精神力量可以帮助我们坚毅刚强；在机会来临的时候，心灵的正义力量就会引导我们向战争提出挑战。

> 不为任何其他的利益，
> 而是为了正直诚实自身的名誉。
>
> ——西塞罗

诚实的好处要比荣誉更高一等，也更值得我们为之不停追求；可名声和荣誉仅仅是给予我们的赞许的评价罢了。

必须在全国的人口中选十来个人来核定一切……的大小；要评判我们的行为和偏好，最难最关键的事情要算……听听一群乌合之众的意见，参考一下他们的评价结果，而思……印、缺乏公正、轻浮无常恰好是发源于那些群众。 把智者的一生交给疯子去评论，这么做合理和正确吗？

> 你所轻视的那些人之中，仅说一个就够愚蠢的了，更不用说是一群呢？
>
> ——西塞罗

假如做事情是为了让那些愚蠢的乌合之众开心的话，那么你就会有很多事需要做，并且永远也满足不了他们，因为这个目标自身就没有终点。

> 群众的判断是最不可预测的事情。
>
> ——李维

德米特里开玩笑说，人民群众的声音啊，既无法称之为是来自上面也不能称之为是来自下面。 西塞罗说得更彻底：

> 对我而言，本来是一件并不可耻的事，可是事情一旦受到乌合之众的称赞就变得不再干净。
>
> ——西塞罗

这样一样的受着乌合之众牵着鼻子缺乏目标缺乏原则的活着，是既不聪明也不艺术，在这种人事嘈杂混乱中间冒出的言语和观点促使着我们，完全没有任何有意义的东西去选取。 我们不要为自己设立如此飘忽不定的目标，一如既往地跟着理智走吧，假如可能的话，让大众的称赞跟着我们走——因为所有这些都是命运定好的事，我们也没有其他办法预料可不可以得到成长。假如事情是正确的，即便我不想做，无论如何我也需要去做；因为凭经验知道：到最后都会代表这样做最有效也最让人快乐。

> 天道送给人类这个礼物：
> 正直的事情应该是最让人愉快的。
>
> ——昆蒂利埃纳

古代的水手在暴风骤雨中，对海神尼普顿这样说："噢，上帝啊，假如你愿意，你就可以救我一命；假如你非常挑剔，你也可取我的性命；但是，我的舵将永远保持前进的方向。"我这辈子看见过非常多比我要会处世的人，只是由于他们做事不坚定、喜欢动摇、没有明确的目标而迷失了自己，可我却拯救了自己。

> 面对那些耍小聪明而不能成功的家伙，我只有嘲笑。
>
> ——奥维德

波勒斯·埃米利厄斯声势浩大地远征马其顿的时候，特别告诫在罗马的同胞们，要求他们在他出征以后绝对不要背后谈论他的行为。是啊，在大事情上假如容忍各种议论的存在，那么这就是最大的骚动和干扰。费比乌斯（公元前275—前203，古罗马政治家、将军，以避免与敌直接作战和采用拖延的战略而让敌师疲于奔命，最终战胜迦太基军队），能够坚定地对付民众敌对和错误的声音——那些人早就幻想着有朝一日能够取代他，他宁可冒着被取代的危险，也不希望只为了愉悦大众、赢得赞扬和掌声而不求发展。

我不晓得是什么自然的力量让人如此爱听表扬，但我们的确是太爱听好话了。

> 按常理来看，我应该畏惧赞扬，
> 因为我不是一个麻木不仁的人；
> 可我拒绝承认类似于‘干得漂亮’之类的表扬
> 是美德的代名词和人生的终极目标。
>
> ——柏林斯

我并不关心自己在别人心目中的形象，我注重的是我在自己心中的模样；我期望自己活得充实，而不是依靠别人的吹捧过日子。 陌生人见我只能是从小事上和表面上看；而在内心焦虑和恐惧的时候，每个人都能够戴上假面具装作一点事情都没有的样子。 他们看不见我的心，他们只看见我表现出来的态度。 一个人批评战争的伪善是正确的，因为对一个胆小如鼠却冒充勇敢的兵油子来说，还有什么会比逃避危险更容易呢？避免危险的方法多得很，在走上危险的道路之前我们已欺骗别人很多次；就算是真到了已没有办法逃避、一定要做点什么的危急时刻，我们也可以做到表面镇定来掩藏怦怦跳个不停的内心恐惧。 谁不希望戴上柏拉图那枚能够用来隐身的戒指？许多人会在本来应该经常抛头露面的地方隐藏起来，而那些身居荣誉宝座上的人就会深深后悔自己得到了这个位置，因为在这个时候他们必须表现得英勇无畏。

虚伪的荣誉让人愉快，

诽谤和中伤让人恐惧，

这都是罪过和心态不正常啊！

——贺拉斯

因此，根据外表做出的评价是非常不确定的和非常值得怀疑的，世界上最可信的就只有一个人自己的内心了。 在每一个荣誉的里面，究竟有多少战士成为荣誉的附属品？在某个人在新的战壕站稳脚跟之前的场景是如何的呢？如果没有五十个每天领取五个苏的军饷，可怜兮兮地为他开路的工兵，他们怎么能建立功绩呢？

假如狂暴的罗马帝国轻视什么，

不用同意他们的观点，

也不用在那个天平上打破虚伪的平衡，

只用在你能力所及的范围内寻找你自己的理想

就行了。

——柏林斯

我们所谓的壮大名声，实际上就是到处宣传我们的名字，把它挂在许许多多的人的嘴上；我们会努力做得更能让人接受，我们越被人接受，我们就会从中获得越多的好处，这或许就是我们为何要努力让人传颂的理由吧。 可这样的病患如果过分严重，也会使许多人不择手段地让人谈论他们。 特罗古斯谈起西罗斯特拉图斯、拉图斯·李维乌斯谈起曼利乌斯·卡庇托利努斯时，都是这样评价的：他们更迷恋于出名，而不是争取得个好名声。

这种心理蔓延滋生，从而导致发展到我们更关心是否有人在说我们，而不是人们怎么说我们；只要人们常提到我们就可以了，不管他们以什么样的方式；那似乎是出了名就相当于说我们的生命在他们那里得到延长。可是对我来说，我只在我自己的心里，至于我的那另一个人生，朋友们所认识的那一个我，则是没有根据、跟我本人完全无关的；我十分明白，从别人那不实际的夸耀中我既不能有所收获，也察觉不到快乐。而在我死了以后，我就更察觉不到了，并且是完全丧失了在现实中利用名声得点好处的机会。

我不期望自己可以获得怎样的声望，并且假设我希望名字可以给我带来些优势，我也没有什么能够把握名声的资本。第一，我没有完全属于我自己的姓名，我有两个名字，其中一个是我家族的姓氏，也换句话说别人和我共用这个名字，在巴黎和蒙彼利埃有两个家族姓蒙田，还有一个在布列塔尼的家族也姓蒙田，而在圣道日有一家姓德·蒙田的。这样一来，一个音节之差就将搞乱我们的命运之线，即我也许会分享本该属于他们的荣誉，而他们也许也会与我共享耻辱。除此之外，我的先祖以前是姓艾凯姆的，而艾凯姆这个姓氏在如今的英格兰还是名门望族。至于我的名字，则是谁想取用都可以的，如此一来，一个搬运工都有机会沾了我的光而获得荣誉。另外，假设我有一个特别的、和其他人不一样的名字，但是等我不在这个世界了，它还能标记什么呢？我的名字可以把我和愚蠢的人区分开来吗？

坟上的土可以减轻重量以延缓对我的尸骨的压力吗？

人们还会称赞我吗？

紫罗兰花尽管在成长，

但它既非从我的头发长出，

也非在我的坟墓发的芽，

更不是从我的骨灰中飞出。

——柏林斯

　　这个问题，我在别处已经谈过了。　在我们谈到一场大的战役的时候，尽管死伤的人数多达万人，可最终受到关注的人数还不到十五；这些人受到关注肯定是由于他们的确有过人之处，也有可能是因为有上好的命运附着到他们的身上。　如果想在某一次行动中脱颖而出，那不单是一个普通士兵很难实现的，甚至一个将军也不容易办到；在面临危险的时刻，对我们每一个人来说，杀一个人，或者杀两个人，杀十个人，这就是一个勇士冒死所能换得的最大战绩，因为我们已经把豁出去了全部。　但是对整体来说，这样的事情实在太普通，甚至有些事人们早已经习以为常，任何一次产生轰动效应的事件都肯定发生过类似的事情，因此我们无法期待从这种事中捞到什么名誉。

这是许多人遇到的事，平常得很，

不过是从命运堆砌的事件中随意捡出的一个

罢了。

——尤维纳尔

　　一千五百年以来，在法国数以万亿计的勇敢无畏、手执武器而死去的人中间得到功名的人还不到一百。　我们不但是对于将领、就连对战役和胜利的记忆都已随风飘走甚至是消失殆尽；世界上有超过一半的成功由于没有记录，都原地不动，稍纵即逝了。假如我手里有那些事件的材料的话，我猜，不管是哪一方面的事件，我都一定会让它们能够载记，并且要比名存青史的记载多很多。莫非你不觉得奇怪吗？马人和希腊人，那么多的作家和见证人，那么多高贵和杰出的事迹，可我们所知道的人和事却寥寥无几。

> 我们耳中听到的也仅仅是模模糊糊的谣传
> 而已。

——维吉尔

如果一百年后还能大概记得在法国进行的内战，这就很不容易了。

这是个非常大的疑问。古代斯巴达人在每一次出征前，都会向缪斯女神祈祷献祭，为的是把他们的丰功伟绩能够忠实和有尊严地记录下来，他们把缪斯女神的见证当作是神圣的，而不是为了得到普通百姓的称赞。见证的目的在于期望后人可以记得他们，好让他们的生命永存不朽。每次与我们相关的枪战，或者每一次冒险，我们都想有书记员记录在案吗？此外，就算真的有一百个人在做记录，他们的记录最多也就能保留三天，并且永远不能够传到每一个人的眼前。古人记录的东西，到我们手上的还不及千分之一，事情究竟可以流传久远还是短暂，这全是命运依照她的喜好说了算。假如怀疑我们所了解的那些事情或许是最糟糕的，那么这种怀疑也是承认的，因为我们对那些没有记载的事情的确是一无所知。人们写历史书，不会写那些根本不重要的事件，因此说能够名留青史的一定是征服了一个帝国或是王国的人。 他肯定是一个最起码赢得了五十二次战役的人，并且总是像恺撒那样以少胜多；在他麾下数不胜数的勇士和将领壮烈牺牲，而这些将士的名字在他们的妻儿死后再没人知道。

无名之辈将被历史掩埋。

——维吉尔

我们见到那些英勇无畏的人，战争结束后的三个月或三年，人们就不再谈论他们，好像他们从未来过人世似的，假如有谁能够用合理的比例判断出什么样的人、什么样的行为可以在历史的长河中永葆荣誉的话，那么他就会发现在我们这个时代有机会名存史册的那几个非常少的人和事。 我们究竟了解有多少杰出人物活的寿命比荣誉存在的时间还久？多少人在青年时代以非常正当的手段获取的名誉和荣耀慢慢熄灭。 在进入长久的死亡状态以前，我们肯定会经历三年只有虚幻、背离真实的生活！而圣贤的哲人则对自己的庄严时刻有着更高尚、聪明的看法。

活得不错的嘉奖就是我们活过了，
干得不错的成绩就是我们干过了。

——塞内加

一个画家或一个艺术家，一个修辞学家或一个语法学家，如果他们千辛万苦地想通过作品达到扬名的目的，这些本来无可厚非，可是他们的职业本身所孕育的美德太高尚，这就让他们除了寻求自身价值之外，不应该再寻求其他的价值，特别是不该寻求人们给予的虚名。

假如这个观点是错的，那么在大众中拥有名声的益处是什么呢？假如名声可以使人们尽忠职守，可以激发人们对美德的追求；假如君王在看到人们是多么怀念图拉真、多么憎恶尼禄后能够有所感触；（那个残暴无比的暴君的名字——尼禄，从前如此横行霸道如此气焰嚣张的人，如今被任何一个小学生诅咒和侮辱。）假如君王在看到后可以受到教育的话；那么就尽全力地提升一个人的名誉！那么就让我们尽可能的珍惜名誉吧！柏拉图将一生致力于公民的美德教育，告诉他们不要小瞧人的名声和尊严。 他还说，在神的启示下，那些恶人往往也能在言语中或在思想里，正确地分辨好人和坏人。 柏拉图和他的老师两个人都是勇于实践的伟大人物，他们不管到哪都像神一般品行端正，而这种神圣的精神恰好是人类所向往的。

> 当悲剧诗人没办法解决诗歌创作上的难题时，
> 就会祈祷上帝赐予力量获得圆满的答案。
>
> ——西塞罗

这也可能就是提蒙辱骂柏拉图、骂他是伟大奇迹的捏造者的理由吧。 这就等于是在看到人缺钱付不起的时候，拿一些假钞夹在里面充数，所有的立法者都采用这个办法，任何法规中都混杂着客套话和欺骗性的观念。 政府用这些虚假的东西糊弄百姓、让百姓服从这样那样的义务。 这也就是为何大部分的政府最开始的时候都编一些神奇的故事，添加一些超自然的神秘。正是这个东西赋予了非正统的宗教一种影响力，从而让那些有头脑的人也身陷其中。 纽默和塞多留为了使手下死心塌地效忠他们，频频为他们送上迷魂汤；一个搬出希腊罗马神话中的仙女伊吉丽，另一个则说神的意愿是通过他的白鹿传达给人民的。 纽默为他的法律树立权威，让它们披上仙女的外衣。 作为巴克特利亚和波斯的立法者琐罗亚斯德，就是打着奥尔穆兹德这一神仙的旗号制定法律；埃及的立法者特利斯莫吉斯忒斯打的旗号是墨丘利神；斯基泰的立法者萨默尔科西斯利用的是女灶神；哈尔吉斯的立法者哈龙达斯依靠的是农神萨杜恩；克里特岛的立法者弥诺斯则借助于爱神朱庇特；古代斯巴达的立法者利库尔戈斯求助于太阳神阿波罗；雅典的两位立法者德拉古和梭伦凭借着智慧女神密涅瓦。 任何社会组织都以神为首领，其实全部都是假的；只有犹太人在离开埃及时把摩西冠于他们的头顶才是真实的做法。 贝都人的宗教，就像德·儒安维尔说的那样，特别包含着这么一种说法，一个为国王捐躯的人，他的灵魂将去到另一个更幸福、更英俊、更强壮的人的身子里，用这种办法驾驭人们更加乐意为国王卖命。

> 头脑中憧憬着刀剑的袭击，
> 灵魂里渴望着死亡的来临；
> 假若要获得新生，
> 首先得抛弃这条性命。
>
> ——卢卡努

这是一种非常有益的信仰，不管它是多么空洞。 每一个民族都有一条类似的法宝；但这一话题需要另辟篇章加以描述。

说回我原来的题目，我建议女士们不要把她们的责任称之为名誉：俗语说得好：

大众所说的光荣事实上仅仅是正直。

——西塞罗

责任是核心，名誉只是皮毛。 我奉劝你们千万不要寻找借口掩饰你们的本末倒置。 我觉得尽管人的内心想法、愿望、欲望都是跟外在的荣誉没有关联的东西，可实际上，对荣誉的渴望却都会展现出来，因此说所有都是看最终的结果。

由于是不被允许的，
所以她假装拒绝；
可最终还是接受了。

——奥维德

不管是想还是做，冒犯神灵和自己的良心都一样事关重大，而且这些行为是暗地里秘密地做的；虽然期望名誉的心理活动是这样的隐蔽，除了自己，别人轻易不知道。 可实际上荣誉中间还包含着应承担的责任，包含着善良的情感。 每一个真正荣耀的女人，都是宁失荣誉而不失良知的。

论否认说谎

是的，有人会说，如果是为数个多的名人著书立说，宣扬自己，是非常正常的事，因为他们闻名遐迩，大家也许非常希望了解他们。 这是毋庸置疑的，我并不否认。 我也清楚，一个默默无闻的人来到某个城市，手艺人或许连头都不会抬一抬，仍旧埋头干他们的活。 相反，如果是著名的大人物进城来了，他们会立即冲出工厂和店铺，奔走相告。 一个人假如没有东西能够被模仿，假如他的一生、他的见解不能作为楷模，那他就不适合宣扬自己。 恺撒和色诺芬创造了丰功伟绩，可以这么说，为他们字字铿锵的文章打下了合法坚实的基础。 亚历山大大帝的记事本，奥古斯都、加图、苏拉、布鲁图等人对自己事迹的评价，也都是人们喜欢听见和看见的。 这些人的塑像，不论是铜的还是石的，人们都愿意瞻仰和研究。

这番鼓励话实实在在，但我基本上无动于衷：

> 我只在朋友中间朗读我的文章，而且是
> 在他们的请求下，
> 不是在别的什么地方，也不是给别的什么人。
> 其他人却在广场上甚至在澡堂里，
> 诵读他们的作品。
>
> ——贺拉斯

我这里给我塑的像，不是拿去竖在城市的街口或教堂里，或放在什么公共场所的。

> 我推心置腹地跟你说，
> 我不希望用废话来增加书的厚度！
>
> ——佩尔西乌斯

所有这一切只能发生在书斋的一角，目的是消遣邻居、亲戚和朋友，使他们乐于再次来看望我，并且发展其他方面的联系。人家决定写自己，是因为他们认为自己经历丰富，值得一写。

我则刚好相反，我写自己，是由于内容贫乏枯燥，不会有自吹自擂的嫌疑。

我常常评价别人的行为，我自己的所作所为微不足道，很少能够让人评论。

我觉得我的功德寥寥无几，数说起来会自惭形秽。

所以，在有人跟我谈起我祖宗的相同习俗、表情、举止、言谈以及他们的财富的时候，我会油然而生一种极大的满足感！我会侧耳倾听。把我们朋友和先辈的肖像当做敝屣，对他们衣物和武器的样式不屑一顾，这的确是违情悖理的。我保留着他们使用的文具箱、印章、日课经、他们用过的剑。我父亲习惯握在手中的几根长鞭，一直被我放在卧室里，从未离开过。

"子女们对父亲的感情越深重，对他的衣物和戒指就越珍视。"

可是，即使我的后人有不同的见解和喜好，我也有办法对付他们：等到那个时候，他们对我的轻视绝对比不上我对他们的鄙夷。在这一点上，我与公众的所有关系，就是把他们的语言借鉴过来，他们的语言更自然，更富有生命力。当做报答，我或许会原原本本地借鉴，不让其有一丁点损坏。

> 让金枪鱼不缺外衣，橄榄不缺外皮。
>
> ——马提雅尔

> 我将为鲭鱼提供宽敞的外套。
>
> ——卡图鲁斯

如果没有人读我的书，我在那么多闲暇的日子里专注于一些有益和愉快的想法，是否就浪费了时间呢？我在书中的形象是我的真实反映，因此，为可以从我身上挖取更多的东西，我不得不常常训练和塑造自己，这时候，模型本身已经变得坚固，从某种程度上说是它自我形成了。 我为别人描述自己，给我上的色彩肯定比我自身的更鲜明清晰。 与其说我塑造了书，不如说书塑造了我；这本书与其作者息息相关，是作者自己做的事，是他生命的一部分，跟其他书不一样，这本书所写的事与作者关系密切。

不断地仔细地盘点自己，这么做是不是白白浪费时间呢？因为有些人只是在思想上，有时只是在口头上检讨自己，他们不会先来审视自己，也不会深刻解剖自己；而我则把自己作为研究对象，用这个来当做我的工作和职业，我就持之以恒，真心实意，全力以赴。

最美好的感受应该藏于内心，它不会流露在外，不能叫民众和别的任何人看见。

这个工作多少次以其无聊的思考让我得到消遣！所有微小的想法，都应当做无聊的想法。 造化给予我们保持独立的充分权力，经常召唤我们，好给予告诫：我们的一部分属于社会，但是最美好的部分属于我们自己。 为了依照一定的次序和意图胡思乱想，又避免离题万里，把方向迷失了，我就把内容规定了，把出现在我脑际的各种细微思绪记录下来。 我很注意自己种种的幻想，因此我把它们记录下来。 每一次在习俗和理智阻止我继续做某件事时，我会觉得很沮丧，多少次我控制不住，在书中一吐为快！自然，这也是为了教育国民。

在我企图从别人的书中偷来些东西来点缀或支持我的书时，

如果我可以更认真地听取别人说的话，那我的书又会是怎样的面貌呢？

我在之前没有研究过如何写书，但是因为写了书，我却研究过一点儿，假如说"有过一点儿研究"代表着有时读读这个作家，有时看看那个作家，有时翻一翻开头，有时溜一眼结尾，这完全不是为了形成我的看法，而是为肯定早已形成的意见，取得支持和帮助而已。

但眼下风气这么糟糕，我们只可以向很少的人，也可以说不可以对任何人议论别人，那我们又可以向谁谈论自己呢？撒谎吧，又的确无聊。 显示腐化堕落的第一个事实是排斥事实：因为就像品达罗斯说的，真理是一个伟大品德的开始，柏拉图在他的《理想国》中则把它当作政府一定要履行的首条准则。 现在的真话，不是以事实为基础的真话，而是他人想象的成果，就像我们所谓的钱，不仅指真币，也指正在流通的假币。 长久以来，我们一直在指责国家的这个流弊：早在瓦伦提尼安三世时代，萨尔维努斯就曾说，在法国人看来，说谎和立伪誓不是缺点，仅仅是一种说话方式。 如果有谁想对这句话作个补充，他就能说，法国人的这个缺点如今成了真理。 人们用这个培养和造就自己，就好比一种体面的练习，由于不着痕迹是本世纪最出色的优点。

所以，我经常考虑，别人指出我们自以为十分平常的毛病，为何会认为比听到其他任何指责更心头不爽；我们扭扭捏捏地观察到的这个习惯是怎么形成的，为何指责我们撒谎是也许存在的最羞辱性语言了。 我觉得我们在沾染最深的污点上进行自卫是很自然的事。 受到指责后，我们哪里都不自在，自然要勃然大怒，火冒三丈，仿佛如此一来可让我们减轻一些罪过。 既然这缺点的确存在，那最起码也要在表面上作些批评嘛。

我们强烈地感受到这种责备，难道不是因为它使我们胆怯和心虚吗？莫非还有比推翻前言，总而言之，比否定自己的知识更明显的怯懦吗？

说谎是一种极其丑恶的陋习。 一位古人曾深感惭愧地对此描述说，这是轻视上帝和害怕人类的表现。 对于说谎的恐怖、可耻和怪诞性，不会有比那位古人更一针见血的描述了。 可以想象得出比恐惧人类和轻视上帝更卑鄙可耻的事吗？话语是人们之间交流愿望和思想的唯一工具，说假话，就是对公众社会的背叛。 话语是我们交流意愿和思想的仅有工具，是我们心灵的发言人：没有话语，我们之间将失去联系，我们就将互不认识。假如话语骗了我们，就会让我们的所有关系破裂，让社会的所有联系毁灭。

在新印度有一些民族（这里用不着指名道姓，他们已经不再存在：那场征服，那个史无前例的坏榜样，让那些地方惨遭蹂躏，甚至于连他们的名字和文化也统统毁灭了），他们用人血祭奠神祇，但只用舌头和耳朵的血，用此来为听谎话和说谎话补过赎罪。

古希腊有一位快乐的朋友。 他说小孩子玩骨牌，大人们玩字眼。

至于我们在不承认说谎时的各种做法，捍卫荣誉有什么习俗，以及这些习俗有什么变化，我将在另一篇文章中讲述我的看法；如果可能的话，我要研究不承认说谎时的那种斟字酌句、把我们的荣誉跟说话联系起来的习惯是从什么时候开始的。 因为不难肯定，罗马人和希腊人绝对没有这个习惯。 我经常看到，他们在相互反驳和辱骂时，一般都要争吵起来的。 他们有关责任的法律遵循一条与我们不同的道路。 罗马人当面骂恺撒，有时叫他小偷，有时称他酒鬼。 他们相互痛斥，没有约束，我这里说的是这两个国家最了不得的将领。 在希腊和罗马，他们只是用语言来报复对方的语言，并不带来任何别的后果。

论信仰自由

我们常常看见，良好的愿望如果不加以适度的引导，会让人作出该受指责的行动。 在这场有关当前法国深陷内战的原因的争论中，最有力最有理的一方，毫无疑问是支持原有宗教和原有政府形式的一方。 然而，在拥护这一派的善良正直的人中间（我说的不是那些用这个当作招牌，或者为了实行报复，或者为满足私欲，或者为寻找王公贵族的宠信的人，而是那些真诚热情地对待自己的信仰，怀着支持和平与社稷的可敬愿望而这么做的人），在这些人里面，我说，我们瞧见很多人被偏激的情绪冲昏头脑，越出理性的界限，因此有些时候作出了不对的、过激的和没有经过深思熟虑的决定。

可以肯定，我们的宗教和法律在最初获得权威性的时候，宗教热情曾经挑动很多人士反抗各式各样的异教书籍，造成的损失让文化界深感痛心。 我觉得，这种混乱的局面对文化的伤害，远远地超过了野蛮人烧杀抢掠的上海。 高尔讷柳斯·塔西陀是一个很好的例子：尽管他的后人塔西陀皇帝发布谕书，命令全世界所有的图书馆收藏他的图书，可是没有一本书可以完整地逃过四处搜索，非要将它们铲除干净的魔掌，只因为书里面有五六句与我们的信仰相左的话。 他们还有一种态度：无论有没有根据，一味地赞扬支持我们基督徒的皇帝，另一方面又不管三七二十一地指责我们的对手的一切行动，在对待人称叛教者的朱利安皇帝的态度上，就能够看得非常清楚。

实际上，这是一位非常伟大非常杰出的人物，他的头脑里装满了哲学思想，并且试图按照这些思想来规范自己的行为。 事实上，无论是哪一种美德，都有他留下的鲜明榜样①。 就拿节操来说（他的一生就是很好的例子），人们可以看到他和亚历山大及西庇翁具有相同之处，身边有很多貌美的女俘，可是他一个都不见，而那时他正好是花样年华。 他被帕尔特人残杀的时候，仅仅只有三十一岁。 至于公正性，他亲自听取原被告双方的意见，还好奇地征询前来找他的人信仰什么宗教，他仇视我们的信仰，可是并不因此有失偏颇。 他还制定了很多好的法律，大大地减轻了前任课征的赋税。

我们有两位很好的历史学家，他们是朱利安的行为的目击证人：一个是马尔塞兰，他严厉批评这位皇帝禁止一切信奉基督教的修辞学家和语法学家进入学校施教的政令，他揭露说，皇帝试图隐瞒这个做法。 这样看来，假如朱利安对我们采取更严厉的措施的话，历史学家是不会饶恕的，因为他对我们这一派有好感。 这位皇帝的态度非常强硬，确实如此，但他不是一个凶残的敌人，以下这个故事是我们自己人说的：某一天。 他在夏尔塞杜瓦纳城郊闲逛，该城的主教玛里斯直言不讳地把他称作"耶稣基督可耻的叛徒"，朱利安没有任何反映，仅仅回答说："走

---

① 蒙田赞扬"背教者"朱利安皇帝，也是《随笔》被教廷列为禁书的理由之一。

开，可怜的人，去为你瞎了的眼睛痛苦吧。"主教反驳道："谢谢耶稣基督让我的眼睛瞎掉，因为这样我就看不见你那恬不知耻的脸面了。"人们说，他希望用这种做法来毁掉对方豁达的无所谓的态度。 无论如何，他的这个举动和传说同他用来对付我们的残忍手段毫不相干。 他是（我的另一个证人欧特洛普这么说）基督教义的敌人，但是他的手上没有沾染鲜血。

还是回过头再谈谈他的公正性吧，除了上台伊始对付前任贡斯当斯的支持者的严格措施之外，他在公正性方面没有让人挑剔的地方。 至于日常生活的节制方面，他始终保持着士兵的生活习惯，在和平时期的饮食也时时准备适应战时的艰难条件。 他的警觉性十分的高，每晚都分成好几段时间，这中间最短的一段时间拿来睡眠；其余的时间，他用来亲自巡视部队和岗哨，或者用来学习，在他很多出色的优点里，有一个是他擅长各类的文学创作。 听说亚历山大大帝在躺下以后，由于担心睡眠妨碍他思考和学习，曾嘱咐手下在床边放一个盆子，手里拿着一个铜球伸在外面，每当瞌睡侵袭他的时候，拿着铜球的手指就会松开，这样铜球掉在盆里发出的声音就能够让他清醒过来。 朱利安的精神始终牢牢地盯着自己的目标，极少受杂念的干扰，基于他异常的克制力，因此完全不用这种方法。 在军事才能这一点上，他拥有造就一个伟大指挥官的所有条件，并且，他的一生差不多都是在不停地战争实践中度过的，其中大部分时间在法国和我们并肩作战，反抗德国人和法兰克人。 我们记不得还有谁比他见识过更多的危险，还有谁像他那样拿自己的生命冒险。 他的死与埃帕米农达斯的死有类似的地方，都是中了箭以后企图把箭头拔出来，但是非常锋利的箭头把他的手划破了，制约了他的力量，不然的话，他是能够把箭头拔出来的。 在这种情况下，他仍坚持要求人们把他送回战场，以鼓励尽管缺少了他的指挥，却依旧在勇敢作战的士兵们，一直到黑夜把双方的军队隔开为止。全赖豁达的哲学精神，让他丝毫无所谓生命和人间的事物。他相信灵魂的永恒。

　　在宗教方面，无论从哪方面说他都应该受到谴责，人们称他为"叛教者"，因为他舍弃了我们的宗教。可是，我觉得下面这个意见是能够相信的，他的心里从未有过我们的宗教的地位，可是为了法律的地位，他一直掩盖着内心的想法，直至成为帝国的主宰。他对待自己的宗教非常严谨，就连当时和他拥有同样信仰的人都在嘲笑他。人们说，假如他战胜了帕尔特人，他会杀光全世界的牛只来满足献祭的需求。他对占卜术也极有兴趣，任何对未来的预言他都笃信不疑。他在临终时还特意说，他谢谢诸神，谢谢他们没有让他忽然死去，因为他们老早就告诉他结束生命的时间和地点了，也没有让他缓缓地无力地死去，因为那是游手好闲和爱讲究的人的死法，也没有让他受尽煎熬、拖着很长的时间、痛苦地死去。他谢谢诸神，因为他们认为他应该在胜利之中，在享尽荣耀之中高尚地死去。他和马利尤斯·勃鲁都斯有一样的预感：死亡第一次威胁他是在高卢，第二次在波斯，即他真正去世的时候。

　　在他感觉到自己受到死亡打击的时候，据传他说了这么一句话："你赢了，拿撒勒人①"，也有人传闻是："你能够心满意足了，拿撒勒人！"假如我的证人们相信他说过这些话，这些话是不会被遗漏的，因为他们在军队里能够见到他临终时的一举一

──────────

① 指耶稣。

动，听到他的一言一语，可是他们没有记录下人们所说的这些奇迹。

现在来谈我写这个题目的目的，马尔塞兰说，朱利安的心里一直蛰伏着异教的倾向，可是他的军队是由基督徒组成的，因此他不敢让人一眼看穿。最后，当他见到自己积攒了足够的力量。可以公开他的宗教情感的时候，他让人打开神殿，用尽所有方法让偶像崇拜四处泛滥。为了达到这个目的，他见到君士坦丁堡的民众和分裂的基督教会高级教士不和，因此把他们召集到王宫前面，告诫他们，特别强调必须平息内部的纷争，命令他们每个人大无畏地为自己的信仰效力。他争取将他们纳入这个轨道，期望利用信仰自由来增加混乱和分裂图谋，通过自己的观念的协调性和一致性，阻止老百姓重新团结起来，汇成一股反对他的力量：见到某些基督徒的残忍行为，他醒悟到在世界上最可害怕的是人，而并非任何别的动物。

以上大概就是对这个值得尊重的人的大体陈述，内部分裂早就造成混乱，朱利安皇帝更加火上加油，他利用的是信仰自由的办法，我们的国王们则刚刚利用这个办法来阻止混乱：可以这么说，放松对各方的控制，能让他们维持自己的观念，这是扩大和传播分裂。这差不多就相当于推波助澜支持分裂，因为再也没有任何法律的屏障可以控制和阻止分裂的势头。可是从另一方面，我们也能够说，放松对各方的控制，让他们维持自己的观念，这是通过随和宽松的态度，软化和缓和他们，削弱他们的锋芒，这种锋芒越是稀罕，越是新颖，越是困难，就越是尖锐。可是，为尊重我们的国王们的虔诚，我愿意相信他们实出无奈，因为做不到他们希望做的，才假装扮愿意做他们可以做的。

反对怠惰

韦斯巴芗皇帝身患重疾乃至不治，仍不忘关心国家大事，就连缠绵病榻时，还解决了几件重大国事。御医责怪他这样做不利于身体，他却说："一个皇帝必须以身殉职。"我觉得，他说得好，这是一个伟大的国君应该说的话。韦斯巴芗之后，阿德里安一世也说过类似的话。应该经常提醒帝王们思考思考这句话，让他们觉得到他们承担的指挥千军万马的责任并非是等闲之职，如果国王无所事事，或者只是做一些骄奢淫逸的事情，只注意自己夸夸其谈，不认真听别人说话，肯定会让他的臣民厌恶不已，不愿为他赴汤蹈火，抛头颅洒热血。

有人坚持认为，与其国王亲自指挥作战，不如叫人代劳，这样的例子到处都是：有的国王让副官指挥重要战役，有的即使亲临战场，却成事不足，败事有余。可是，大凡骁勇刚毅的君王都无法忍受这一耻辱的劝告。借口保护国王的脑袋犹如保护圣人的塑像，留着脑袋保证国家的命运，这刚好相当于罢了他们的职，说明他们没有能力，可是他们的职责正好是指挥打仗。我知道有个国王情愿上战场挨打，也不愿意看着别人为他卖命，而他自己却呼呼大睡，见到下属在他不在场时做出惊天动地的事，就会羡慕不已①。谢里姆一世日，君王不亲临战场而获得的胜利是不完整的胜利，我觉得此话非常道理的。他还应该说，哪位主帅如果硬说自己为胜利感到光荣的话，他应该脸红，因为如果

---

① 指亨利四世。

没有在现场、在鏖战中发出的命令和指示，就不能给君王带来荣誉。如今几乎没有国王能够坚定不移地履行自己的职责。奥斯曼血统——世界第一大好战的血统——的君王们热烈同意君王亲自指挥打仗。但是，巴耶塞特二世和他的儿子却反其道而行之，他们躲在家里花费大量的时间干别的事情，让他们的帝国受尽侮辱；奥斯曼帝国当今苏丹穆拉德三世，走了他们的老路，也逐渐和他们相同了。英格兰国王爱德华三世在谈到我们的国王查理五世时，也这样说："从来没有一个国王比他更少拿起刀枪，也从来没有一个国王给我带来过这么多的麻烦。"没有理由觉得这句话是奇谈怪论，信口雌黄，没经过认真思考。有些人想把卡斯蒂利亚和葡萄牙的国王们也当做尚武、高贵的征服者行列，我是不敢认同的：因为在离开他们闲置的住所一千二百法里外的地方，通过官兵的努力，他们成了新大陆的主人：我们要清楚的是，他们有没有勇气亲自去印度感受一下征服者的感觉。

尤里安皇帝说得更深刻，说一个哲学家和一个诚实的人不应该仅仅呼吸，换句话说，不能使身体的需要只满足于能够得到的东西，而要让身心在崇高、伟大和英勇的事业中忙碌。假如有人看见他吐痰或者出汗，他觉得是一件难为情的事（有人对于斯巴达青年，色诺芬对于波斯青年，也说过差不多的话），因为他觉得，不停的操练和工作，控制饮食，已把这些多余的休液消耗完全了。塞涅卡也说过类似的话。他说，古罗马人曾以此来教育他们的青年："他们不教孩子们学习必须坐着学的东西。"

要求死得有益和刚强，这是一种崇高的愿望。但是能否做到，不但取决于我们的决心，还要看有没有机遇。很多人下了决心不是战胜便是战亡，却都不能未遂心愿：他们有的身负重伤，有的锒铛入狱，这让他们的心愿成为一场空，不得不苟延残喘地活下去。 有一些疾病会打击我们的愿望和认识。 不久之前，非斯国王阿布杜勒. 马利克打败了葡萄牙国王塞巴斯蒂安，这一天因三个国王阵亡而闻名于世，葡萄牙王位也转交给了卡斯蒂利亚王国。 但是，当葡萄牙人手持武器进犯的时候，阿布杜勒国王就已身患重病，而且情况一天比一天差，命在旦夕，他自己也感觉到死日已来临。 从没有人比他更充分更荣耀地使用自己。 的身体已经十分虚弱，无法出席隆重的进营仪式。 依照摩洛哥习俗，那仪式非常壮丽，要做一系列动作，他只能把这份荣誉让给他的兄弟。 但是，他也就在这一点上作让步，指挥官的别的职责，必要而确实有用的事情，他都非常努力和及时地做了；他身体是躺着的，可他的判断力和勇气却站得直直的，他一直持续到最后一口气，或者更久。 他能够对不知轻重地攻打他国土的敌人持续构成威胁；他的心情非常沉重，他知道自己时间不多，却没有人可以替代他指挥军队作战和治理混乱的国家，他希望花费所有血的代价，宁肯冒着任何大的风险，也要取得这场战争的胜利，而另一个胜利他已握在手中，万无一失。 于是，他尽可能延长生命，消耗敌人，诱使他们离开他们在非洲海岸的海军和要塞，直到他生命的最后一刻，他专门把这一天保留到这个伟大的日子。 他把队伍围成一个圆圈，从四面八方把葡萄牙人团团围住；他那排成包围圈的军队一层又一层，不但让葡萄牙人在战斗中碍手碍脚，并且溃逃起来也四面遇敌；这位年轻的国王英勇又会打仗，再加上葡萄牙人被团团包围，所以这一仗打得尤其激烈。 葡萄牙人见到一切退路已被切断和封锁，只好相互拥挤在一起（"他们被杀得遍地横尸，逃跑者挤成一团"），结果是尸体叠尸体，胜利者取得了血腥的完全的胜利。 他已奄奄一息，但是什么地方需要，他就让人把他抬到什么地方，沿着一列列队伍，给将领和士兵们加油鼓劲。 但是，他的军队被冲破了一个缺口；他于是不顾劝阻，持剑上马冲了上去。 他尽力想参加战斗，随从们有的牵缰绳，有的扯战袍，有的拽马镫，死命阻拦。 他原本就已气息奄奄，这一努力耗费了他的余气。 人们又让他躺下来。 忽然他从昏厥中苏醒过来，他想告诉大家对他的死要保守秘密，不让这个消息影响了部队的士气，但他的别的一切器官已丧失功能，他就把手指放到紧闭的嘴巴上，用这所有人都知道的手势告诉人们不要声张，接着就咽气了。 有谁在死之前能够像他一样从容不迫，真正地活这么长的时间，死得这么铮铮铁骨？

对待死亡最勇敢最自然的方法，就是看到死亡来临，不但不要惊慌，而且要无所谓，继续过自己的日子，一直到死。 就像小加图一样，当血腥的死亡骤然降临的时候，他仍照样睡觉读书，心和脑子都非常清楚，紧紧地把死亡握在手中。

论罗马的强盛

有人把当前这种可怜巴巴的繁荣和罗马时代的昌盛相提并论，我对这个说不完的论题只能说一句话来指出这些人的头脑简单。

西塞罗著有《家信》一书（语法学家假如愿意能够把这个"家"词取掉，说实话，说是家书并不恰当），有人不用家信而用《准家信》来替代，还能够从苏托尼厄斯《恺撒传》中找出依旧，在里面就有一卷他的书信被叫做《准家信》的，其中第七卷中有一封信是寄给那时在高卢的恺撒，西塞罗在信中结尾的地方重复了对方来信中的几句话："你向我推荐的马库斯·菲列乌斯，我将让他当高卢国王；假如你还有什么朋友要我提升，让他来找我吧。"

对于一个普通的公民，像当时恺撒所处的地位，把某个国家交给谁去管理，这并不是什么新鲜事了。 他夺得了德尤塔鲁斯国王的王国，把它给了帕加姆斯城内名叫米特拉达俤的贵族。他的那些传记作者讲到好几个王国都被他卖了出去。 苏托尼厄斯说他一下子从托勒密国王手中拿到了三百六十万埃居，几乎要把自己的王国卖给他了。

> 加拉太值多少，本都值多少，吕底亚值多少。
>
> ——克劳迪廖斯

马克·安东尼说，罗马的昌盛不是根据它所夺取的财富，而是根据它给予世界的财富来衡量的。 就在安东尼前一个世纪，罗马蛮横地并吞了好几个王国，其中一次我不清楚在其本国历史上还有没有其他事件更能凸显它的威望。

安条克占据了整个埃及，后来还要征服塞浦路斯和这个帝国的别的领地。 正在他取得节节胜利时，盖尤斯·波皮利乌斯奉罗马元老院之命前来找他，同时给他带来一封信，并且表示在他读完信件之前拒绝与他握手。 王爷看了以后说请让他考虑一下，波皮利乌斯用他的棍子在他待的地方划了个圆圈，对他说：

"在你走出这个圈子前给我回答，我好向元老院汇报。"

安条克对这种紧迫而且粗暴的命令感到十分惊奇，沉思一会儿后说："元老院的命令我会做的。"那时波皮利乌斯才像对待罗马人民之友一般向他表示敬意。仅仅因为三行字就放弃了如此庞大的王权，结束了如此难能可贵的繁荣！他后来派遣使者对元老院说得确实也很有道理，他说接到元老院的命令，惶恐不已，就像接到不朽诸神下达的命令。

奥古斯都用战争赢得的所有王国，他不是把它们交还给原来的国王统治，就是把它们当做礼物送给别人。

在这件事上，塔西佗在说到英国国王科吉杜努斯时，用非常强烈的一笔让我们感觉到这种强大的力量："罗马人一直以来就是这样做的，在他们的权威下由他们征服的国王掌握原有的王国，如此一来他们有了顺从办事的国王，把国王当作奴役的对象。"

苏莱曼一世，我们见到他把匈牙利王国和其他国家随意赠送，很有可能他确实更多地考虑了上述看法，而不是他经常挂在嘴上的理由：那么多王国的权力压在身上叫他乐得吃不了！

无病不要装病

马提雅尔的著作里有一首小诗，属于他优秀讽刺短诗中的一首，幽默叙述凯利乌斯的故事。为了不愿去讨好罗马的权贵，参加他们的起床礼仪，服侍他们，跟随他们，凯利乌斯假装自己患了痛风症。为了装得像模像样，在两腿上涂了油，上了绑带，做出来的样子完全像个风湿病人；最后，命运成全了他，他真的得了这种病。

模仿痛苦的本领如此到家，

凯利乌斯的风湿病再也不用装假。

——马提雅尔

我好像在阿庇安的书里也读到过类似的故事。 某人被罗马三执政政府命令为不受法律保护的人，为了躲避跟踪者的耳目，东躲西藏，易容改装，更别出心裁地装成独眼。 后来，他恢复了些许自由，想把长期以来盖在眼睛上的石膏取下来，他发觉那只眼睛在眼罩下真的失明了。

或许因为长期不使用，这只眼睛的视力变得模糊不清，转移到另一只眼睛上去了。 我们也确实有这种经验，当我们遮住一只眼睛，它的视觉活动会由另一只眼睛来完成，让那只不蒙的眼睛看得更清更远。 一样的，马提雅尔讲到的那个风湿病人，由于不活动，再加上绑带与敷药的热量，最后体液积潴引起痛风。

有一群英国青年贵族蒙上左眼，下决心要进入法国，直到打败法国人立功受奖完成才把眼罩摘掉。 我在傅华萨的著作中看到这则故事，心里难免在想，他们为了情妇宁愿远征，要是他们也得了别人一样的病，跟情妇相遇时岂不是全都成了独眼龙。

做母亲的看见孩子装扮瞎子、瘸子、斜视，或者其他残疾，她们一般都会呵斥孩子，她们这么做是对的。 因为除了他们身体虚弱会养成坏习惯，我不清楚什么道理还认为，命运会罚我们弄假成真；我听说过好几个例子，说有人装病装得成了真病。

我养成了一个习惯，就是在任何时候，走路也好，骑马也好，手里拿根手杖或棍子，甚至假装风雅，矫揉造作地撑着。很多人告诫我装模作样，总有一天命运会让我弄假成真。 我安慰自己说，这样我将会是家族中的首个风湿病人。

我再多说几句，为这一篇再增添一点有关失明的例子。 大普林尼在《博物志》中讲到一个人，睡觉时幻想自己成了盲人，第二天醒来真的瞎了眼睛，而之前并没有这类病史。 就像我在其他地方说的，想象的力量之大是可以促成事情发生的；看来大普林尼认同这个观点；更有机会的是身体觉得的这些活动导致大脑做梦。 医生假若去找是能够找出这些使他眼瞎的活动的。

我们再补充一个与本文相关的故事，这是塞涅卡在他的一封信中讲到的。 他在给卢西里乌斯的信中说："哈帕斯特是陪我妻子作乐的女丑，从上一代就留下来住在我家的，因为按照我的情趣来说，我很不喜欢这些怪物；假如我真的想要一个弄臣取乐，就不需要到远处去寻找，能够拿自己来嘲讽。 这个女丑忽然双目失明。 我告诉你一件非常奇怪，但是千真万确的事。

"她一点不认为自己眼睛瞎了，不断地催促她的看护人带她出去，因为她说我的屋子里一片漆黑。 我们笑话她，请你相信这种事谁都会发生的。 没有人承认自己吝啬，自己嫉妒。 瞎子至少会让别人领着走，而我们则自己走上歪路。

"我没有什么野心，可以这么说吧，但是在罗马没有野心就不能生活；我不挥霍，可是这个城市命令大家花大钱；假如我动不动就发火这不是我的过错；我如果还没有成家立业，这就是青春的过错。 我们不要去身外找我们的恶，恶就在我们心里，它钻在我们的内脏里。 我们假如不认为自己病了，这会让病更难治好。 倘若不早点开始想到，那时全身都是伤与病又如何呢？

不过我们还有一种良药，它就是哲学。因为别的药要等治愈后才让人觉得快乐，而这个药治愈的同时就让人快乐。"

塞涅卡在信中所说的这些话使我偏离了正题，不过谁都没有损失就是了。

怯懦是暴虐的根由

我经常听人说，怯懦是残忍之母。

按照我亲身体会，这种邪恶而非人道的、乖戾而粗暴的勇敢，常常伴有女性的软弱。有些人暴戾恣睢，很容易为一点小事而哭泣。费莱阿的暴君亚历山大无法容忍剧院里演悲剧，害怕他的臣民们见到他为赫卡柏和安德洛玛刻的悲惨遭遇悲叹伤心，他曾经连续多日毫不留情地下令屠杀老百姓。是不是心灵的软弱让他们变得这么仁慈？

当敌人任我们摆布时，我们就无法英勇了(遇到抵抗，人才变得英勇)，但是，如果怯懦者同样地欢庆胜利，既然无法扮演这第一个角色，那就宁愿演第二个角色，大肆杀戮；让双手染满鲜血。胜利后的大屠杀常常是民众和辎重军官们干的；在民众的大厮杀中出现闻所未闻的残忍事件，是因为民众想锻炼自己，他们认为在别的方面不能逞英雄，就组织起来，大肆杀戮，直到血染双肘，把脚下奄奄一息的身体撕得粉碎。

> 怯懦的狼、熊和所有最卑劣的野兽，
> 猛烈扑向垂死者，
>
> ——奥维德

正如那些胆小的家犬在野外狩猎时无所作为，在家里撕扯和争夺猎物却疯狂有加。 是什么让我们如今的争吵变得鲜血淋淋的呢？我们的祖先只进行一定程度的复仇，我们却从最极端出发，一上来就大杀大砍，假如说这不是怯懦所致，又是什么呢？大家都知道，勇敢无畏、大义凛然能够比消灭敌人的肉体更有效地打击敌人，能够比死亡让敌人感到更大的屈辱。 除此之外，复仇的欲望更轻易得到满足，因为复仇仅仅为让人觉得我们在复仇。 因此，我们不会向一头咬伤我们的野兽或一块击伤我们的石头发起攻击，因为它们觉察不到我们的复仇。 把一个人杀死了，他不就觉察不到我们的复仇了吗？

布亚斯对一个恶人喊道："我知道你迟早将受到惩罚，我只担心看不到你受惩罚的那一刻。"他抱怨奥尔霍迈诺斯人惩罚利西斯库斯对他们的背叛惩罚的时机不对，因为对此惩罚感兴趣的并且能够从中得到快乐的人已经一个不留了。 复仇也一样。 受报复的人一旦失去感受报复的能力，这样的报复总让人感到不够过瘾，因为，就好像复仇者想从复仇中得到快乐一样，被复仇者也应当从中得到痛苦并感到后悔。

我们说，他会后悔莫及的。 但是，我们朝他脑袋上开一枪，还能觉得他会后悔吗？刚好相反，假如我们一枪打死他，他倒下时会充满敌意地朝我们做鬼脸，他不但不会后悔，还会对我们不满意。 而我们却为他提供了人生中最好的服务，让他迅速而毫不痛苦地死了。 我们要东躲西藏，逃避法官的跟踪追击，他却安安静静，没有人吵。 杀死他，对我们而言意味着将来不再受他的进攻，却对他复仇不利：这样做，惧怕大过无畏，谨慎大过勇敢，防御大过进攻。 显而易见，我们由此放弃了报仇雪恨的真正目标，没有考虑这么做对我们的名声不利；这是担心他活在世上，还会朝我们发起进攻。

你杀死他，并非为了对付他，而是为了保护你。

这种做法，在纳森克王国是没有意义的。 在那里，不仅是战场上的武夫，就连手艺人也随时准备用棍棒解决争执。 谁想格斗，国王完全不会阻拦，倘若是贵族决斗，他还会在一旁观战助威，分出胜负后，会赏给赢者一条金链子。 可是，假如别人也想获得那条金链，可以同受国王赠与的人进行决斗；他胜出了一场打斗，还将有一场接一场的打斗等着他呢。

假如我们想堂堂正正地一直控制敌人，对他们为所欲为，那么，看到他们脱离我们的控制，例如，见到他们死去，我们会非常愤怒。 但我们却更想用稳妥的方法来获胜，而并非决斗一场；我们首先寻求结束争端，然后才想到如何体面地胜出。 阿西尼乌斯·波利奥是个有教养的人，他也犯过一样的错误：他写了篇批驳普兰库斯的文章，可是等他死后才发表。 这与其说是在冒险发泄愤怒，还不如说是对着瞎子做鬼脸，对着聋子骂粗话，用刀子割死人一样；因此，有人批判波利奥说，只有调皮的孩子才会同死人战斗。 对于一个想以文章进行反驳，不愿意看到对手马上死去的人，面对波利奥的做法，除了说他是一个弱者，说他庸人自扰之外，我们还能说什么呢？

有人告诉亚里士多德某某人说了他坏话，亚里士多德答道："他能够做得更过分，能够鞭挞我，只要我不在场。"

我们的父辈总是据理力争，为自己洗冤，如此而已。 他们英勇刚毅，对活着的和受我们攻击的敌人一点也不怕，而我们见到敌人活蹦乱跳，就害怕的得浑身打战。 如今，我们不是遵循一种漂亮的做法，不管是我们得罪别人还是别人得罪我们，我们都一概追究到底，把他们置于死地吗？

在格斗中，我们还引入了一种做法，让第二者、第三者、第四者陪在我们身边，这也是一种卑怯的行为。 这种搏斗从前称之为决斗，而今天成了战斗和搏斗。 发明这一做法的人恐惧孤独：因为每个人都不相信自己。 自然而言的，有人在身边陪伴，在你处境危险时，能带给你鼓舞和安慰。 以前让第三者在场，是为了防止出现犯规和不公正的情形，为了给战斗的命运当证人。 当时，自从第三者们加入战斗以后，被邀者就不会乖乖的当观众了，因为所有被请来做公证的人都不可避免地会受到缺乏同情心和胆小怕事的责难。

靠别人的力量和胆量来捍卫自己的荣誉，我认为，这种做法不但不公正，不体面，并且对于一个勇敢而十分自信的人来说，将自己的命运同第二个人的命运联系在一起，是有百害而无一利。 每个人为自己所冒的危险就已经够多了，如何可以再为另一个人去冒险！各人靠个人的勇敢保卫自己的生命已十分艰难，如何能够再让其他人来危及宝贵的生命！因为二对二交战，是相互捆在一起的格斗，除非事先明确商量好照相反的规则行事。假如你的助手被打倒在地，理所当然，你得承担起两个人的责任。 有人说，这二对一的攻击是软弱的攻击，的确是这样，这就像是你自己全副武装，进攻一个只剩一截剑的人，又或者你自己安然无恙，攻击一个身受重伤的人。 可是，假如你在搏斗中取得这样的优势，你理所当然地可以利用它。 力量的悬殊和不等只是在战斗最初时应该考虑。 再者，你要责怪就责怪命运吧。 当你的两名助手已受伤死亡，你要一人独自对付三个人的时候，对方对你的优势是无可厚非的，就好比在战争中，当我看见敌人同我们的一个人搏斗，我会自然地刺敌人一剑。 根据同盟的性质，哪里有群体的争斗(比如，我们的奥尔良公爵向英格兰国王亨利挑战，一百对一百，阿尔戈斯人和斯巴达人作战，三百对三百，贺拉提乌斯兄弟与库里阿提乌斯兄弟之间的战斗是三对三)，每一方的人数再多，也只被看成一个人。 只要有朋友介入，危险性也就变得模糊，而且将由大家共同承担。

我在这么说的时候，有一个与家庭利益密切相关的考虑。我的一个兄弟马特科隆老爷受邀去意大利给一位不怎么认识的绅士助战，那人是被另一个人叫来格斗的。 在这场决斗中，马特科隆的对手恰巧住得离他家更近一些，互相也更熟悉一些(我希望有人为我解释一下那些格斗规格，这些规则常常与符合理性的法律相悖)；他杀死对手后，看见决斗双方的主人还没有分出胜负，就去帮助他的伙伴了。 他可以不这样做吗？莫非要袖手旁观，看着对方——假如命该如此的话——杀死他的伙伴？他不就是为着保护朋友的生命安全来到这里的吗？到目前为止他所做的仍旧无补于事，因为谁死谁活还不一定。 在你的敌人已遭受损失位于劣势时，你可以以礼相待，可是，假如你是在为其他人效劳，你仅仅是随从，并非是纠纷的主人，在这种情形下，我看不出你怎样可以做到对敌人礼貌相待。 我的兄弟答应为其中一位提供支援，他无力在其中做一个公正和谦恭的人。 因而，在我们国王及时而郑重的要求下，我兄弟能够从意大利监牢中释放出来。

一个没有节制的国家啊！我们不满足于将我们的恶习和荒唐臭名传遍全世界，还要跑到别的国家去让人家看一看我们的风采。你把三个法国人放到利比亚的沙漠里，不出一个月，他们就会发生内讧，互相争吵和伤害；跑到外国去决斗，完全就是为了让外国人，特别是那些乐于嘲笑和讥讽我们恶习的人从我们的悲剧中获得消闲解闷。

我们去意大利学习剑术，刚了解一点皮毛，便拿我们的生命来做练习。可是，依照训练的次序，应该把剑术理论放在实践之前，而我们恰恰与学习原则背道而驰。

　　　　这是对青少年的残忍考验，
　　　　对未来战争的痛苦训练。

　　　　　　　　　　　　　　　——维吉尔

我很清楚，学会这种技艺是非常有用的（在西班牙，曾有两位表兄弟亲王决斗，依李维说，年长的那位武艺高强，足智多谋，年轻的那位迷茫不知如何是好，因此，年长的轻而易举战胜了年轻的）。我自己也看见过，有人会因此自我膨胀，行事超越自己的实际能力。可是，了解剑术，并不是真正的勇敢；那是以机智为依托的，其基础不是自己。决斗的荣耀在于比赛勇敢，并非技艺。所以，我曾看见我的一位朋友，素日安以精通剑术而远近闻名，在决斗时，却选择一种令自己无法施展长处，一种完全依赖机会、随意性很高的武器，以免人家把他的胜利归结于他的剑术而不是他本人的勇敢。 在我小时候，贵族们不喜欢有好剑手的名誉，觉得这是一种侮辱，学剑时小心翼翼，避人耳目，似乎这是一种技能性行当，是一种超越自然的勇敢气质的真功夫。

> 躲避、躲闪、躲开，他们讨厌之极，
> 在他们的决斗中技巧没有立足之地。
> 或直接，或迂回，剑剑货真价实，
> 愤怒和疯狂压倒一切，毫无技艺可言。
> 请听铁剑相击叮叮当当惊心动魄，
> 他们依旧坚持战斗，决不后退半步，
> 脚站得稳稳当当，手不停地出击，
> 时而剑尖时而剑刃剑剑刺向敌人。
>
> ——塔索

我们祖先习武是用靶子，在围墙内进行骑士比武，这是在学习战争；而习剑仅仅为了个人目的，因此显得不够高尚，它教我们不顾法律和正义，互相残杀，造成不可弥补的生命财产的损失。 习武就应当学习些有利于安国定邦而不是有损于国家、有利于人民安全和国家荣誉的武艺，这才是比较合适、值得称颂的习武。

罗马执政官普布利乌斯·卢提利乌斯是教育士兵科学机动地使用武器的第一人，他把技艺和勇敢结合起来，而且不准用于私人争执，只能用于罗马人民的战争。 这是人民大众的舞刀练剑。 在法萨卢斯战役中，恺撒要求他的士兵主要砍击庞培士兵们的脸部。 除恺撒外，别的许多将领也考虑过发明一种新武器，一种依据需要进行出击和防御的新型武器。 菲洛皮门反对他擅长的格斗，因为练习格斗所需的准备时间与战场上战士实际可能付出的时间相差悬殊。 他觉得军事训练是正直人仅有的应该感兴趣的。 我同意菲洛皮门的看法。 我认为，训练四肢的灵活性，让年轻人在这新式的训练中学习迂回和动作，在事实上不仅没有用处，甚至背离实战的应用，对它们而言是破坏作用。

所以，在习武中，我们经常使用与打仗有关的武器。 我看到，别人用剑或者匕首挑衅一位绅士，他却以全副作战装备出来迎战，一般都会被觉得是不大合适的。 在柏拉图的对话里，拉凯斯在谈论与我们类似的习武方式时说，他从没见到这样的训练方法造就过一个伟大的将领，而仅仅是一些战争指挥官。 拉凯斯的看法非常值得重视。 至于剑术高手，我们凭经验也有诸多说法。 至少，这是完全没有联系的技能。 柏拉图讲到他的理想国中的儿童教育问题时，点出要禁止教他们使用拳头(由阿密斯科多和厄佩乌斯发明)和格斗(由安泰俄斯和刻耳喀翁传入)，因为这些打法的目的不是为战争服务，对打仗毫无帮助。

下面举的事例有点极端。

东罗马皇帝莫里斯梦见，并且有不少预兆向他表明，一个叫福卡斯的无名小卒将要把他杀死，他向女婿菲利浦打听这名士兵的身份、品性、生活方式和行为方面有些什么特点。 菲利浦回答时，特别提到了福卡斯是个胆怯而又卑劣的人，莫里斯皇帝马上下结论说，那是个残暴成性的杀人狂。 是什么让暴君们这么嗜血成性？这是因为过于担心自身的安全，怯懦的心理使他们缺乏安全感，只得把可能伤害自己的人乃至妇女斩尽杀绝，以绝后患。

　　害怕一切，便打击一切。

——克劳笛乌斯

　　最初的残暴表现在事情本身，继而就理所当然地产生一种害怕报复的心理，便又进行一系列新的暴虐，用词来淹没之前的暴行。　马其顿国王腓力，就是那位与罗马人有处理不完纠纷的国王，曾下令大肆屠杀罗马人民，之后又惶恐不安，面对在不同的时期经历苦难的众多家庭，他无法找到任何解脱的办法，因此他决定把被害人的遗孤统统抓走，把他们一个个杀死，以求睡得安宁。

　　不管你把好的材料放在哪里，好材料终究是好材料。　我这人一向注重话语的分量和用处，而并非它们的次序和连贯，所以，我不怕在这儿或那儿插入一段美丽的故事。　在被腓力五世杀死的人中，有一个人叫赫罗迪斯库，是色萨利的一位君王。腓力五世杀死他，又杀死了他的两个女婿，只剩下一个年幼的儿子。　泰奥克塞娜和阿尔科是他们的遗孀。　虽然追求的人很多，泰奥克塞娜迟疑不决，下不了改嫁的决心。　阿尔科则嫁给了埃涅阿斯后裔中的佼佼者波里斯，跟他生了很多孩子，可她去世时孩子还很小，泰奥克塞娜出于对侄儿们慈母一样的怜爱，也为了教育和保护几个侄儿，便毅然嫁给了波里斯。　可是腓力五世发布了诏书。　这位勇敢的母亲猜到腓力五世会对美好而娇嫩的青少年实行暴行，他的打手们会对他们为所欲为，便说宁可亲手杀死孩子，也不把他们交给暴君处置。 波里斯见妻子反抗，非常惊恐，同意她把他的孩子们悄悄带到雅典，寄养在一些忠诚可靠的人家里。 他们趁一年一度的埃涅阿斯节逃开故乡。 白天，他们参加了庆典活动和宴会，晚上，则趁着夜色登上早已准备好的船只驶向大海。 那天正好遇上逆风，行了一夜，仍依稀可辨他们离弃的故土。 他们身后有港口的卫兵在不停追赶。 眼瞧着敌人追上了，波里斯督促船工加速逃跑，泰奥克塞娜非常愤怒，对孩子深切的爱和对敌人刻骨的恨迫使她又想起了她原来的计划。她准备好武器和毒药，把它们放到孩子们面前，对他们说："看，孩子们，如今，死是保护你们、给予你们自由的仅有办法。 死是诸神神圣司法的内容。 这几把出鞘的剑，这几杯毒酒，将为你们把大门打开：拿出勇气来！于你，我的儿子，你是老大，你要紧握这把利剑，死也要死得伟大。"一边是激烈相劝的怒亲，另一边是杀气腾腾的敌人，孩子们一拥而上，各自抢走距离自己最近的东西，他们还没有断气，就被扔进了大海里，泰奥克塞娜为自己的所作所为感到十分骄傲，她热烈地抱住丈夫，对他说："朋友，我们跟孩子们去吧，和他们葬在一起。"说完，他们相拥着跳进海里。 那条船什么也没有得到，只好返回岸边。

暴君们不但想杀人，而且还要让被杀者感到他们的狂怒，所以使出浑身解数，尽可能延长死亡的过程。 他们要敌人一点点死去，不能死得太快，以便让死者有时间慢慢品味被复仇的味道。 他们在这方面遇到了很大的麻烦，因为用刑过烈，死得就快，反之，死得缓慢，刑罚就不会太痛苦。 因此，他们在刑具中细细挑选。 这样的例子在古代数不胜数，可我不清楚我们是否无意地保留了这些野蛮行为的印迹。

我觉得，一切引起非正常死亡的行径，都是纯粹的暴行。有些人虽然怕死，怕砍头或上绞刑架，但是仍旧做错事，对于这类人人，我们司法机关不可能希望用火刑、钳烙刑或车轮刑来防止他们犯错误。 我不知道在这个过程中，受刑人是否因此而陷入绝望的境地，因为绑在车轮上，或依照古老的办法钉在十字架上，二十四个小时等待死亡，他们的内心会处于怎样的状态？犹太史学家约瑟夫斯叙述说，罗马人在犹太发动战争期间，他从某地路过，那里三天前有几个犹太人被钉在了十字架上，他发现其中三个是他的朋友，经交涉获得批准将他们从十字架上放下来，他说，其中两个人死了，另外一个后来被救活了。

卡尔科孔狄利斯，一个可以信任的人，在回忆录中叙述了他那个时代周遭所发生的事，他提到穆罕默德二世经常使用的极刑是用大刀把犯人活生生地拦腰砍成两截，这样，他们死时就好像同时死了两个人。 他说，那两段依旧充满生命的躯体要挣扎的时间很长，痛苦不已。 我不觉得身体斩成两段后，还会有很痛苦的感觉。 最不堪入目的酷刑不一定最难忍受。 别的一些历史学家讲到了穆罕默德二世对埃皮鲁斯的某些领主采取的酷刑，我觉得这些刑罚的残酷性比起腰斩来有过之而无不及：他命令极其仔细地把他们的皮肤剥下来，导致他们在非常恐慌不安中苟延残喘了十五天。

还有两种残酷的方法。 克罗伊斯命令逮捕一个贵族，是他兄弟潘塔莱翁的宠儿，他把那贵族带到一位制呢工的作坊，用梳毛板刷和梳子梳刮他，直至他被刮死。 另一个例子是乔治·塞谢尔，波兰的农民领袖，他以讨伐的名义，干了罄竹难书的坏事。 他在一次战役中在战场上被特兰西瓦尼亚省省长打败和俘获，赤身裸体绑在拷问架上三天三夜，承受种种非人的折磨。在这段时间内，战胜者不给别的战俘送吃送喝，最后，趁他还活着还睁着眼睛的时候，刽子手们让他亲爱的兄弟喝他的血，他请求刽子手放过他的兄弟，独自担负了所有罪责。 接着，人们又让他最喜欢的二十名军士生吞活剥他的肉体，待他死后，再把他剩下的躯体和内脏煮熟，让他的别的部下吃掉。

万事皆有自己适宜的时机

有人把当监察官的加图和自杀身亡的加图作比较，实际上，这是两位品质优秀，十分相似的人。 大加图充分利用自己的天性，他在军事和公众事务方面都出类拔萃，卓尔不群。 而小加图除了魄力不一般（在这点上，假如将别人和他同日而语，那是对他的侮辱），他的德行绝无瑕疵，比大加图更高一等。 因为谁可以为大加图的嫉妒心和野心进行辩解呢？他竟敢诋毁西庇阿的荣誉，可西庇阿极富仁爱之心，在善良和其他品德方面超过同时代任何人。

对于大加图，人们评论最多的，是他在衰迈之年以极大的热情开始学习希腊文，好像是为了满足长期以来的渴望。 可我却对此不敢赞同。 这正好是我们所说的耄耋期的幼稚行为。 每件事情皆有自己适宜的时机，包括好事和所有事物。 我念祷文也许也念得不是场合，就像弗拉米尼努斯所做的那样：当年身为军队的统帅，在战斗打响的时候却只顾着向上帝祈祷，虽然他最后打赢了这场仗。

> 聪明人就连做善事也有界限。
>
> ——尤维纳利斯

欧德摩尼达斯见色诺克拉特在桑榆之年，依旧孜孜不倦于学校的功课，就说："他如今还学，什么时候能学通！"

有人高度赞扬托勒密一世，说他每天都操练武器强身健体，菲洛皮门却不觉得，对他们说："跟他这样的年纪的国王还操练武器，完全不是件值得夸奖的事。他早该真刀真枪干过了。"

智者说，年轻人应该充足准备，老年人应该学以致用。根据他们观察，人类天性之最大的弱点，在于欲望层出无穷。我们总是重新着手生活。年纪高大时，我们的忧虑和欲望本应同我们的年龄相适应。我们总是追求新的开始，但是，我们的热情和欲望最终都有衰老的一天。

> 行将就木时，你切凿大理石造坟建墓，
>
> 忘掉了是坟墓，而造的是住宅。
>
> ——贺拉斯

我最远大的规划不超过一年。至此，除去死亡，我没有其他思虑。我抛开所有新的希望和计划，朝我即将离弃的地方——告别，日复一口，我所拥有的东西逐渐丧失殆尽。

一直以来，我无所得也无所失，剩下的盘缠支付剩下的旅程绰绰有余。

> 我活过了，走完了命运指定给我的道路。
>
> ——维吉尔

上了年纪后，我逐渐摆脱了许多困扰我生命的欲望和烦恼，不再关心世界的发展，不再担心财富、荣誉、知识、健康和自我，我觉得如释重负，轻松无比。

有人在应当学会长久沉默的时候，却开始学习说话。

一个人在任何时候都可以继续学习，但是学习不等于上学：须眉交白还在学习 ABC，难道不是很可笑！

> 不同的人有不同的爱好，不是所有的
> 东西合适所有的年龄。
>
> ——韦加卢斯

如果真的必须学习，那就必须学习符合我们自身实际的东西，如此一来，我们就能够像一位古人那样回答：有人问他，为什么老了还要学习，他答道："为了更好更自在地辞别人世。"小加图在知道自己的生命已经所剩无几的时候，也是这么学习的，他还在学习柏拉图的灵魂永恒论。倒不是由于他对死没有思想准备，反之，他早就做好了准备；他自信，坚强，知识渊博，他都超过了柏拉图在书中所提出的要求；他的学识和勇气为任何哲学所不如。他这样做的原因，并不是为了帮助自己死亡，而是不希望选择，不希望改变，同以前一样地学习，继续着他人生中的日常劳作，就好像人们不愿意为思考一件重要的事情，而打断自己的睡眠。

他失去法官职位的那个晚上，是在玩乐中度过的；在行刑的那个夜里，他在阅读：失去生命也好，失去公职也好，他都十分坦然。

论勇敢

我凭经验觉得，冲动突发的精神力量和坚定持久的处事风格是非常不同的两回事。我见到，我们无所不能，就像有人说，我们甚至能够超越神祇，因为这时候，我们对自己已无动于衷，不再是以前的状态了；甚至，我们能够把上帝的决心和信心用来弥补我们的无能。可这不是习惯性的。在过往著名英雄的传记里，有时候会出现一些远远超过了自然力的奇迹，可那不过是冲动性行为。难以相信，人们能够让自己的心灵永远处于这种超凡入圣的境地，从而导致成为寻常的仿佛是自然的状态。我们仅仅是蒲柳之质，但是有时候在别人的言语或榜样的激发下，我们的心灵会非常冲动而超越常规。可那是一种激情在鼓励和扰乱我们的心灵，让它兴奋激昂，无法自己，因为这旋风般的激情以后，我们见到，心灵就会在没有察觉的过程中松弛下来，不说完全，起码也不再是原先的样子。这时，我们就变成了俗人，见到一只鸟儿死了，或一只杯子碎了，都忍不住要激动一下。

我认为，对一个有缺陷不完整的人来说，什么事都可以做，可是就无法做到条理、节制和坚持。

因为这个原因，智者说，为了正确地判断一个人，第一要观察他平常的一举一动，不经意地看他每天干些什么。

皮浪在无法获知的基础上，创建了一种非常有趣味的学说。他像所有真正的哲学家一样，竭力使自己的生活符合自己的学说。 他坚持相信，人的判断力非常薄弱，不能够有什么倾向性的意见，主张对事物不下判断，让其永远悬而不决，把一切事物看做不可确定，因此，据说他从来都是一个姿势一副面孔。 如果他已开始演说，就算听众已经走掉，他也必须要把话讲完；假如他走路，就算遇到障碍，他也无法停下来，他的朋友们必须时时刻刻保护他，否则他就会掉进深渊，与马车相撞，或发生别的意外。 因为，他的信念不容智慧有任何选择和确信的余地，害怕或回避都会猛烈撞击这种信念。 有些时候，他竟然将自己的皮肤割破或烙伤，坚强地忍受着，连眼睛都不眨一下。

这些事，仅仅是在心里想一想，就不是一件容易的事，使自己的行为符合思想则更不容易。 可是，这也不是完全办不到。可是，像这样异乎寻常的做法，他却可以坚持不懈、顽强不屈、成了家常便饭，这实在是让人难以置信的。 有时，人们在他家里看见他正在狠斥他的姐妹，便责怪他并不是对所有都无所谓，他却说："怎么，难道还要让这个小女人来见证我的原则吗?"还有一次，有人砍价他同一条狗搏斗，他对那人说："人是很难抛却一切的；应该随时准备并努力同所有作斗争，必须行动，假如行动做不到，最起码要体现在理性和口头上。"

大约在七八年前，离这儿十公里的地方有一个村民(到现在还活着)，他由于妻子爱吃醋，早已忍无可忍。 某天，他从地里回来，看见妻子同往常一样，用喋喋不休的抱怨迎接他，便怒火直冒，马上用手里的砍刀把他那让妻子发狂的器官割掉，一股脑儿朝着她扔了过去。

听说，有个多情而快乐的年轻绅士，爱上了一个漂亮的女人，经过坚持不懈的努力，终于赢得她的芳心，正要和情妇颠鸾倒凤时，猛然发现自己软而无力，感到绝望不已。

> 他的生殖器疲软无力，仿佛已经衰老，
>
> ——提布卢斯

回到家里，他马上把生殖器割掉，让这残酷无情、鲜血淋淋的牺牲品去洗涤自己的罪孽。 假如这是经过深思熟虑和出于信仰的缘故，就好比库柏勒①的祭司们一样，那么，对于这么崇高的行为，我们可以说什么呢？

溯多尔多涅河而上，在离开我家大约二十公里的贝日腊克有一个妇女，她丈夫由于心情不好，把她狠狠揍了一顿，她决定用死来挣脱丈夫的虐待。 翌日起床后，她同平常一样，到邻居家串门，在言谈之中留下了如何处置财物的话，接着拉着她的一个妹妹的手来到桥上，在跟她告别后，就像好玩似的，非常平静地跳进河里，溺水而死。 在这个案子里特别有一点，她的这个计划在脑海里足足酝酿了一个晚上。

印度妇女的习俗则完全相反。 她们的丈夫有三妻四妾，丈夫死后，最宠爱的一个可以随丈夫而去。 每一个妻子一生的追求，就是和其他人争夺恩宠及这个特权。 她们仔细伺候丈夫，

---

① 希腊罗马神话象征生殖之女神。

不为别的，只为获得丈夫宠爱，最后可以在黄泉路上伴其左右。

火把刚刚扔到焚尸的柴堆上，

蓬头散发的妻妾们一拥而上，

开始你争我夺为给丈夫陪葬。

输者觉得体面扫地，无颜见人，

赢者欣喜若狂，纵身跃入火中，

灼热的玉唇贴在丈夫的嘴上。

——普洛佩提乌斯

有个人写道，他见过这种今天仍在东方民族里流行的习俗，殉葬的不只是妻子，还有奴隶。下面讲一讲具体的做法。丈夫死后，假如妻子愿意（很少有人愿意），能够要求宽延两三个月来安排后事。那一天到了，她骑上马，打扮得像参加婚礼一样，满脸喜气洋洋，说要去和丈夫一起安息。她左手拿一面镜子，右手拿一把箭。在这样节日般欢乐的亲朋好友及人群的簇拥下，非常有排场地转了一圈后，她就立即被带到专门的地方。这是一个大广场，中间有一个堆满木柴的大坑。她来到广场，被带到一个有三四个台阶的土丘上，美美地饱餐一顿。接着，她开始跳舞和唱歌，在她觉得合适的时候示意人们点火。接着，她走下土丘，拉起她丈夫最亲的亲属的手，一起向着附近的一条河走去。来到河边，她把衣服脱光，将首饰和衣服分送给她的朋友，然后，好像为了洗清自己的罪孽似的跳进河里。她从水里出来，用一条长达二十米的黄色布单裹住身体，再次拉着她丈夫那位亲属的手，又登上那个土丘，同乡亲们讲话，假如有孩子的话，把她的孩子托付给大伙。 在火坑和工丘之间，拉起了一道帘子，不让人们看见熊熊燃烧的木柴；有些妇女为了表现自己勇敢，不想在中间拉上帘子。 等她把要说的话说完以后后，一位女子给她端来一罐满满的圣油，让她涂在脸上和身上。涂完之后，她就把罐子扔进火堆，与此同时自己也纵身跳进去。这个时候，人们朝她身上扔去很多木柴，免得她受煎熬的时间太久。 然后他们由欢乐转为悲伤，向她表示哀悼。 假如死者出身卑贱，其尸体就被运到指定的埋葬地，让他保持坐姿，他的女人跪在面前，双手紧紧地抱着他，这个时候，人们在他们周围砌墙，砌到妻子肩膀高度时，她的一个亲人从后面把她的脑袋抱住，把她掐死。 等她死后，墙就迅速砌高然后封死，这对夫妇从此就合葬在里面。

还是在这个国度里，裸体修行者也有类似的做法，并不是为人所迫，也不是心血来潮，而是为了表明自己的信奉：在他们到了一定的岁数，或认为得了什么疾病的时候，他们会要求别人筑一个柴堆，在柴堆上放一张华丽的床，开开心心地款待朋友和熟人后，就动也不动地躺在那张床上，意志坚定，一点也不动摇，点燃火以后，只见他们仍旧纹丝不动。 一个名叫加拉努斯的裸体修行者就是这么死的，而且是在亚历山大大帝的大军面前。

在这些裸体修行者中，只有这样死的人才被觉得神圣和有真福，他们享用尘世间的一切后，让火洗净自己的罪孽，好让灵魂干干净净地升天。

人生进程中这种预先筹划和始终如一，是创造奇迹的原因。

在我们的其他争论里，关于命运的争论占有一席之地。 人们仍旧坚持以前的一个论据，将未来的事物和我们的意愿系于一种确定的和无法避免的必然性上："既然上帝认为事情应该如此发生，他毫无疑问会这么去做，因此事情将不可避免地如此发生。"对此，神学家们回答说，我们见到（上帝也一样，因为所有都呈现在他眼前，与其说他预料到，不如说看见）某事物将要发生，和强迫它发生不一样；甚至能够说，我们因事物发生而看见，而事物不由于我们看见而发生。有事才有知，而不是有知才有事。我们看见发生的事情发生了，但是，它也可能以另一种方式发生；上帝在预料到事物发生缘由的名册上，也写着所谓偶然的原因和有意识的原因，而有意识的原因取决于上帝赋予我们仲裁的自由度，他清楚，假如我们没有见到，那是由于我们不希望看见。

至于我，我看见许多人用那种宿命的必然性鼓励自己的人马：因为假如说我们的死期命中注定在哪一天，那么，敌人枪林弹雨也罢，我们勇往直前或胆怯逃跑也罢，都不能提前或推迟我们的死期。这说起来很轻松，做起来很难。就算一种强大和热烈的信仰可以带动相应的行动，可是，这种经常被我们挂在嘴边的信仰，近几个世纪来已变得非常的少了，并且，就算有信仰，也对行动不屑一顾。

可是，儒安维尔先生在他的《圣路易传》中讲述贝都因人时，也讲到过宗教信仰问题。儒安维尔是一个值得相信的证人。贝都因人是与撒拉逊人混居的民族，圣路易曾在圣地和他们打过交道。儒安维尔讲述说，贝都因人的宗教一直认为，人的寿命一直是命中注定。他们去打仗时，只带一把土耳其短刀和身上披的白布。 在他们对自己人发脾气的时候，最厉害的诅咒常常是："你和全副武装的怕死鬼一样应该去死!"这说明贝都因人是将宗教信仰付诸行动的，这一点和我们不同。

还有一个类似的，由两位与我们父辈同时代的宗教人士提供的证据。 在我们祖先的时代，有两个佛罗伦萨修士在学术问题上产生了争论，他们商量当着全体民众的面跳入火中，以表示各自的决心。 所有的准备工作都已就绪，两人正要跳入火中，这时发生了一个意外，他们就没能跳进去。

在穆拉德二世和匈雅提的战争中，一位土耳其贵族青年见到两军就要交战，一点都不畏惧，奋不顾身，建造了卓越的战功。穆拉德二世看见他乳臭未干、一点经验都没有的样子(这是他第一次亲历战争)，便问他这不一般的勇敢是谁人教给的，他回答说，教他勇往直前的老师是一只野兔。 他说："某一天，我去打猎，发觉兔窟里有一只野兔。 虽然我身边有两只猎狗，可我觉得，为了以防万一，最好把我的弓箭也用上，因为它在和我要聪明。 我开始放箭，把箭袋里的几十支箭都用光了，不但没有射中，并且也没把它惊醒。 因此，我把猎犬放出去，它们也一点办法都没有。 我由此知道命运在保护它，我们的刀剑和箭镞只有顺应天数才能击中目标。 生死由命，我们无法将死期提前或推后。"这个故事应该让我们顺带见到，我们的理性多么轻易向各种形象比喻屈服。

有一位大人物，无论从年岁、荣誉、地位和学问上说都是一位大人物朝我吹嘘说，他的宗教信仰因为受到了外来的激发而产生了非常大的转变。 这种外来的激发就好像是天方夜谭，并且很难自圆其说，我认为这难以置信：他称之为奇迹，我也这么认为，可是意思很不一样。

土耳其的历史学家们说，他们那里普遍传播的信仰认为生命的长短是注定的、不可改变的，这个信念明显可以帮助他们临危不惧。 我所知道的一位伟大的君王，假如命运接着帮助他的话，他就会从这种生命的时效性中大获好处。

在我们这个时代，最令人钦佩的坚决行动莫过于奥兰治亲王①谋刺案了。 让人不可思议的是，在第一个刺客作了力所能及的努力却无法成功并遭到了很惨的下场以后，人们如何还可以激起第二个人的勇气，去完成他同伴未完成的事；后者沿着前者的足迹，使用同样的武器，竟成功地杀死了奥兰治亲王，可是这位亲王刚有过不应该轻信人的教训，无论到哪儿都有朋友相伴左右，身强力壮，客厅里有卫队保护，全城百姓对他忠心耿耿。可以肯定，行刺者使用了坚定不移的手段，狂热激发了他非凡的勇气。 匕首比手枪更值得信任，可用匕首需要更多的手腕活动和臂力，因此更容易偏离或受到干扰。 我很肯定，那位刺客冒着必死的险境，因为，虽然人们能够骗他会成功，可在一个镇静的聪明人的头脑里根本找不到任何希望的位置。 但他成功了，这说明他既不缺乏冷静的判断力，也不缺乏勇气。 产生这么坚定信念的动机能够形形色色，由于我们一时的怪念头会让我们去做它所希望我们做的事。

在奥尔良附近发生的谋杀②事件是前所未有的。 在这次谋杀

---

① 也称沉默者威廉，反对西班牙对荷兰的统治，1584 年 7 月遇刺身亡。
② 指 1563 年 2 月 18 日，波尔特洛·德·梅雷谋杀吉斯公爵。

中，更多的是偶然而并非力量在起作用；要不是命运在中间帮忙，那一枪绝对不会致命；刺客骑着马远远朝着另一个骑马飞驰的人开枪射击，这证明他情愿击不中目标，也不要误了逃跑。随后发生的事情证实了这一点。 因为一想到干了件这么崇高的事，他又是害怕又是兴奋，导致他完全丧失了意识，既不清楚怎么逃跑，也不清楚怎么回答。 他完全能够趟过一条河，去向朋友们寻求帮助。 这办法危险最小，我就曾经用过，我觉得无论河有多宽，趟水而过风险最小，只要马匹能够容易地通过，根据河水可以知道容易上岸就行。 谋杀奥兰治亲王的那个刺客就不一样了：在人们向他宣布恐怖的判决时，他却说："我一直等着了，你们对我的耐心肯定觉得很吃惊。"

阿萨辛派是腓尼基的一个独立的教派。 伊斯兰教徒们认为，他们有虔诚的宗教信仰和一尘不染的习俗。 阿萨辛派坚持觉得，为了能够有资格进入天堂，最稳妥的办法是杀死一个异教徒。 所以，他们藐视个人的安危，努力完成这件大有裨益的事情，一两个人经常冒死闯入敌人阵营，去刺杀①(这个词就借自这一教派的名称)他们的敌人。 的黎波里的雷蒙公爵就是在他的城市里被杀死的。

论发怒

普鲁塔克各方面都值得称赞，人们尤其佩服他对人类行为的评论。 从他对利库尔戈斯和纽默的对比中，能够见到很多值得

---

① 阿萨辛派，在法语是 Assassin，后成为普通名词，意为"暗杀者"。

称道的东西：他觉得把孩子的教育和责任交给他们父亲的做法是十分幼稚的行为。 我们大多数社会，就和亚里士多德说的那样，大部分国家仿照库克罗普斯的做法，让男人按自己愚蠢和轻率的想法管教老婆和孩子，只有斯巴达人和克雷特岛人按照律法来教育孩子。 人人都知道，国家兴旺取决于对孩子的教育和培养，但是我们却非常不慎重，让孩子们任凭家长摆布，无论他们的家长是如何的愚蠢和凶恶。

在此要特别提一件事，我走在街上，见到某个狂怒的父亲或母亲打自己的孩子，恨不得剥他们的皮抽他们的筋，把他们打得死去活来，每次都想挺身而出为眼前的孩子打抱不平！你瞧吧，那些父母就是下面描述的形象：

> 他们怒火中烧，不顾一切地横冲直撞，
> 就好比山塌陷时，一块岩石
> 脱离山顶，垂直掉落下来。
>
> ——尤维纳利斯

他们的声音斩钉截铁，震耳欲聋，更有甚者，他们经常对刚断奶的孩子大吼大叫。 孩子们被打成了残废和傻瓜，司法却熟视无睹，仿佛这些受辱挨打的人不是国民中的一分子。

> 你给国家增丁添口，值得感激，
> 不过必须让他报效祖国，耕耘土地，
> 为和平和战争作出贡献！
>
> ——尤维纳利斯

感情动摇我们的判断力，尤以愤怒为甚。 对于因发怒而错判的法官，谁都会毫不留情地对他处以死刑，那么，为何就同意家长和教师在发火时鞭打和惩罚孩子呢？ 这哪是什么惩罚，根本是报复！ 惩罚是给孩子治病：我们能忍受医生对他的病人发火吗？

我们也要端正自己，绝不应该在火头上动手打仆人。 当我们怒火由心生，心跳加剧，就把事情放一放，等心平气静下来以后，对事物的看法就会完全不同。 激动的时候，是情绪在指挥在说话，而并非我们自己。

一时冲动使我们夸大仆人的过错，就像隔着迷雾看见的事物一样。 饥饿的人，用肉来充饥，但是，想使用惩罚手段的人，不应该期望惩罚。

再言之，有节制的惩罚更容易被受罚者接受，而且效果更好；反之，假如惩罚来自一个暴怒的人，受罚一方会觉得他的惩罚不公平；为给自己辩解，他会列举主人失当的举动：动作粗鲁，脸色变红，口冒粗话，烦躁不已，莽撞轻率。

> 愤怒让他的脸涨得通红，
>
> 两眼喷发比蛇发魔女戈耳工更加猛烈的火焰。
>
> ——奥维德

苏埃托尼乌斯描述说，卢西乌斯·萨图尼努斯被恺撒判决后，向人民求助裁决。 他在人民面前胜诉的原因，就是恺撒把敌意和严酷带进了对他的判决中。

说和做是两回事，必须把二者分开。 有些人企图列举布道师们的恶劣品质，来攻击我们教会的真实性，在如今这个时代，他们倒的确是抓到了小辫子。 教会的真实能够从其他地方得到证明。 把所有都混为一谈，是愚笨的做法。 品行好的人，他的看法也许是错误的，反之，一个坏人，就算不信任真理，也能够宣扬真理。 毫无疑问，言行一致是一种和谐的美。 我承认，言假如有行相随，就更有威信，更有效果。 就像斯巴达国王欧达米达斯听到一位哲学家夸夸其谈战争时说："这些话听起来动听极了，不过说漂亮话的人在所谈的问题上并不可信，因为他的耳朵还没有习惯号角的声音。"克莱奥梅尼听到一位修辞学家高谈阔论勇敢时，忍不住捧腹大笑；那修辞学家又羞又怒，不过克莱奥梅尼对他说："凡是燕雀之辈谈论这个题目，我都会发笑；可是，若是一只雄鹰，我会洗耳恭听。"我在古人的作品中好像发现，直抒己见者与掩饰思想者比起来，前者论述问题更形象有力。 你不如听听西塞罗论热爱自由，再听一听布鲁图对这个问题的评述：掷地有声的文字本身就在告诉你，后者是一个愿意以生命为代价来换取自由的人。 雄辩术的开山祖师西塞罗对蔑视死亡作了讨论，塞涅卡也做了研究：前者的论述拖泥带水，一点意思都没有，你感觉到他在引导你下决心，而他自己却还没有这个决心；他完全不能激发你的勇气，因为他自己缺少勇气。 后者则会燃起你的热情，让你勇气倍增。 我读任何书，就算是谈论德行和公职的，我都要研究 下作者是什么样的人。

在斯巴达，监察官们见到一个道德败坏者有好的建议要向人民提出，就要求他们缄口不语，而另请一位品行良好的人代替他提出这个建议。

细细品味普鲁塔克的著作，能够让我们发觉他是什么样的人，就想更深入知道他的灵魂。 然而，我还是希望大家对他的生平有所回忆。 谢谢格利乌斯给我们留下了有关普鲁塔克生活习惯的一件趣闻，那件事同我评述的发怒有联系。 我对这个故事喜爱极了，虽然它有点偏离正题。 普鲁塔克的一个奴隶，一个险恶且堕落但是听过几堂哲学课的人；那奴隶事情做错了，普鲁塔克命令剥掉他的衣服，用鞭子打他；一开始，他嘀嘀咕咕，说这样揍他一点道理都没有，他没有做错事情；最后，他终于大喊大叫起来，破口大骂主人，骂他自吹自擂，说他不是他所讲述的哲学家，他经常说发怒是丑陋行为，甚至还写书专论发怒，不过他如今暴跳如雷，告诉人这么残酷地鞭打他，跟他书中写的完全不符合。 普鲁塔克听后神色镇静，他慢悠悠地说："怎么啦，乡下佬！你根据什么说我现在愤怒了？我的面孔，我的声音，我的脸色，我的言语，哪个地方让你看出我激动了？我不相信我的眼睛表现了不快，脸上露出了激动，我也没大声吼叫。我脸红了吗？我说话喷口水了吗？我说了一些应该后悔的话了吗？我气得颤抖了吗？发抖了吗？告诉你，这些才是发怒的真正表示。"说完，他转身对手持鞭子的打手说："在我和他争辩的时候，请你继续干你的活。"以上就是格利乌斯讲述的故事。

塔兰托的阿契塔是一次战争的统领，他回到满目疮痍的家乡，由于管家管理不力，土地也荒芜了，便把管家召来，告诉他："快滚吧！如果我没有发怒的话，我就狠狠打你一顿了！"柏拉图也是这样。 某天，他对他的一个奴隶大发脾气，要求他的弟子斯帕西普斯替他惩罚这个奴隶，他解释说自己正在火头上，所以不想亲自动手。 斯巴达国工卡里鲁斯见到一位国有奴隶竟敢对他傲慢无礼，告诉他："如果我没有发火，我绝对马上处死你。"

愤怒是一种自我满足自我膨胀的感情。 在我们没有搞清事实真相而发火以后，假如人们向我们申述有力的辩解，多少次，我们会不管事实和对方的无辜而又气又恼！我在这方面记忆较深的是一个古代的独特例子。 格内厄斯·派索在别的很多方面是个优秀人物。 有一次，他对一个士兵发了怒，因为那人跟一个同伴去割草料，却单独一人回来，又讲不出把同伴丢在什么地方，派索便断言他把同伴杀了，就判处了他死刑，并且命令将这位士兵就地正法。 就在他被拉上绞刑架时，那位迷路的士兵回来了。 全军上下都非常高兴，那两个士兵非常惊喜，在激动地拥抱和亲吻以后，随后，刽子手将他们带到派索跟前。 在场的人都觉得派索会很高兴。 可事实刚好相反：他本来就在气头上，这下恼羞成怒，便气上加气；在突然之间他心里发生了难以察觉的变化：他见到三人中有一个是无辜的，就索性宣布他们都有罪，下令把他们都拉去处死，第一个士兵，是由于原先已有判决；第二个迷路的士兵，是因为他是引起他同伴处死的罪魁祸首；至于那个刽子手，是因为他没有执行上级的命令。

同固执的女人打过交道的人，也许有过这样的经验：当他们用沉默和冷静对付她们的激动，不屑助长她们的怒气时，她们会气得挤眉弄眼，七窍生烟。 雄辩家塞利乌斯是个脾气火暴的人，有一个极易交往、性情温和的人和他一起吃饭，这次，他担心惹塞利乌斯激动，决定不管他说什么都表示赞同。 塞利乌斯见没有找到发怒的理由，不能再忍，就对他说："你倒是反击一下我说的话呀！还是让我们做两个不同的人吧。"那些女人也是这样，她们效法爱情的规则，她们发怒，只是为了让对方也发怒。福基翁同某人谈话，那人粗鲁地辱骂他，扰乱他讲话；福基翁采取了沉默的态度，任他把心中的愤恨全部发泄出来，随后，接着刚才的话头，继续朝下讲，只字不提对方的骚扰。这种蔑视的态度，比任何尖刻的反驳更有力度。

必须严格地克制自己，使愤怒的情绪缓和下来。关于我，费这么大的劲遏制愤怒，我是完成不了的。我不想耗费这么大的劲控制自己。我关心的不是他遏制愤怒的方法，而是他作出如此大的努力使自己不做得更坏。

另外，有一个人吹嘘自己的性格如何节制如何温和，这的确非同寻常。我告诉他！在世人面前一直表现的从容安详，这是十分了不起的，特别对于跟他那样受人瞩目的优秀人物，可是更要看内心怎么样。依我的看法，内心苦恼只能说明修身未果：我就担心他为了维持稳重的外表而内心备受煎熬。

人们把愤怒藏在心里，正如第欧根尼对狄摩西尼说的那样——后者由于怕被发现藏在一个洞穴内，就拼命朝里缩："你越往里缩，就陷得越深。"假如你的仆人做事不怎么得体，我奉劝你不如捆他一记耳光，也不要压抑自己的情绪而硬是摆出一副我所说的沉稳态度。我愿意让怒火发出来，不喜欢藏着掖着让自己备受折磨；把怒火发出来时，它就会慢慢减弱；与其让怒火在心里憋着，还不如让它到外面来张牙舞爪。"暴露在外的毛病一般都是良性的，藏在健康外表下的缺点才是最危险。"

我警告我家里那些有权发脾气的人小心两件事：第一，应该节制愤怒，不要随便发泄，否则会影响效果和分量；假如让不经思考的大声责骂变成家常便饭，人们对此就会好像秋风过耳，听而不闻；你大声斥责一个偷东西的仆人，他会对此没有感觉，因为你这个办法已对他用过一百次了，或者杯子没有涮干净，或者把凳子放错了地方。 第二，发怒时不要没有目标，对谁有意见，就要让谁听见：因为他们习惯在被斥责者还没在场时就开始责骂，等他们走了一个世纪了，还在那里大声叫骂。

> 骂得丧失了理智就骂自己。
>
> ——克劳迪乌斯

他们对着仆人的影子，在一个谁都受不到惩罚、谁都不会遭殃的地方掀起狂风暴雨；他们似乎无能为力，只能用吵吵闹闹的责骂声来进行惩罚。 在争论中，有些人习惯于无的放矢地吹牛和发怒，这也是应当受到谴责的，吹牛应当有的放矢。

> 好比初次参战的牡牛，发出可怕的咆哮，
> 狂怒中，试用犄角撞击树干，
> 四腿乱舞，扬起尘土，作为战斗的开篇。
>
> ——维吉尔

我一发火就非常厉害，但是也非常短暂，而且尽可能不在别人面前发作。 我速战速决，言词尖刻，不过不晕头转向；我随意地、不加选择地吐出各种詈辞誶语，并不专门把矛头全部固定在我觉得最伤人的地方：由于我发怒时经常只用嘴巴。 发怒的理由有大有小，对我而言，我的仆人遇到大事反倒比遇到小事更

容易脱身。 我会因为一些小事突然发作；不幸的是，一旦你被推下了悬崖，是谁推你下去的，就无所谓了，你会一落到底，加快速度往下掉落。 遇到大事，我高兴的是原因都清清楚楚，大家都等着看顺理成章而生的愤怒；我出人意料，没有发怒，对这个我感到很自豪；我拼命控制自己，不让怒火爆发出来；那些理由在我脑海中翻腾，威胁我说，假如听之任之，我一定会暴跳如雷。 我不费力地克制了怒火，在我就要勃然大怒的时候，我依靠坚强的控制力，把发怒的冲动压制下去，不论有多么强烈的理由。 但是，一旦被它攫住和控制，它就会任意地摆布我，哪怕毫无理由也会如此。 所以，我同那些有权和我争论的人讨论说："当您觉得我先激动了，不论有没有道理，让我发泄出来；我对您也一样。"只有在愤怒与愤怒相撞，双方的愤怒同时产生的情况下，它们才可能酿成风暴。 让各自的怒气尽情发挥，就能相安无事。 这办法非常管用，可是做起来十分困难。 有时候，为了管好我的家，我也会大发脾气，可是并不真正生气。随着年龄的增长，我的性格变得愈来愈乖戾，有机会的话，我今后要努力做到，越觉得有发怒的理由和冲动，就越要少烦恼、少苛求，虽然从前我在最不爱烦恼最不苛求的人中间，曾是十分爱犯愁和爱挑剔的人。

在结束本文之前，我还有一句话要说。 亚里士多德说，有时，愤怒能够当做勇敢的武器。 这好像不无道理。 可是，那些持反对意见的人风趣地反驳说，那是一种使用方式十分奇特的武器：我们使用其他武器，而这个武器使用我们，我们的手不指挥它，而是它指引我们，它把我们握在手里，而不是我们把它握在手里。

卷三

论功利与诚实

> 谁都免不了说蠢话。不幸的是有人还说得振振有词。很明显，他又要夸夸其辞，说一些无聊事了。
>
> ——特朗斯

这个批评于我无损。我的批评既无价值，所以说来就漫不经心。它们也由此颇有成效。假如要我为我的批评付出巨大代价，我会立刻放弃的。无论是沽进还是沽出，我都会将它们掂量明白。我面对着稿纸说话，就像和一个偶遇的朋友聊天。事实就是这样，以下就是证明。

有谁不觉得背信弃义可恶吗？就连蒂拜尔都拒绝这一行为，甚而不惜为之付出沉重的代价。有在德国的人告诉他，假如他赞成的话，能够下毒帮他除掉阿尔米尼尤斯（这是罗马人最强悍的敌人，是阻挡罗马帝国在这一地区扩张统治的唯一障碍；瓦律斯统帅下的罗马人曾吃尽他的苦头）。他回答说道，罗马老百姓的习惯是举起武器，公开打仗，打败仇敌，他们不愿偷偷摸摸，运用欺诈的方法。他放弃实用的手段，选择了光明正大的方法。大家便会说，他是一个伪善者。我相信是这样的：做他这一行的人这样做并不奇怪。 不过或者憎恶美德的人说出承认美德的话语，也不失为一样有意义的事情，因为真理迫使他不得不承认，他的不愿意接受美德，最起码也把它当一件漂亮的装饰了。

我们的公共和个人结构充满了缺陷。 不过，自然界里没有没用的东西，甚而不存在有用无用的说法；宇宙之间的所有事物都各适其位。 我们身上渗透着变态的处事方式：野心，妒忌，羡慕，报仇，迷信和绝望。 这些东西自然地顽固地根植于我们心中，在畜生身上也可见到；甚至还有特别变态的罪恶——残忍：见到别人受苦，我们在同情之余又有某些程度幸灾乐祸的快乐；甚至连小孩子都有这样的感觉。

> 浩瀚无垠的大海上风起云涌，波浪滔天，
> 站在岸边看着别人经受苦难的考验，
> 一种美妙的感觉便油然而生。
>
> ——卢克莱修

假如把这些处事方式消灭在萌芽状态，我们也就摧毁了人生的根本条件。 同理，在任何政府里都有一些必须的，不但低级甚而被邪恶玷污的职位：恶习自有恶习的用途，它被用来坚固我们的社会，就好像毒药在某种状况下可以维护健康一样。 假如邪恶因为我们的需要而变得可以原谅。 同时集体利益抹杀了邪恶的真实本质，那也应当由更加坚定有力，不如此胆小怕事，犹同那些古人为了保家卫国牺牲性命一样，愿意牺牲自己的名誉和良知的人去担当这个角色；这些人比较柔弱，我们就担当一些比较容易不很危险的角色吧。 公共利益要我们背叛、撒谎和屠

杀：把这个任务丢给更服从更加灵活的人去干好了。

可以肯定，目睹有些法官使用计谋，或者通过给予照顾或宽大等虚假承诺引诱犯人招供罪行，为达到目的不怕使用欺骗和无耻的手段，我时常感到愤怒。 法律以及支持这种做法的柏拉图应当提供更适合我的方法。 这是一项危险的法律，我觉得它伤害法律本身并不亚于别人对于它的伤害。 不久之前，我回答说自己不能为了一个平民百姓做出背叛国王的事，但是要我为了国王而背叛一个平民百姓，对于我来说也是一件痛苦的事情；我不仅仅痛恨骗人，也一样痛恨别人误解我。 我不愿意给人任何这样的口舌和机会。

我有机会参与调停君主之间的纷争，在今天使我们四分五裂的战乱中，我小心翼翼地不让他们误会我，不要由于我的外表而误解我的意图。 职业调停人想办法掩饰自己，将自己假扮成最公道最接近对方观点的人。 而我则最鲜明地以完全私人的方式表达自己的观点：我作为一个温和以及缺乏经验的新手，我宁可调停失败，也不愿意问心有愧！但是，这项任务到现在完成得非常好（显然，"运气"起了主要的作用），几乎没有人能像我这样与一方接触，然后又与另外一方接触，同时能够比我招来更少的猜疑猜忌，获得更多的支持和亲近。 我采用公开的方式，可以很容易地和各种各样的人打成一片，在打交道的时候获得他们的信任。 开诚布公和实事求是在任何时候都有机会发挥效力，现在也同样有用。 同时，完全无私地参加谈判，敢作敢当，真正同希贝里德一样直言不讳的人，比较可靠并且受人欢迎。 雅典人抱怨希贝里德说话粗俗暴力。 他回答到："先生们，你们不要管我是不是口无遮拦，我只要你们看清楚，我并没有从此之中得到任何的利益，也没有因此提高了我的地位。"我直言不讳，言辞犀利，别人很容易相信我并不是一个虚伪的人（我什么话都敢说，即便是最难听最逆耳的话），因为我的态度很明显的一面是自然和超脱。 在行动时，我什么都不想念，只求应得的结果。 我不会联想未来的后果或者别的计划：每个行动都各有章法可循，可能够的话，达到目的就可以了。

话说回来，我对大人物并没有一种特别的爱或恨的情绪，我对于他们的感觉不会由于他们对不起我，抑或因为他们帮了我的忙而受到任何影响。 我只是合理地看待国王们。 这是所有的公民应该持有的态度，我的情感不因个人得失而发生变化和偏离。我对此感到庆幸。 普遍的正义的事，我会心境平和，不会狂乱燥热。 我必须以内心情感做担保的承诺：愤怒和仇恨同法律的责任完全无关，这些情绪只对那些不能凭借单纯的理性充分负起自身责任的人有用。 所有合情的以及公道的意愿都是大同小异的，都是温柔的；否则，它们就会被曲解，变得富有煽动性，变得不合法。 因为这个原因，我无论走到哪里都可以昂首阔步，从容面对，敞开胸襟。

其实——我不害怕承认——在必要的时候，我会按照那个老妇人的做法——一手是圣·米歇尔，另一手为凶龙奉上香烛。我将忠诚地跟随正确的党派，哪怕是赴汤蹈火，要是可能够的话我也绝不改换门庭。 就算蒙田家族和国家一起崩溃也在所不惜。 不过，如果没有这种必要，我将感谢"运气"能够拯救这个家族；只要我的职责赋予我行动的自由，我就一定要全力地保护它。 阿提居斯是热爱正义的党，然而它也是失败的党，在世界遭受没顶之灾时，在无数的变故和分裂之中，难道不是凭着稳重和克制而大难不死吗？

对于就像他这样的一个人来说，这是较为容易办到的：在相似的事情上，我认为一个人完完全全可以合法地放弃自己的抱负，采取不介入不理会的态度。 但是摇摆在两个党派中间，在国内的纷争以及民众的分裂之间固守自我，不偏不倚，我不觉得这是一个好的值得尊重的做法。

> 这不是走中间道路，这叫踯躅不前；
> 这是等待事件的发生，然后见风使舵。
>
> ——李维

假如是左邻右舍的事情，这么做是可以容许的：在蛮族侵入希腊的战争当中，西拉居斯的暴君热隆采取隔岸观望的态势，他在德而福修建了一个使馆。 还送去很多礼物，使馆成了一个观察哨所以及判断战争形势的窗口，以便在适当的时候和胜利的一方签署和约。 在我们自己的内部事务当中，当需要按照既定的目标断然表明立场时，这样做就相当于背叛。 不过，一个不担任公职、没有明确的指挥权让他责无旁贷的人，如果他不采取任何行动，我认为这在外战中可以原谅，在内战中更加可以被原谅（但是我不为自己找寻这个借口）。 然而，依据我们的法律，如果一个人不愿意参加外战，这样是允许的。 然而，即便是出于某种原因而全心全意参战的人，也能够做得有规有矩，不急不躁，哪怕暴风雨从头上经过也不受丝毫损伤。 我们曾经希望在逝去的奥尔良主教德·莫尔维利埃的事件中出现这样的状况，难道有什么不正确吗？ 我还认识几个在目前的形势之下勇敢地采取行动的人。 他们温和，稳重，所以，不管政治变化多么诡谲叵测，也无论老天爷会制造多少灾难，他们都能够屹立不倒。 我认为，国王和国王之间的争斗，那完完全全是国王们的事情。我非常瞧不起那些瞎起劲，加入到与他们的身份完全不相干的争吵之中的人。 我们不会特别地去跟国王找碴儿吵架，甚至为了名誉和责任，公开地勇敢地讨伐他：如果国王不喜欢这种人，他会更自省，他会器重这个人。 尤其，法律的意图和保卫现有秩序有相通之处：那些抱有个人目的破坏现有秩序的人，即便不说尊重，起码也要原谅保护它的人。

不过，不应该把私利和个人欲望的兽性及贪婪称之为"责任"（我们常常是这么做的），也不应该把恶劣的叛变的行为称之为"勇敢"。 邪恶和暴虐的倾向被他们叫做"热情"：这不是事业心冲昏了头脑，而是利益的驱使所致；他们煽动战争，并不是为了正义，仅仅是因为他们需要战争。

不管发生什么事，一个人都可以在对立的人群中间恰如其分——光明正大。 如果遇到这种状况的话，请你一视同仁，如果不能够做到完全平等（由于可以有不同程度的仁爱），起码也要做到尽量，不要对某一方过分承诺，不可以让他牵住你的鼻子；还有，请你满足于中等程度的好评，要站在河边不湿鞋。

另一种全力为甲乙双方效劳的方式更讲良心，而谨慎则在其次。 两个人同样把你奉为上宾，你却为了一个人的利益而背叛另一个人，但是得到好处的人难道不知道你会用同样的方法来对待他吗？你在他的心目中是一个恶人，他仍然对你言听计从，利用你，从你的不诚实的行为中谋取利益：两面派所做的事情对我们的确有用，不过小心，别让任何东西被他们带走。

至于我，我绝不对一方讲不能和另一方讲的话。 无论什么时候，都不会用不一样的语气讲同样一件事。 我只会讲一些无关紧要，或者众所周知，又或者对双方都有用的事情。 我没有任何必要对他们撒谎。 要求我沉默的时候，我会严格地闭上嘴巴；但是，我要求自己尽可能够少地知晓秘密：对于不需要秘密的人来讲，替国王们保守秘密是件很麻烦的事情。 我一般会提议这样的交易：他们不要告诉我什么秘密，但是，请他们大胆地相信我说的话。 我知道的事情总比我想要知晓的多。

敞开心扉的谈话会打开另一扇心扉，就如同葡萄酒和爱情一般。

国王利齐玛克问菲里比德道："你想要得到什么样的礼物?"这位演员回答得十分聪明："你送什么礼物都行，只要不是你自己的秘密就好了。"

假如有人要你办事，既不告诉你事情的底细，还背着你这么做的目的，我认为谁都会特别生气。 对于我而言，假如别人只告诉我要做什么事情，我会特别高兴，我不愿知道太多的事情，让我在说话时有所掣肘有所顾忌。 假如我必须沦为骗人的工具，起码要放过我的良心吧。 我不愿意让人认为我是一个忠诚的、地道的、专事背叛的奴才，一个连对自己都不忠的人，总能够找到理由不忠于他的主人。

但是，我想那些国王是不接受半心半意的人的，他们瞧不起附带条件的有限的服务。 别无选择：我只能够老实地说出我的底线。 因为，就算做奴仆吧，我也仅仅做理性的奴隶，即使我不一定能够做好。 而且，他们没有理由要求一个自由人俯首帖耳，逼迫一个他们造就和收买的人，抑或说要求一个与他们的命运紧密相连的人承担这样 种义务。 正义帮我摆脱了一个很大的苦恼：它为我选定了一个党派，给了我一个主人。 任何更高的东西，任何的义务，都关系到正义以及受到束缚。 但是，这并不是说一旦我的感情转向另一个党派，我会立刻伸手相助：意志和欲望可以自立规定，行动但必须接受公共的制度。

我的这种处事方式是违反常规的，它的效果不大，而且不能够维持：清白本身不能够使我们开诚布公地谈判，也不能够使我们抛开谎言去讨价还价。 同样的，公职并不是我追求的目标。我的社会地位要求我为公众服务，我尽可能以最私人的方式去做。 我在年轻的时候投入了全部的精力，后来做成了；但是，我早早地放弃了做出的事情。 之后，我一直避免涉足其中，有求也极少答应，主动要求则绝无其事，我轻视野心。 我不像桨手那样能够背对着目标前行，不过，我的为人处世却始终前后一致。 我没有能够登上公众事务的大船。 首先要感谢的不是我的坚定性，而是我的好运气，由于，有一些与我的兴趣不那么对立却更适合我的能力的途径。 命运曾经召唤我替公众服务，去提升自己在世人心目中的地位，我知道自己完全有可能够不理会理性的声音，迈向命运指引的独木桥。

有些人常常反对我的主张，认为我称之为坦率、朴素和自然真诚的品行，不过是造作和精明的表现罢了。 谨慎与心地善良，精明与自然，见识与运气，前者给我带来更多的荣誉，较少地破坏我的名誉。 不过可以肯定，谁紧紧地跟着我观察我，那些人评价我精明是过奖了；假如他们承认在他们的学校里没有培养学生这种自然反应的规矩，没有要求他们在蜿蜒崎岖的前进道路之上始终顽强地保持鲜明的敢作敢当的精神，假如他承认他们的全部精神和智慧都无法让他们达到这些要求，我就算佩服他了。 真理的道路单一而平凡，个人利益和你肩负的生意利益的道路是双重的、崎岖的和危险的。我经常看见有人故意做一些出格的事情，他们往往不会成功。这让我想到伊索的驴子，驴子想要和狗一样得到主人的宠爱，兴奋地伸出前腿搁在主人的肩膀上；可是，狗的媚态获得的是爱抚，驴子也同样获得了回报，并且是双重的回报，它获得的是主人的棍子。"最适合我们做的事情，是我们觉得最自然的事情。"我不想欺骗应有的地位，否则就不能够真正地了解世界；我知道它经常是一种有利的手段，维持和维护着人类大部分的职业。有一些合理合法的恶习，就像很多行为是好的或能够原谅的，却又是非法的一样。

自然界和宇宙的正义，与特殊的、国家的和服从社会需要的正义相比，其规定是不相同的，抑或说更加高尚。"我们没有坚实而且确切的模式来表示真正的权利和真正的公正，我们用的是图像或者一个影像"。所以哲人但达米斯在听别人讲述苏格拉底、毕达哥拉斯、迪奥杰纳等人的生平之后，在肯定他们都是伟大的人物的同时，又说他们过于拘泥于法律的条文了。为了赋予法律以权威性、支持法律，真正的道德必须要大大地舍弃它应有的效力。很多犯罪的行为不仅可以得到法律的许可，而且还是在法律的诱发之下发生的："许多罪行来自于元老院法令和公民表决。"（塞内克）我用的是普遍的把事物区分为实用和正派两类的说法，以至于自然的，不仅实用而且必要的行为，人们一般使用不光彩或者肮脏的字眼。

我们继续讲背信弃义的例子。有两个希望获得特拉斯王国王位的人激烈争抢，各执己见，都认为自己有皇位的继承权。皇帝不允许他们动武，但是，其中一个利用为签订和解协定的借口，邀请对方来到家中，盛情招待他，然后把他抓起来灭口了。

法律规定凶手必须为这个严重的罪行对罗马人赔礼道歉。 但是，困难在于他们没有办法通过正常的途径达到目的；于是，既然不能够合法地进行，在不打仗不冒险的情况下，就只好采用阴险的手段。 既然没有办法光明正大地做事，他们只能采用实际有效的方法。 在这个时候，出现了一位有能力的人，他叫蓬波尼乌斯·弗拉居斯：他通过花言巧语和虚假的保证，请君入瓮，并且不顾脸面以及承诺，用绳子捆住凶手的手脚把他送去了罗马。 跟通常的状况不同的是，其中的一个叛徒就这样出卖了另外一个叛徒；虽然这些人绝不信任别人，很难用他们的伎俩对付他们。 前面提及的惨痛经验就是证据。

蓬波尼乌斯·弗拉居斯心想事成，愿意这么做的还大有人在。 至于我，我的言论，我的品行，我所有的一切都和国家息息相关。 我最好的行为就是服务公众，我觉得这是为人的前提条件。 可是，如果有人命令我扛起法院和审讯的重任，我将会回答说"我对此一窍不通啊"；如果有人让我为先遣部队带路，我将会回答说"我有更为崇高的使命"；同样的，如果有人要我撒谎，要我背叛，要我干大事、发假誓，虽然不一定是杀人放毒，我会回答说："要是我抢了或偷了别人的东西，请你们将我送去服苦役。"因为，一个注重名誉的人完全可以决定是否把拉塞德莫尼人作为榜样。 被昂蒂帕特打败之后，他们在签订和约时说："只要您愿意，您可以把沉重的捐税强加给我们，甚至令我们倾家荡产；但是，如果您想要我们做可耻的事，丢脸的事，那您就别白费时间了。"每一个人都应该对自己发誓，就像埃及国王要求他们的法官们宣读的庄严誓词那样，不管国王本人发出什么样的命令，绝对不偏离自己的良心所指引的道路。 前面所说的事情当中，有一种无耻和谴责的印迹；其时把这种任务交给你的人，肯定也在责骂你。 如果你是明白人，你会知道他交给你的是一种负担，一项苦差：公众的事情越是由于你的行动得以改善，你自己的事情就会变得越糟；因此，你的任务完成得愈出色，你愈是伤害自己。 这样，事情不仅不再新鲜，或许还披上了正义的外衣。 然后那个指示你行动的人又反过来惩罚你。 有的时候，背信弃义可以变得情有可原。 自然，只是在用来应对和惩罚这种背信弃义的时候。

我们在书本中可以看到许多例子，受益者不仅拒绝，甚至惩罚背信弃义的行为。 有谁不明白法布里西尤斯针对庇琉斯的医生的看法？ 不过，我们也发现一点，下令背叛的人也会严厉地惩罚那些被他雇用来执行背叛的人，拒绝给予他不受限制的权力，一口否定他完全自愿接受下来的十分卑劣的奴才行为。

俄罗斯大公雅罗贝尔茨收买了一位匈牙利的贵族，要求他背叛波兰国王波莱斯拉斯，或者杀了他，抑或给他制造一些触目惊心的损伤。 这位贵族巧妙地来到国王跟前，显得比从前更加忠心地为国王效力；他钻进国王的议事班组，成为国王最亲近的心腹之一。 因为这些有利条件，他选择了主人暂时外出的有利机会，他把富庶的重镇维斯里希贩卖给了俄罗斯人。 俄罗斯人彻底破坏和焚毁了城市，杀光了城中的男女老少，并且没有放过被他集中在附近一带的大批贵族。 雅罗贝尔茨报仇了，发泄了，他这样做也是事出有因（由于波莱斯拉斯曾以同样的方式给他造成严重损失），而匈牙利贵族的背叛行为令他陶醉，但是，当他不再受感情的干扰，用一种全局的目光来审视整个事件的时候，却突然发觉了这种行为的丑恶的赤裸裸的一面。 他感到十分后悔，十分厌恶，于是下令挖掉了叛卖者的眼睛，并且割去了他的舌头以及生殖器。

昂蒂戈诺斯去游说阿尔吉拉斯比德人，要他们交出他们的统帅欧曼纳；阿尔吉拉斯比德人的对手被交出来之后随即被他给杀死了。但是，昂蒂戈诺斯又想自己站出来做正义之神的使者，惩处这个可恶的罪行，他还把杀掉欧曼纳的士兵交给省督，明确指示不管用什么方法必须处决他们——并且要死无全尸。导致原来的一个人口众多的地方，竟然没有剩下一个人能够继续呼吸马其顿那新鲜的空气。他们为他做得越好，他是认为应该惩罚他们——并且是那种不择手段的惩罚。

那位泄露了主人苏尔比西尤斯藏身之地的奴隶，根据希拉公告获得了自由；但是国法在上，不管他多么自由，依然被执法者从塔尔贝雅山的山崖上推了下去。罗马人把放奖金的钱袋挂在他们的脖子上，再把叛徒吊死。在履行了其次的特别的承诺以后，他们更履行了首要的全面的诺言。

又如马哈迈德二世想清理自己的兄弟，独揽大权的强烈欲望促使他欲罢不能。依据种族的习俗，他调遣手下的一个军官，掐着他兄弟的喉咙，往他的嘴巴里灌水，最好一下子被弄死了。为了赔罪，马哈迈德二世把凶手交到死者母亲的手中（因为两位王位继承人是同父异母的兄弟）；在他的面前，王后剖开了凶手的胸膛，双手在凶手热乎乎的身体中摸到那颗心脏，挖出来扔在地上给狗吃了。

我们的克洛维斯国王也杀死了加纳克尔的三个奴仆，因为他们为国王背叛了自己的主人，但恰恰也是国王收买了他们干的这桩背叛主人的勾当。

同样，对一个没有任何才干的人来说，从一个沾着污点的行为中获得好处，又能够在事后放心地赋予它某种正当性以及正义性，这肯定是一件特别愉快的事情，就如同得到了一种正当的补偿以及平反。 补充一句，他们把罪恶的执行者视为见证他们罪恶的人，他们处死他们，就是不想让其他人知晓他们会做这样的勾当，不让别人出来作证。

如果有人付给你报酬要你做这样的事，让处于危难之中的国家多一种极端的不顾一切的选择，那么在交代任务给你的人心中，你肯定是一位十恶不赦的应该被诅咒的人。 他可能觉得自己不对，他把你看作叛徒，甚至比你要对付的人更加可恶，由于他通过你的双手触摸到了你邪恶的心，而且使你无法否认无法抗辩。 他利用你去做这种事，完全好比叫一个声名狼藉的人去当刽子手，做一桩实际有效却很不光彩的事情。 除了任务本身卑贱之外，还有是否出卖灵魂的问题。

塞让的女儿，由于她是处女，在罗马无法通过审判的形式被处以死刑。 为了让法律能够实施，刽子手在绞死她之前就先强奸了她。 这个刽子手的双手，以及他的灵魂，都成了公众利益的奴隶。

摩拉德一世为了严厉惩罚帮助他儿子叛乱的臣民，特别命令他们自己的亲属来执行他们的死刑。 有些人宁愿被不公正地当成弑父罪的同犯，也不愿意执行法律来残杀自己的父兄。 我认为这是非常受人尊敬的举动。

在我年轻的时候，发生过几起闯进民宅进行抢劫的案子。有几个无赖为保全自己的生命，竟然同意杀死自己的朋友以及同伙。 我当时就认为他们的人格是比不上上绞刑架的人的。

听说，立陶宛国王维托尔德曾经立法，规定死囚必须亲自动手执行极刑，由第三者——一个与罪行无关的人来亲自动手执行极刑，来做这么一件事。 我认为是十分不可思议的事情。

如果发生紧急情况，发生突然而意料不到的麻烦，严重危害了国家的安全，使得国王无法实现原先的承诺，使他不能够光明正大地办事，或者不得不以某种方式偏离了平时的责任，那他应该把这种必要性归结为神的指示。 这不是罪过，因为他放弃了平常的理性，采用了一种更一般更为有力的理性，这当然是非常不幸的事情。 甚至有人问我："有别的办法吗?"我回答到："没有。 假如国王真的必须在两个极端之中作出抉择(他一定要避免与为伪誓寻找借口)，他就必须这么。 不过，如果他毫不遗憾，一点儿也不觉得痛苦，那就说明他的良心有很大问题了。"（西塞罗）

如果一位很有良心的国王，认为没有任何治疗需要使用如此苦药，我也会同样地敬重他。 但是，他的下场也不会更好，也不会值得宽恕。 我们并不是全能的，不管怎么说，我们经常在最后关头需要把船只的安全交付给老天爷控制。 国王还想等待更正义的事业吗? 诚信和名誉或许比他个人甚至于老百姓的安危更加宝贵。 如果做一些事情必须以此为代价，那还有什么不能够做的事情呢? 当他交叉着双手，呼唤上帝帮助的时候，难道他不该希望仁慈的上帝不要拒绝向纯净和正义伸出他那神奇的支持的援手吗?

这些违背承诺和名誉的行为只是一些危险的例子，只有极少数违反自然法则的病态例外。 我们应该让步，但是必须适度并且十分谨慎：任何一种私下的实利都不值得我们去违背良心，违背公众的实利。 如果明显和重要，那又另当别论!

梯莫莱翁想起自己借兄弟之手而杀了暴君①，泣泪涟涟，而且及时地给自己解脱了罪责。 但真正使他良心不安的，是他必须以相当于光明正大的品行这样的极大代价换来公众的实利。 参议院本身的参与证明它摆脱了奴性，却不敢对这么严重的行为，对它的两个重要而对立的方面，做出果敢的决定。 正当其时，西拉居湛人派人要求科林斯人保护，要求他们任命一个首领帮助重建都城重树尊严，清除压迫西西里岛的暴君。 参议院派梯莫莱翁去，他们使用全新的理由和声明：他们将按照他完成任务的情况好坏，做出有利于这个民族解放者的决定，或者惩处这个杀害兄弟的人。 然而，这个例子和复杂事件的重要性反映出很大的危险性，而那个奇怪的决定正好从当中找到了一个借口。 他们最好的做法就是避免做出判断，或者找到其他的理由，或者做其他的考虑。 现在，应该说梯莫莱翁在这次行程中的表现很快使他的案子清楚了，他表现得十分高尚十分勇敢；他需要在这项崇高的任务之中克服重重的困难，随之而来的结果，仿佛只是诸神为了证明他的正确性，支持他而送来的礼物。 那么，梯莫莱翁期盼达到的目的是可以被原谅的。如果某种实际利益确实可以原谅不法的手段。 但是，增多国家收入的实利，在罗马参议院被用来作为通过不道德决策的借口（我以后会叙述这个决策），不足以使得他们犯下的不正当行为免受指责。 某些城邦花费钱财，在得到参议院的指示和同意后，从希拉手中重新获得自由。 这件事被送去进行复议，参议院判定他们一定要像以前那样缴纳人头税，并且拒绝返还那些用以赎回自由的钱。

---

① 指古希腊军事政治家梯莫莱翁，协助科林斯人诛死其暴君兄弟。

内战往往造成这些不光彩的事例，我们惩罚老百姓，由于在我们更改主意以前，他们信任我们；就好像一位大法官判处一位有口难辩的人；就好像一个老师鞭打一个听话的学生，一个向导鞭打盲人！正义的形象是多么的可怕啊！

在哲学里有一些错误的并且无力的规则。 几个强盗把你抓住，逼迫你保证缴纳一定数目的赎金就把你放了；一个正直而又善良的人逃离了强盗的魔掌就不再被承诺所约束。 这种说法是不正确的，不是这么一回事。 在害怕的时候作出决定，我在不再害怕的时候仍会坚持按当时的决定行事；害怕迫使我说了违背良心的话，我仍然坚持一分不少地缴纳我应允过要支付的钱。凡是跟我相关的事情，有时候我的言谈会远远地超出我的思想，出于良心里的考虑，我不会因此而否认自己曾经说过的话。 如果我们不这么做，我们就会一步一步地剥夺别人因为我们的承诺和保证而应得的权利。 "好像人们可以逼迫一个勇敢的人就范似的。"只有在一种状况下，由于私人利益的影响可以原谅说话不算数的情况：如果承诺的是一桩无耻的恶毒的事，因为道德的义务应该高于实践承诺的义务。

我从前认为埃帕米农达斯是杰出人物之首，到现在也不反悔。 他关切个人的责任，认为它比一切都高。 他从来都不杀害手下败将，即使事关为祖国争取自由这一崇高到无与伦比的事业，他也不会置正常的法律程序于不顾，乱杀一个暴君或同谋。无论一个多么好的公民，尽管他们身处敌营或者属于交战的另一方，但是如果不关照朋友以及曾经接待过自己的主人，他都会被认为是一个坏人。 并且这是一个内心世界相当复杂的人：他把善以及人性，甚至是哲学学派中说得最微妙的人性，和人类最严酷最暴力的行为结合在一起。 一颗如此伟大的心，如此充满勇气的心，如此坚忍不拔的对付苦难、死亡和贫穷的心，究竟是自然还是后天竟然使它变得如此善良如此温情？他憎恨铁与血，但是靠着自己的力量，打击和摧毁一个不可战胜的民族；在这样激烈的战斗中，遇到朋友和曾经款待过自己的主人时竟然会掉转头去！的的确确，很严格地说是他在指挥战斗：在人人奋勇当前，疯狂和屠杀的烈火在胸中燃烧的时候，他使埃帕米农达斯感受到了仁慈的力量。 在如此激烈的纷争中还能表现出正义，真的是了不起。 唯有埃帕米农达斯才会有力量注入温暖情感、温和性格的亲和力和完美的纯洁。 有的人对马迈尔丁人说，协议对不放下武器的人无效。 有的人对罗马的护民官说，施行正义和战争是不可以混淆的两个阶段。 还有的人说，刀光剑影使人无法听见法律的声音，可是他却听到了谦恭礼让和纯粹礼貌的语言。他的敌人在出征之前会有祭奉缪斯的习俗，祈祷温柔快乐的女神们减少战争的疯狂和残忍，也许他也学习了这种做法？

在这位伟大的先驱者之后，我们可以大胆地认为，对付敌人可以使用一些不正当的手段，公众利益不应该要求所有人做所有的事来反对个人利益。 "请记得在公共纠纷中一样存在着个人利益的问题。"（李维）。 "任何强权都不能允许违反友谊的法则。"（奥维德）

一个正直善良的人成为国王，为公共事业和法律服务，并不是什么事情都可以做的。 "因为，部分义务不能够凌驾于整体义务之上。 在他需要的时候仍然是孝敬父母的好公民……"（西塞罗）

这是个对我们这个时代有用的教训：我们不要使用利刃使我

们的内心变得冷酷起来，使我们的肩膀硬起来就够了；我们的笔蘸墨水就足够了，不要去蘸染鲜血。 如果藐视友情、藐视个人的义务、藐视个人的承诺、藐视亲情等等才能够算是胸怀伟大和品德杰出的表现，但是你又不愿意这么做的话，你只要想一想，在埃帕米农达斯的伟大胸怀中没有这种伟大的位置就可以了。

我讨厌另一个人言过其实地鼓励，只要刀枪在闪光，你们就不会被任何孝顺的场面所感动，即便你们的父兄站在你们的面前；用你们的大刀来改变这些可敬的面孔吧。

揭露那些本性恶毒、嗜血和背信弃义的人提出的借口；抛弃违反常理及过分的正义，让我们坚持更加人性地效仿前人。 时间和榜样的力量真是无穷无尽的啊！ 在反对西那的内战中，庞培的一个士兵在不了解情况的状况下杀死了隐藏在敌人队伍中的兄弟。 他知道以后悔恨交加，立即自尽了。 几年之后，在这个国家的另一场内战之中，一名士兵杀了他的兄弟，却请求长官授予他嘉奖。

我们很难以行动的效用来证明它是否光明正大和美，我们很难作出结论，说每一个人都一定要按照这个标准来行事，由于这个行动实际有用，因而它是正当的：并不是所有事情都同样地适用于任何一个人的。

我们应该做人类社会最必须最有用的事情，这就是婚姻。然而，圣徒会议却觉得相反的道路更值得被尊敬，把人们最尊敬仰慕的职业排除在婚姻之外，就像指定最不看好的畜生去配种一样。

论悔恨

别的作家教育人，我却描述人，并且经常讲述他们当中没有很好的受过教育的"这个人"的故事。 假如我担任重新教育他的任务，那我一定会将他塑造成另外一种人。 不过现在生米已经煮成了熟饭。 我要描绘的这个形象虽然千变万化，但是却真实无误。 这个世界只不过是一个不停运动着的秋千，所有的事物都在这其中动荡不安。 广阔的大地，高加索悬崖，埃及金字塔，它们都无一例外。 万物都在地球的动荡中按照各自的节律运动，同时它们本身也运动不止。 就连我们所认为的恒定现象也只不过是一种微弱的运动罢了。 我经常难以准确把握我的描绘对象。 他犹如天生的醉汉在混沌中跟跄前行。 我所关注的是此时此刻的他，令我感兴趣的不止这样的他。 我不描写他静止的画面，而刻意写他变化发展的瞬间：并不是写从一个年龄段到另一个年龄段(如人们常说的从上一个七年到下一个七年)的发展变化，而是写他一天到另外一天、一分钟到另另外一分钟的转变，一定要把我眼下讲述的故事与时间紧密衔接，因为不仅我的境遇会很快改变，我的意图也会变。 这里笔录的各种各样的、变化发展着的事物，他们的思绪是飘忽不定的，有时候甚至会是相互抵触的；或者是由于我已变成了具有另外一种思绪的自我，或者是由于我把握描写对象的具体环境和评论人事的标准发生了改变。 有时会出现自相矛盾的说法。 可是对于事实——正如狄马德斯所说的那样，我是绝对不可能违反它的。 如果我的思想能够相对的稳定下来，我就不会不停地上下求索了，要做的则是自我剖析；我的思想永远处在学习和尝试的状态。

请原谅我总是在说我很少后悔这句话，我的良心对自己比较满意，这里说的是作为人的一种良心上的自我意识。并不是作为天使或者是马匹的那么一种心理状态；同时我总使希望重复这样一层意识——并不是出于客套，而是一再表示一片诚心和实实在在的遵从——即我谈论某个问题的时候，心里也充满了疑问和无知，我的结论简单而又纯粹地包含在公众同样的并且又合乎情理的信仰之中。因此我绝不教训人，我只是叙述事实。

没有一个真正称得上罪恶的行为是不伤人、不被公正评论所谴责的；由于它的丑恶和可恨是路人皆知的，所以那些个觉得罪行产生于愚昧无知之中的人或许是有道理的。明知是罪恶而不憎恨它，实在难以想象。恶念往往带来自食恶果的结果，在自身的毒汁中被毒杀，而罪行在灵魂之中留下悔恨，这悔恨仿佛是肌肤上的一处溃疡，每时每刻都在溃烂着，流血着。是的，理智能够抚愈其他的忧愁和痛苦；但却产生了懊悔，懊悔比烦恼和痛苦更为深重，由于它来源于心灵的深处，就好比高烧中的病人感受到自己体内的冷和热比外界的冷和热更难受一样。我觉得，一切的罪行(每个人都有自己不同的衡量标准)不仅会受到理智以及人之天性的裁决，并且还会受到来自公众舆论的裁决，即便这种舆论是谬误，是缺乏根据的，但只要它能够得到法律和习俗的认可，受到它控告的行为便也罪行成立。

同样，没有一种善行不让品行高尚的人感到欣慰。而且，行善者本人也会由于做了好事而有说不出的快慰感，一种高尚的自豪感会在问心无愧的心田之中油然而生。极度邪恶的灵魂也或许会自我感觉良好，但却永远体会不到那种怡然自得的满足感。一个人若能够自我断言没有受到败坏的时代风尚的影响，并能够自信满满地对自己说："无论是谁来审查我的言行，哪怕一直查到我的灵魂深处，也不会发现有什么可遭人指责的过错，我没有使任何人受害或者遭殃，也不存在任何的报复或者仇恨的心理，从没有触犯过法律，从不鼓吹鼎革或者挑起动乱，从来没有言行不一。 即便是在当今世风日渐衰败、容忍甚至唆使人们无法无天的时刻，我也从未去侵占过人家的家产钱财，仅仅凭自己的劳动力养活自己。 并且在战争时期就好比在和平时期一样，从不无偿地霸占其他人的劳动。"那么，他便会享受到一种非同寻常的快乐，这种本能的欢乐也是对我们唯一不可或缺的报偿，它将会永远铭刻在人们的心中。

有人说，悔恨与罪孽紧紧相随，它似乎不适于已经在我们身上安家落户武装到牙齿的罪孽。 人们可以悔恨并改正在感情冲动或来不及防范的状况下所犯下的错误。 但要和那些积重难返、并且扎根于顽固不化的人身上的罪恶，作个彻底的决裂是很难做到的。 悔过只是违背我们意愿的一种行为，那些想法和打算常常弄得我们晕头转向。 当然，后悔也能够使人否认昔日的美德和优点。

> 我今日的思想为什么在儿童时代没有早早的形成？
> 为什么我不能再度感受年轻时的饱满情怀？
> ——贺拉斯

那种有条理的个人生活，自然是一种美妙的生活。 每个人都可以当众演戏，在公众场合扮演正人君子；但是在一个人的内心深处，在他能够任性行事而又不被别人看见时，他始终严于律己，这才算是至高无上的人生。每一个人都能够在家庭生活和日常行为中间向这种至上的人生看齐，尽管人在家里不需要做作，也无须谨慎小心，更无需向别人汇报的原因。比亚斯曾经特别描绘过他美好的家庭生活氛围："一家之主在家里和社会上，慑于法律和人言，都会言行一致。"（尤利乌斯）

德律絮斯曾经对工匠们说过一段特别精彩的话。工匠们对他说，他如果愿意付三千埃居，他们就给他把房子造在一个邻居们以后看不见的地方。他对工匠们说："我愿意付给你们六千埃居，条件是要把房屋建造得让任何人从任何角度都能够将房屋里面看得清清楚楚。"

人们都带着崇敬的心情谈论阿热齐拉斯的习惯：他旅行时，总选择寄住在寺庙，目的是让百姓和众神把他的行为看得一目了然。这样的人在公众面前备受称赞，妻子和仆人却从他身上看不出任何显赫之处。世界上能够受到自己的仆人们称赞的人是极少的。

历史的经验告诉我们：谁都不会在自家还是本乡被视为先知。在一些小的事情上面也是这样。从下述这个一般的事例之中我们能够小中见大。在我的家乡加斯科涅，人们看见我写的书被刊印出版都会觉得很奇怪。离我家愈远我的名气愈大，声望愈高。我出钱在吉耶纳请印刷商给我印书，可是在外地，却是印刷商出钱来买我的书。正是基于这种特殊情况，所以有人在世时隐姓埋名，只为死后留名千古。我更加喜欢荣誉少一些。我投胎来到这个世界上是为了得到我应该得到的利益。那些哪怕是越过雷池一步的东西，我都弃之于不顾。

那些心灵邪恶的人在外界的鼓励下能做好事。同样的，灵魂圣洁的人在某种特殊状况下，也能够做出坏事。 所以评价一个人的优劣，应该在他处于正常状况或者是置身家中的状况下来对他作出判断，至少是在他们最接近平静和自然状态的时候去判断他。 天生的性格倾向，能够经过后天的教育得以发展和加强；但是先天的性格倾向几乎难以得到彻底的改变或克服。 我年轻时碰到的不少人都是通过与他们天性相悖的教育向良知或罪恶发展的。

> 于是，森林之中的猛兽一旦被关入牢笼中，
>
> 将日渐失去凶恶的本性并接受人类的驯养，
>
> 加入在它们的口中滴入些许的鲜血，
>
> 它们的野性和残暴的本性瞬间便会苏醒，
>
> 血腥味儿刺激得它们喉咙发胀，怒火中烧，
>
> 害怕的守兽人差一点儿丢了自己的性命。
>
> ——卢卡努斯

人们无法根除原始本性，只能掩盖它们，隐藏它们。 拉丁文应该当做我的第一语言，我听起来觉得它比法语更加的熟悉。尽管我有四十年没有使用拉丁文说话和写作，但是在感情冲动的时候。 那些从心底里面冒出来的前几句话总是拉丁文。 上述情况在我的一生之中也只出现了两三次。 其中有一次看到我身体健康的父亲因昏厥突然仰天跌倒时，我就脱口就用拉丁文大声叫了起来。 人的本性往往会一反常态，并在不知不觉之中表现出来。 这个例子能够说明很多其他问题。

罪过有的因为冲动造成，有的因为急躁造成，还有的是突发性的，我们把它们放在一旁而不谈论它。 然而另外的一些罪过

是在内心之中多次权衡和盘算之后反复重犯的，可以说它们是由人的本性造成的，甚至是职业性以及经营性的罪过。 这些罪过在一个人的心中留存了如此之久，怎么能够说它们没有得到理智和良心的承认和赞同呢？这种人自我吹嘘带来的悔恨，对于我来说，实在是难以想象、难以置信。

我不是毕达哥拉斯学派的信徒，不能够相信他们说的"人走近神的塑像领受神谕时，便获得了新的灵魂"。 除非他们说的是另外的一层意思，就是人在领受神谕的时候，他的灵魂必须是新的，不同寻常的，是为此时此刻而特意准备的；而那个固有的灵魂因为不够纯净而不适合这个仪式。

至于我自己，我所希望的是从总体上成为另一个人；我经常抱怨自己的总体行为表现不是很好，并且请求上帝对我进行彻底的改造，革除我与生俱来的软弱性。 但是这种思绪好像不能够看做是后悔；同样的，哀叹自己生来不是神仙，不是加图，也不能够称之为后悔。 我的行为十分规范，符合我的为人和地位。我已经竭尽全力。 对于我力不能及的事情，我没有后悔和遗憾可言。 我常常想，世界上高强于我的人不胜枚举，但是我不能够因此便要强求着想要改变自己的天资。 同样我的四肢也不会因为想象一下人家的强健就变得更为强壮。 加入想象和羡慕更为高贵的行为便能够产生对我们自己行为的追悔，那么我们对自己最无可指责的行为也能够产生愧疚和悔恨；因为我们明知一个比我们优秀的人的行为一定更完美而高尚，却情愿与之媲美。当我用年老时的目光来审视自己年轻时候的行为时，我总是给它们一种行为得体的评价，由于我当时已经尽力而为了。 我在这里并不是自我夸耀：只要状况一如既往，我会努力照旧行事。

这不是一个污点，而是我为人的基本色彩。我不知道什么是表面的、平庸的以及装出来的悔恨；我只知道在自己把它称为悔恨之前，它应该触动我的五脏六腑，使我的整个身心感到痛苦，犹如上帝在注视我。

任何决策的力量都寓于时间；由于世界上的一切事物和环境都处于永不停歇地运动和变化之中。福基翁曾经给雅典人出了一个主意，却未被采纳，而且事情朝着与他的意见相反的方向顺利发展着。于是有人向他发问道："福基翁，你看，事情进展得这么顺利，你高兴吗?"他回答说："我很高兴事情发展到这种地步，不过我并不后悔我当初提出了那样的忠告。"当我的朋友们来征求我的建议的时候，我都是不加迟疑、明确而毫无保留地告诉他，并不像几乎是所有其他的人那样，闪烁其词，顾忌事情出现偏差，出现和自己的想法相反的状况，而招来朋友们的责怪；其实，我倒一点都不为此而担心。他们要责怪我，那是他们错了，由于我不能够拒绝为他们提供帮助。

在无论是以什么方式做成的所有的事情当中，我都没有留下什么遗憾。因为，只要想象它们也许本该如此，我就能远离烦恼了。过去了的事情已经消融于大千世界的万象之中，已经进入斯多葛主义的因果连环结里面；人的思想都不可能受愿望和想象的驱使，使其发生丝毫改变。无论是现在还是将来，万事万物的全部秩序都不会颠倒位置。

总之，我憎恨那种并非出自本意的、随年龄增长使他偶然做出来的后悔。有一位古人说，他感激消逝的岁月使他远离了情欲的困扰，我对这个看法持有异议；我永远不会感谢无能我带来的那些所谓的好处。"上帝决不会如此敌视自己的创造，以致把软弱无能列入最美好的事物"。 我们的欲望在老年时期会变得淡薄一些，一种饱而不咽的情绪也会随之产生；不过我在这其中看不到任何人为的影子；这些是人到老年的时候所具有的忧愁感和无能境况为我们留下的软弱以及病态的痕迹。 我们不应该任自己在自然体力整体衰退的情况下，让判断力也跟着如此蜕化。 曾经，青春和快乐并没有阻止我们在喜悦中警醒罪孽的影像；而今，随着年龄的增长而出现的厌倦也不应当阻止我们在所谓的罪孽中看到对喜悦的需要。 我现在虽然身处情欲之外，但仍然同身处其中时一样地评价它。 我专注而尽力地去摆脱自己的欲望时，却发现仍旧保留着自己最放荡时代的理智，即使随着年事增高自己这方面的能力还会衰弱或者减退。 不过总的来说，我的理智既不容许我陷入影响身体健康的肉体享受之中，也不容许我陷入影响精神健康的消遣之中。 当然，我并不由于理智已经退出了追求享乐的战斗，便认为它特别勇敢。 我身上的情欲已经变得脆弱不堪，用不着理智去和它对抗，只需要用手一挡便可以将它们消弭。 假如以我现在的理智去面对以往的欲望，我担心没有足够的力气去抗衡。 我的理智除了自我的判断力之外，我还没有看到它有判断他物的能力，它也没有比过去更加显得条理清晰。 因此，假如要恢复它的力量，那也只有可能是一种残缺的康复。

如果对我的聪明才智进行今昔对比，我倒觉得它们还是大体相当的。 但是过去它更有建树，更为风雅、活泼、乐观、自然；而现如今则趋向于呆滞，好抱怨人或者难以与人交往。 我不打算对它进行不知道结果如何的痛苦改造。

我们的心灵需要上帝的触摸，我们的良知需要通过加强理智而不是削弱欲望来改善，而并不是采用压制欲望的办法达到目标。 情欲本身既不是朴实无奇的，也不是黯然失色的。 它不会在人们的模糊眼光之中改变自我。 我们欣赏节欲是为了维护自身的贞洁，并出自对节制我们的上帝本身的遵从；假如我们因为患伤风和腹痛而节欲并且不行房事，那不能叫做克制和贞洁。另外，一个不知道情欲为何物，没有尝试过它的雅致境界、生命力量和迷人美感的人，就无法自夸能藐视和战胜情欲。 我深切知道情欲是怎么一回事，所以我能够发这么一通议论。 当然，随着人老了，我觉得我们自己身上的毛病和缺点也多了起来，相比年轻的时候更加令人感到厌烦。 在我年轻、不被人重视的时候这么看；而现在，当我须发花白、闻名遐迩的时候也这么看。我们把性格孤僻、厌世称作"智慧"；其实，我看是始终没有逃出恶习的巢穴，只不过将恶习改头换面罢了，并且越来越向死胡同靠近。 除了愚笨和早已过时的自负，令人讨厌的喋喋不休，动不动就大动肝火、大发雷霆，迷信并且难以与人相处，还有嗜钱如命、分文必究之外，还加上老年人比年轻时更多的嫉妒、不公正和恶意。 年老给我们的心灵留下的皱纹要比脸上的多；世界上没有或者说很少有这样的人：在衰老时至的时候，他的身上没有散发出酸味或霉味。 人的精神和肉体是一起兴衰的。

从苏格拉底的箴言和他做的几次判决来看，我敢说他并不是有意要和原告串通一气，而是由于他已经是一位七十多岁的老人了。 昔日敏锐的思维走向了麻木与迟钝，惯常清醒的头脑也开始不怎么管用了。

在我熟悉的几个人那里看到他们的风烛残年，是怎样的一幅景象啊！这是一种难以阻挡的疾病，它按照自己的规律使人难以感觉地向前发展着。 人们应该给予高度的重视，认真地加以防范，尽力避免它给我们带来的缺失，至少能缓解这些不足的深化。 我发觉，这种疾病忽视我的提防而一步步向我进攻。 我竭尽全力顶住它的进攻，可是我很难想象它终归会把我逼向何方。不管怎样，只要人们知道我是从哪里倒下的，我便快乐无比了。

论三种交往

一个人不要过分强调自己的爱好和气质。 我们的主要才能，在于我们懂得适应各式各样的事务。 假如固守一种处事方式，一成不变，那只能是存在，并不是生活。 最优秀的人是那些最善于应变和最灵活的人。

老卡东的例子能够证明，值得在这里提出：“他的头脑特别灵活，能够接受、应对任何事务，不管做什么事情，好像天生就是做这种事情的材料。”

假如随我来塑造我自己，不管是什么方式，我绝不愿意锢死自己。 生命是一种不均衡的、无规则的、多样式的运动。 假如不停地重复自己，囿于某种癖性而无力改变或者不能够自拔，这样做并不是善待自己。 更不要说是做自己的主人，反倒成了奴隶了。 我现在说这些话，是由于我很难帮助自己摆脱思想上的束缚。 我想问题总是沉缅其中，不能自拔，而且总是精神紧张和全身心地投入。 无论人家谈的问题多么的琐碎，我都会有意放大并加以延展，直到能够充分发挥我的脑力。 由于这个原因，只要脑子一有空闲，对我来说就是一桩苦事，并且影响到了我的健康。 大部分人的头脑需要外来的物质才能活跃和运动起来；我的头脑只有这样才能够平静和得到休息，“游手好闲的缺点必须通过工作加以克服。”（塞内克）由于我的主要工作、需要耗费大量精力的工作是研究我自己。 对我来说，读书可以使头脑暂时放下研究自我的工作。 一旦想到什么问题。 我的大脑就会活动起来。 从各个方面来考察自己的力量，它摆正自己的位置，克制自己，强迫自己。 它能够激发自己的才干。 正如对待所有的人一样，大自然赋予它足够的、完全属于它是并且可以使用的材料，还有足够的题材，供它创造并判断。

对于善于自我发掘和努力认识自己的人来说，沉思是一门深刻而丰富的学问：我更加愿意塑造我的思想，而不是填充它们。 按照自己的精神与自己的思想交谈。 不存在能力强弱的问题。 伟人们就以此为业，"他们认为，生命就是思想。"（西塞罗）此外，大自然又助它一臂之力，赋予它这个特权：没有任何事情能够做得更加长久，没有任何行为能够使我们那么平常、容易地沉溺于其中。 亚里士多德说："沉思是诸神做的事，因而才有了诸神和我们的真福。"通过阅读，给予了我各种分析的主题，与此同时也激发我的思考、发动我的判断能力，而不是我的记忆力。

因此，没有生气没有力量的谈话很少能够留住。 的确，严肃和深沉，优雅和美丽相比较，它们同样地使我满足，同样地耗费我的时间。 甚至有过之而无不及。 在别的谈话中，我常常会昏昏欲睡，我常常会敷衍了事。 对待平庸的无趣的言谈、纯粹的客套，我会做一些空洞无物的回答，或者说一些连小孩子都不愿意听的愚蠢可笑的话。 或者一言不发，表现得更傻更没有礼貌。 我有一种能够把自己封闭起来的沉思方式。 而另一方面，我笨拙并且幼稚，对很多很寻常的东西都完全无知。 说真的，由于这两个特点，人们可以编造出五六个关于我的故事，把我说成比任何人都傻的傻子。

我继续这个话题说下去。 这种不近人情的天性使我在同人交往的时候显得特别挑剔（我会精心挑选交往的人），使我在日常的行为中显得无比笨拙。 我们和老百姓生活在一起，与他们打交道。 假如我们讨厌与他们交往，假如我们不屑去适应地位低微的普通人——他们常常和最敏锐的人同样地具有智慧（假如不适应普遍的无知，任何才智都是平庸的）——那么，我们就不要再去管自己的或别人的事了。 处理公众事务和私人事务，都是和这些人在打交道，最轻松最自然的思想状态，也就是最美的状态。 最好的工作，是我们最发自内心愿意去做的工作。 上帝啊，请再帮一个忙吧，既然智慧让人的欲望适应他的能力，那么，请问还有没有更有用的学问了。 "尽力而为"，是苏格拉底的口头禅，是他最喜欢说的一句话，特别有内涵的话。 我们必须把欲望引导至最容易实现，最靠近我们的事情上面去。 不要让它超出这个界限。 从我这方面讲，假如我我不和冥冥中安排我去交往、我根本离不开的许多人协调一致，却非和一两个与我没有关系的人拴在一起，更加确切地说是扯上一种异想天开，根本无法达到的愿望。 这不成了一种蠢笨的怪癖了吗？ 我的性情温和，不喜欢尖酸刻薄，所以比较容易避免仇与恨。 从来没有人显示过如此有利的状况，我不是说受人爱戴，而是不受人仇恨。 可是，我对人冷淡，很自然地使我失去了很多人的宠爱，他们从另外一些方面，从坏的方面解释我的态度，也是情有可原的。

我有很强的能力，可以得到和珍惜经过精挑细选的友谊，由于我渴求合我的口味的缘故，并且牢牢抓住不放，努力争取，我全身心地投入。 很容易就沉浸在其中，在经过的地方留下我的痕迹。 我常常有一些好的经验。 在普通的友谊中，我多少缺乏热情，有一些冷漠。 由于假如不是扯着满帆全速前进，我的行为举止总是不那么的自然：从青年时代开始，命运用一种唯一和完美的友情观来造就我，引发我的欲望，实际上也同时使我产生了对别种友谊关系的反感，在我的思想中打下了深刻的烙印，正如那位有名的古人所说的那样。 认为友情是一种家居型动物，而不是群居型动物，除了这个事实以外，还应当说我天生难以做到半心半意地同人交往。 不仅不赤诚待人，而且带着那种充满卑屈和疑惧的谨慎，这是在众多地存在着缺陷的友好往来中必须遵循的规则——在现在这个时代里更加突出，我们在谈论别人的时候，要么愿意冒危险，要么就是虚情假意。

然而，我清楚地看到如果大家都像我一样以生活质量（我说的是真正的质量）为目标的话，我们就应当同躲避瘟疫一样地躲避这些困难或者钻牛角尖。 我特别欣赏有着多层次思想的人，他懂得张弛有道，随遇而安，能够和邻居谈论房子、打猎、官司，乐于同木匠和花匠交谈。 我羡慕那些能够亲切对待最低下的仆人，能够与侍从建立良好关系的人。

补充一点，我不喜欢柏拉图的劝告，他说对待仆人应该永远使用命令式的语言。 无论是对男仆还是对女仆，都不能够开玩笑、不能够亲近。 除了我说过的理由之外，还由于过于重视命运授予的特权是不人道以及不公平的。 接受主仆之间尽可能的平等，我认为这才算是最公道的社会。

有人努力地拔高和架起他们的思想。 我却使它降低，让它更加贴近地面。 一旦夸大，缺点也就来了。

> 你讲述埃阿克子孙和在特洛伊的战斗故事，但
> 是，我们为开俄斯岛的一坛酒付出了多少代价啊。
> 在哪位主人的家里，谁来烧水给我洗澡。在什么时
> 候，我能够不像佩里涅人一样受冻，你却只字
> 不提。

——普鲁塔克

因此，正如同拉塞德莫尼人的英勇需要节制一样，需要美妙柔和的笛声在战争中抚慰它，不要让它变得鲁莽和疯狂，而其他的民族则不同。 通常使用尖锐和强大的锣鼓声以及呐喊声尽量地激发并提高士兵们的勇气。 同样的，我认为同常规相反，我们大部分人更需要铅坠，而不是翅膀，更需要冷静平淡，而不是热情和躁动。 尤其是情愿装疯卖傻，也好过在一班不是内行的内行人中间充当内行，好过紧紧张张地"站在叉子尖上说话"。必须站低一点，和对方平起平坐。 有的时候还要装作无知，把你的力量以及敏锐放在一旁，按照普通的习惯，拿出一般的本领出来就已经足够。 总之，如果他们要你趴着，那就趴着吧。

有学问的人常常在这个问题上受到挫折。 他们总是摆开架子宣扬他们的学问，到处散播他们在书本上学到的东西。 而现在，他们的言谈充斥整个客厅以及贵妇们的耳朵。 以至于就算她们抓不到精髓，起码也留下了皮毛。 不管什么题材，也不管材料多么粗俗和大众化，她们都有新鲜的巧妙的说法和写法，"这就是她们用来表达害怕，用来表达怒火、开心、忧愁以及各种内心秘密的语言。 我还有什么可说的? 她们在床上的话语也非常有学问。"（郁文纳尔）

她们甚至引用柏拉图和圣托马的话，说一些谁都可以证明的

事情。 学问进不了她们的头脑，却留在了她们的嘴上。 假如天生有才气的女人信任我的话，她们就能够满足于炫耀属于她们自己的财产，她们天生的财产。 她们将自己的美丽遮盖起来，换上另外一种不属于她们的美。 扼杀了自己的天生丽质，用矫饰的亮光来引人注目，这是极大的愚蠢。 她们被埋没在人为的东西中了。 "就好像从头到脚都是自从化妆盒里出来的似的"（塞内克）。 这是由于她们对于自己认识不够的缘故：世界上没有比她们更美的东西了，她们理应为艺术增光。 让本来美丽的事物变得更加美丽。 除去被爱被敬重，她们还要求什么吗？她们在这一方面拥有得太多了，了解得太清楚了。

只要稍微激发和推动她们自身具有的能够力就行了。 我看到努力学习修辞、法学、逻辑，以及许多她们根本不需要的毫无意义毫无用处的东西，我开始担忧建议她们如此做的男人们，是否利用这个借口来寻求控制她们的手段。 你说说，我还能够有别的理由来解释吗？不要我们的帮助，她们已有足够的能力让美妙的眼神表现出欢喜、庄重和温柔，再加上时而断然的、迟疑的或者欲擒故纵的拒绝，只需要不把别人献殷勤的话语做过于深奥的解释就行，因为有这些学问，她们就可以挥舞指挥棒，对学派和大师们发号施令。 假如由于有时在某个问题上略占下风而感觉烦恼，假如出于好奇希望涉猎书籍，诗歌是很适合她们打发时间的事物。 就好像她们本身一样，这是一个轻松而细腻，经过装饰，能够朗朗上口的绚丽的艺术。 她们也能够从历史中吸取各种乐趣。

在哲学方面，她们可以在与人生有关的部分里大加发挥。能够学习怎样判断我们的性格和我们的处事方法，保护自己不被男性背叛，克制自己轻浮的欲望，调节自己行动的自由度，延长性命的乐趣，勇敢地接受情人的不忠，丈夫的粗野，岁月以及皱纹带来的烦恼，以及其他类似的事情。 以上就是我尽最大的可能在理论上给予她们的劝告。

有一些天生的个人主义者，他们自闭，远离他人。 善于交往、比较外向就是我的性格的主要：我的所有都表露无遗，明了，生性喜爱结伴和重视友情。 我所喜欢和主张的慎独，主要是为控制感情和思想，并不是约束和限制自己的步伐，而是为了控制情感和思想，约束和限制自己的欲望和烦恼，不去操心和自己无关的事情，宁愿死也不受束缚和强迫；我主要避开繁杂的事情，而不是复杂的人。 说真的，从地域上讲的独处使我心胸开朗，令我视野开阔：我在一个人时，更关心国家大事以及社会。在卢浮宫中，在人群之中，我压抑自己，我夹着尾巴生活：人群将我推向我自己，只有在讲究尊重和谨慎的地方，我才能一反常态，放肆地目中无人地讲话。 我不会嘲笑人们疯癫，只会嘲笑人们的智慧。 我从天性上说并不讨厌宫廷里拥挤的景象；我甚而在其中度过了人生的一部分，同时我常常都愉快地参与大型聚会，只要不太频繁，和我的安排并无冲突。 但是，我上面提到的判断上的问题使我别无选择地和孤独结下了不解之缘。 甚而在自己家里。 在这么多的家人中间，抑或在常常去的朋友家里都是这样。 我在这些地点见的人很多。 但是很少有能够与之促膝深谈的人；我在这些地点给自己也给别人保留了非常大的自由空间。 人们在这儿不拘礼节，在这儿没有谁陪谁的问题，也没有送往迎来的习俗，人们免除了类似的许多礼节上的规矩；（啊，拘束和不合时宜的风俗啊！）每人都按自己的方式行事；只要他愿意，谁都能够发表自己的观点；我在这儿总是默默无语，思考，思考着自己的事情，我的客人们并不会因此有得到怠慢的感觉。

我寻求交往和亲近的人，是那些被称之为"老实人"和"能人"的人：我对于那些人的想法令我远离另外一些人。按正确的解释，这是一种极为罕见，应当归功于本性的处事方式。与他们联系的原因，仅仅是为了亲近、来往和谈话：除除了锻炼思维以外，得不到别的好处。我们相互交谈，并不在乎谈什么话题；我也不在乎话题的分量和深度：不过这些谈话不会缺乏优雅和正确；所有的内容都留有判断成熟和坚定的印记，还有善良、直爽、快活和友谊。我们的思维不仅仅在继承替代的问题上，而在国王们的事业之中显示出美丽和力量，同时在私下的谈话中也是如此。我从他们的平静和微笑中能够认出比较适合我的人，也许与议事堂比较，我在餐桌上更加能够有所发现。伊波玛乔说得非常好，他能够从人们在街上走路的姿态认出优秀的格斗士。

假如科学想加入我们的交谈，它是不会被我们拒绝的：并不是那种通常所说的权威的、专横的、不合时宜的科学，而是那些听话的服从的科学。我们的交谈只求打发时间；假如想受到教育和学习思维观点，我们会到它所在的殿堂。在此，只能委屈科学了，请它降低身份适应我们的水平，由于我已经有一个先入为主的想法，就算是它有用和合乎要求，如果有必要，我们完全能够把它抛在一边，没有它我们同样能够达到目标。一个自然地长得美丽，在人际交往之中获得锻炼的人。通过本身就可以变得十分受人欢迎。艺术不是其他的东西，它是对于这些人所展现的品质的考查和记录。

和年轻美貌的值得尊敬的女子来往，对我来说也是一种温馨的经验："由于，我们也是一样，我们有一对内行的眼睛。"（西塞罗）假如心灵无法获得与他人接触的时候的那种快乐。更多地参加其中的感官却能够达到几乎相同程度的享受，即使按照我的想法，这是一个不一样的快乐。不过，我们对于这种交往一定要十分小心，尤其是像我这样易受肉体冲动影响的人，我在少年的时代有过惨痛的经验，我曾经为之疯狂，按诗人们的说法。这就是丧失节制和判断，放任自身的人都会遇到的。确实，当时所受的鞭挞成了我以后的教训。

> 自此，在加法雷海角侥幸生还的亚
> 戈斯舰队的水手们，还没有到达优卑亚
> 海就掉转船儿走了。
>
> ——奥维德

把全部的精力都放在这种交往上，不加分析，全身心地疯狂投入，这是愚昧的行为。不过在另外一方面，假如没有爱，没有情感的牵连，就像演员扮演在这个年代司空见惯和习以为常的角色一样，并不是有意，这在事实上能够增加安全感，不过也是一种极其卑劣的做法，就好像一个人害怕承担风险而放弃荣誉，放弃利益，放弃快乐一样。能够肯定，建造这样的关系不可能希望任何符合和满足高贵心灵的好结果。需要有真实的愿望，争到你真正乐于享受的事物才行。也就是说，就算运气会毫无理由地帮助我说的那些人的爱情游戏，这是常有的事，但是事情就是这样，因为任何女人，无论命运多么嫌弃她，都觉得自己是值得被爱的，都希望通过年龄、微笑、举止来夸奖自己，由于绝对丑陋的女人不会比貌美如花的女人更多；没有其他优点的婆罗门女子会来到公共广场上，老百姓早已经正式聚集在那里。她们显露私处，想着单凭这个也应当找到丈夫了吧。

因此，任何一个女人听到第一次山盟海誓，都不可能轻而易举地相信对方真能成为她的奴仆了。但是，从现在的男人们常见的非常普遍的背信弃义的做法，肯定得出一个经验已经告诉我们的结果：女人们躲避我们，要么退缩，回归自我或者依靠同伴，要么学习我们的榜样，扮演爱情闹剧之中她们的那个角色，接受这一没有激情，没有趣味，没有情感的关系。"无论是来自于她还是其他人，所有激情都没法感染她了"（塔西陀）；她们认为，根据柏拉图书中莉西娅的建议，我们越是不爱她们，她们是能够更有效地更加方便地为我们献身。

就像在演戏一样：观众和演员获得相同的，甚至更加大的快乐。

对我来说，我知道没有丘比特就没有维纳斯。同理，没有孩子就没有母亲，这在实质上是相互补充和互为依据的事情。所以，最终倒霉的人还是欺骗他人的人。他反倒不用付出多少代价，不过也无法获得任何有益的东西。把维纳斯奉为女神的人认为，她的美是一种内在的精神的美；不过，我所说的那些人找到的美却不是人类的美丽，亦不是动物的美。动物不需要那么粗野，那么俗气的美！我们见到，想象力和欲念常常先于肉体令他们兴奋和骚动；我们看到雄性和雌性在群体中按照自己的情感进行选择和剔除，互相达到非常诚挚的结合。甚而那些年老体衰的个体，也为情感而激动、吼叫和颤抖。我们看到它们在行动以前充满了期盼和热情，紧接着，当肉体大功告成以后，它们依然沉浸在甜蜜的回忆之中；我们还见到有些动物甚而引以为豪，高歌欢唱和胜利：疲劳和满足。 一个只希望舒解身体的天然需求的人，不需做细致的准备工作，他不要别人也能够满足自己的需求：那些温柔体贴的做法无法解决严重和难以忍受的饥渴。

我不要求人们认为我比现实的我要好，因此，我要谈谈自己在年轻时代犯过的错误。 不仅由于对于健康有害（我不足够精明，无法逃避两种伤害，就算是轻微和短暂的伤害），并且由于我轻视在公共场所花钱的交易，因此对此非常冷淡；我愿意知难而进，通过欲望和荣誉感来刺激爱的愉悦，我喜爱蒂拜尔皇帝的做法，他在爱情关系之中既要顺从，又要高尚，也重视其他的品质；我还喜爱名妓弗劳拉任性的脾性，她只委身于独裁官、执政官、监察官，从情人的高官厚禄当中享受快乐。① 当然，珍珠和绫罗绸缎，也包含官阶和跟班，能够为情人提供某些东西。 但是，我很重视精神——当然身体必须是整件事的一个部分，由于。 你在脑子里需要回答一个问题，假如两种美必须残缺其一，我会放弃精神的美丽：它应当用在更加重要的地方。 说到爱情这个题目，一个主要关系到视觉和触觉的题目，没有精神的优雅还可以做点事情，不过欠缺身体的优雅则将一事无成。 美丽是女人的真正优势。 美丽只属于女士们，甚至我们的男性美，即使在线条上有不同的要求，但是达到真正完美程度的男性美，总是表现在儿童和处男身上，并且和女性美混杂不清。 听说，在土耳其皇帝的宫殿里有无数相貌出众的侍从，不到二十二岁就会被撵出皇宫了。

善于思考、冷静明智和忠于友情的责任，更多地落在了男人

---

① 据勃朗托姆《名妓传》。

们的肩上：因此，他们管理世界的种种事务。

以上两种社会关系是偶然结成的，而且必须依赖他人。 有一种由于少见而显得困难，另外一种则随着年龄增长而失去鲜艳：在这种状况下，它们都不能够完全满足我生活的需要。 常常接触书籍，这是第三种社会关系，是更可靠，更加属于我们的一种关系。 它并没有第一种社会关系的很多优点，不过它帮助你，长久而便利。 这种形式的联系陪伴着我的一辈子，随时随地都在帮助着我。 我衰老了，我感到孤独，它安慰我。 无所事事让我痛苦不堪，它帮助我卸除这个重负。 它每时每刻帮助我摆脱无聊的应酬。 即使它并不能够完全彻底地掌控我。 起码能够帮我减轻突然的痛苦。 为了转移某个纠缠不清的想法，我只能求助于书本：书本能够非常容易地吸引我，令我重新振作。但是，我只在无法找到其他更加实在、更加生动、更加自然的消遣时才去寻找它们，书本也不会因此而厌恶我；它们每次见到我总是一样地和蔼可亲。

俗话说，牵着马缰走，又富又康不用愁；我们亲爱的雅克，那不勒斯以及西西里的君王，潇洒，年轻，健康，出行时睡在棺材里让别人抬着走，头枕一个破旧的鹅毛枕头，身穿一件灰色的毡袍，头戴一顶同样质地的帽子，后面跟着长长的皇家卫队，轿子，手牵的各种马匹、贵族和官员，显露出一幅非常稚嫩和虚弱的庄严朴素的景观：手握良方的病人是没必要同情的。 我从书本得到的全部收获，均包含在这个充满了真理的格言的经验以及实践中了。 我像吝啬鬼享受财富一样享受书籍，因为我知道我随时都可以享受它，我的心感到满足，并且不想再占有其他的东西。 不论在战争年代还是在和平年代，我外出旅行时总带着书。 不过，我完全有可能好多天，甚而好几个月根本不需要它们。 我在心中想："抑或等会儿，或者明天，或者等我开心时再读吧。"在这种时候，光阴似箭，稍纵即逝，我一样过得无忧无虑。 由于，我休息得不知道有多好，并且我总是在想，它们就在我身旁，在我需要时就会给我快乐，我能够感觉到它们为了我的生命带来的巨大帮助。 这是我在人生旅途中所找到的最大收获，我十分同情那些非常聪明却没有这种收获的人。 我也可以很快地接受所以其他消磨时间的办法。 无论它多么无聊。 由于我知道读书的方法是不会离开我的。

在家里，我比较多地在书房里转来转去，从那里可以很方便地操纵家务。 我处在房门口的上方，能够看见下面的园子、鸡棚、院子，和家里大多数的地方。 我在那里的时候有时翻这本书，有时翻那本书，毫无次序，毫无目的，看一些相互间毫无关联的章节；我有时遐想，有时记一点东西，边散步，边口述在这本书中大家读到的我的思考。

我的书房位于塔楼的四层。 二楼是我的祈祷室。 三楼是卧室以及卫生间等等，我经常一个人在这儿过夜、卧室之上有一个非常大的专门放置衣服的房间。 曾有一段时间，这是家中最没有用的地方。 我在书房里度过一天中的大部分时间，一生中的大部分日子。 不过，我在夜里从不会去。 在它身旁是一间非常高雅的工作室，冬天时能够生火取暖；还有一扇窗，光线特别柔和。 假如不是嫌麻烦——嫌装修工程麻烦，开销还在其次，我完全能够在同样一层的两旁加一个长百步宽十二步的走廊，由于我发现所有的墙都非常高，在我需要的高度上能够作一些其他的用处。 去任何角落都需要一个过道。 如果我把自己的思想固定在一个地方，它们就可能睡大觉。假如我的双腿不会动，我的脑子也不会前进。没有书来读的人都是如此的。

我的书房是圆形的，除了桌子和椅子外，没有直线的线条，圆弧的曲线让我一目了然，能够看到四面安放在五格书架上的所有书籍。它三面对外，景色优美而一览无余，在直径之上有十六步左右的房间。冬季时。我在中间连续待的时间比较短，由于正如家族的名字所示，我的房子高踞于一个小山岗之上，同时这一间书房却又是最招风的地方，我喜爱它是由于别人不容易上来，它的地理位置比较偏僻，也由于有利我做事，它令我远离喧嚷的人群。这就是我居住的地方。我试图尽可能地操控大局，令这个唯一的角落躲开夫妻、子女和世间的群体。在所有其他的地方，我仅仅有名义上的权威性：其实是不确定的。在我看来，谁在家里没有一个让自己属于自己的天地，能够躲藏的地方，他真是一个非常不幸的人了！野心需要为它的仆人们付出很高的代价，要让他们永远穿戴得光彩照人，就好像市场上的那个塑像："财富让你变成奴隶。"（塞内克）他们甚至连暂时藏身的厕所都没有，在宗教人士的严谨刻苦的生活之中，我从未如此严厉地评判在其中一个修会的见闻：他们的原则是无论做什么事情，永远地保持在一个地方。永远有许多人陪伴在身边。在某种程度上说，我认为永远独处，也比永远不能够独处要好。

假如有人对我说，把给诗人带来灵感的女子只当玩物和消遣，这是在侮辱她们，那么这人和我一样不明白快乐、娱乐和消遣的价值。我几乎想要说，所有别的目的都是讽刺的。我是做一天和尚就撞一天钟，而且恕我冒昧，我只为自己生活：这就是我已经打定的主意。年轻时，我为了卖弄学问而读书；之后，有些想变得有智慧而读书；直到现在，是为了闲适而学习：从来没有希望从中得利。 现在我对这一类既无意义又要花钱的室内装饰物并无特殊爱好，它不仅仅满足了我的需要，并且另外有一个重要得多的因素，它能够覆盖和美化墙。 这种喜好，我抛弃已久了。

对懂得挑选的人来说，书籍有许多令人愉快的优点；不过，没有付出，它们是不给我什么好处的；这并不是一种确定并且纯粹的乐趣，不比其余的乐趣更加确定和更加纯粹；它有它的不足的地方，并且非常沉重；精神在其中得到磨炼，但是，体格在这段时间里显得惰怠无力，它渐渐衰弱，慢慢憔悴，尽管我也没有忘掉照顾身体。 在生命衰微的过程中，我不明白还有什么能够造成更加大的损害，还有什么更加需要避免的没有节制的行为。以上便是我特别钟爱的个人活动。 我说的不包括那些出于礼貌应该为大家做的事。

论转移注意力

我曾经受人之托去安慰一位着实悲伤之极的夫人；而女性的忧伤大多是人为做作的，而且常常过于夸张。

> 女子随时准备好充分的泪水，
> 只等着她们心血来潮的时候的需要，
> 按照一定的形式往外流淌。
>
> ——尤维纳利斯

用安慰的办法来劝阻她们的悲伤并不妥当，由于这样做的后果，反倒会刺激她们，让她们陷入更加悲伤的境地；就如互相猜忌的争论会把事情弄糟一样。 我们常常会看到这种状况，人们在无意之中说出的话假如遭到他人的反对，我们反而会激动地加以坚持，甚至死死咬住不放，但那句话的得失对于我们的利益就非同小可。 同时，这样行事甚而会给我们将要提上日程的工作造成一种不顺的开头。 无论什么地方的医生，首次接待病人的时候，都应当亲切、轻松，令人感到愉悦；表情难看、满面愁容的医生绝不会马到成功。 反之，医生一开始就应当帮助和各方面照顾自己的病人，鼓舞他们倾诉病痛，并且表示某种理解和谅解。 这种聪明的方法会令你获得对方的信任，方便你由此及彼地说明病情，同时在不知不觉的轻松氛围中，将话题引到治疗相关的深沉思考。

我那时主要想把一直关注着我的夫人的悲伤情绪分散一下。以使她的痛苦获得缓解。 我的经验不足，无法说服她。 我抑或会把道理说得太过刺耳、太过枯燥，抑或说话的口气太过简单生硬、太过有气无力。 在耐着性子地听了一会儿她的伤心诉说之后，我并没有想到要用生动有力的理论去抚平她的伤口，由于我缺乏这些道理，或者因为我更想换一种方式说服她；哲学上的各种医治痛苦的药方，我并没有采用，譬如克莱昂泰斯说的"人们不停抱怨的事情其实并不坏"，逍遥派所说的"这只是小事一桩"，克里西波斯所说的"喜欢抱怨的行为既不公平，也不值得称道"；我也没有借用与我的风格类似的伊壁鸠鲁的做法，将人的思想从让人烦恼的事物上引到令人开心的事物上来；我一样也未像西塞罗那样把上述克服哀怨的一大堆做法见机行事派上用场；我是慢慢地将我们的话题一点点地岔开，先转移到相近的事物上，而后往远处展开，根据她对我所谈内容是否感兴趣的程度而定，所以我在不露声色的言谈中让她在不知不觉中脱离了悲伤，让她的情绪完全平静到和我一样的状态。 我那时用的就是转移注意力的办法。 在我后面去完成相同使命的人，发觉她的情绪没有任何的好转；这也可以理解，由于我并没有从根源上医治她的"病痛"。

我也许在其他地方略微提到过一些公开转移注意力的方法。军事上譬如伯里克利在伯罗奔尼撒战争中就用过此法，历史上用这种办法拒敌人于国门之外的例子更是不胜枚举。

……

还有一个故事说的也是如何转移注意力。 传说阿塔朗特是个貌似天仙、聪敏过人的姑娘，为摆脱千百的求婚者的纠缠，她想到了一个令求婚者相互竞争的方法：就是在赛跑中谁和她跑得同样快，她就嫁给谁，而其他失败者都将命丧黄泉。 不少追求者都认为值得去冒险，在为了这样残酷的爱的竞争中，冒着生命危险是非常值得的。 名为伊波梅纳的青年是最后的一个参赛者，他向着主宰爱情的女神乞求帮助；爱神满足了他的祈祷，赐他三个金苹果并教他怎样使用。 赛跑公开举行。 每当伊波梅纳感到自己倾慕的姑娘就要赶上他时，他就让一个金苹果滚落在地上，就好像是不经意而做的。 姑娘一下子就被金苹果的美妙吸引了过去，失策地转身去捡苹果：

> 年轻的姑娘惊叹不已，向往得到这金灿灿的苹
> 果，她转过身停下脚步，捡起在脚边滚落的金子。
>
> ——奥维德

就这样子，伊波梅纳瞅准时机，扔下了第二个、第三个苹

果。 最后，将姑娘引入歧途的办法奏效，他获得了赛跑的胜出。

医生在无法治愈重伤风时，就把它引开，或者转移到身体另外不大致命的部位。 我发觉这也是治疗人们心理疾病的最通用的办法。 "有的时候甚至应当把病人的注意力一到其他目标，就让他关心其他的事情，挂念其他的事情，参与其余的活动；犹如久治不愈的病人，往往该在病痛的注意力被转移后才开始治疗。"人们极少直接向病痛区下手，既不任由原封不动，也不强制遏制它，而是对着它进行转移性的医疗。

还有一种训导十分高深，它适用于那些优秀人物，要求他们直面事物，加以思索，作出判断。 这只有那些一流的人物才可能做得到：譬如仅仅只有伟大的苏格拉底才能够将死亡和一种平凡的面容联系到一起，视死亡为人生的归宿，并不把它放在心上。 他根本不愿在别的方面获得慰藉；死亡对于他来说是非常自然、没必要大惊小怪的事；所以他能够正视死亡来临，坚定不移，目不旁视。 但赫格西亚斯的信徒们在他的那一些激动人心的精妙演说鼓舞下，绝食而亡，人数超前，导致国王托勒米一世必须下令禁止他继续做这种误导人命的演讲。 他们没有正视死亡本身，没有对死亡作出判断，他们的思维不在于此，他们匆忙间与人生道别，是想去寻找一种新的存在。 人们还看见过一些被送上断头台的可怜人儿，他们将要死亡，仍旧虔诚之至，竭力调动自己的五官功能：双耳听到别人对他的教训，双目看着天国，双手伸向天空，口里不断地祷告，激动的表情显而易见。这所有都是和处境一致的，值得赞美的。 人们应当从宗教的角度对他们给予褒扬，但是论勇气，却不足以称道。 他们是在逃避斗争，在死亡之前绕道走，就好像医生在给小孩动手术之前先将他们逗乐一样。 自然，我见到一些人偶然低头看见他们周围令人不寒而栗的刑具时，吓得满身冰凉，立马惊悸地看着别的地方。 这就像那些要越过可怕的悬崖的人，老是让人蒙上眼睛抑或两眼望着别处。

尼禄下命令处死絮布里乌斯·弗拉维乌斯，由尼日实行，下令者以及执行者都是军事将领。 而当弗拉维乌斯被押到刑场的时候，他看到尼日命人为他挖好的土坑零乱不整，就把头转向在场的士兵说："甚而连这土坑都挖得不符合军规的要求。"他同时对命令他把头摆好的尼日说："但愿你砍头的时候也能够砍得正！"他估摸得很准确，因为尼日手臂颤抖，几刀下去才把头砍下来。 我见者这位视死如归的弗拉维乌斯，才能真正算得上是敢于直面现实的人。

武器在握却在混战中丧命的人，注意力根本不在死上，他对死既无感觉也无所顾忌，由于当时的战斗激情已经完全地将他控制。 我认得一位上流社会之中有教养的人，在一次斗争中碰到障碍物摔倒了，被对手揍了九到十拳，观者喊声阵阵，让他注意凭良心对付敌手。 他之后对我说，他尽管听到了那些叫喊声，但是丝毫没对他产生作用，他一心想的是脱离敌人，之后为自己报仇。 最后，在这场格斗中，他杀死了对手。

有人正色对 L. 西拉尼斯说道，他将被处以极刑，那人获得的回答是："我早已做好了死去的准备，但是不能死在罪恶之人手中。"对方一听就火冒三丈，带着士兵向他冲过去，想用武力征服他；他没有武器，全凭借拳脚抵挡，最后在搏斗之中将那人打死：一股旋风般愤怒的情绪驱散了他埋藏已久注定死亡的悲哀。

我们老是考虑死亡之外的事：抑或希冀一种更加美好的生活，抑或期望我们的子女活得更有价值，抑或盼着名垂青史，抑或想着绕过人生的苦难，抑或希望向置我们于死地的人复仇；就是没有想到过死亡。

> 假如公平的神灵能够做出决定，
> 我盼望你一定要历尽人生的千难万险。
> 不断地喊着狄多的名字……
> 我在阴曹地府一定将倾听你的祈祷誓言。
>
> ——维吉尔

色诺芬头戴花冠正在进行祭奠时，有人来向他禀报，说他的儿子格里吕斯在芒蒂内战争中牺牲了。他获得噩耗后的第一个情绪反应就是将头冠扔在地上；不过之后，但是随后听说儿子英勇战死，他捡起花冠重新戴在头上。

伊壁鸠鲁也有过相似的情感。他在生命的最后关头，想起自己的著作将留传于后世而且有益于他人，他也就感觉心有慰藉了。"伴随着荣耀和名望的一切艰辛都变得可以忍受。"色诺芬说，一个将军和一个士兵，他们对于同一种伤势和同一种艰险的承受能够力是各不相同的。伊巴密浓达其得知胜券在握，更为轻松地接受了死亡的事实。"这是对于最大痛苦的最好的补偿和慰藉。"还有其他的境况也能够慰藉我们的心灵，将我们的注意力从死亡这件事情上引向别处。

即便是哲学观点也避免直接涉及话题，只是轻描淡写地触动表面。在其他的学派之上的第一位哲学学派的创始人——伟大的芝诺在谈到死亡的时候曾经说："世界上没有什么痛苦是光彩的；不过死亡是光彩的，因此死亡不属于痛苦。"他在谈到酗酒时曾经说："谁都不会把自己的秘密告诉醉鬼，而是告知智者，因此智者不会成为酒鬼。"这些想法算是抓住了事情的要害吗？我盼望看到这些一言九鼎的思想家在评论人事的时候，能够关注我们人类共同的话题。不管他们多么完美，也要扎扎实实做普通百姓。

复仇是一种刻骨铭心同时天然合理的美好感情；就算我还没有亲身经历过，不过我很理解这一种情感。最近，我希望使一位亲王放弃他的报仇念头。我并没有去告诉他，有人打了你的左颊，你该以慈悲为怀，送上你的右颊；我也没有朝他援引诗歌中述说的复仇引起众多惨剧的事例。我将报仇的事置于一边不提及，很有兴趣地将另外一种相反的情景的美好之处述说给他听，请他评价：人们的真诚、宽厚能为他赢得宽宏大量和与人为善的品德；我让他放弃了报仇的强烈愿望。请看，这就是我的办法。

哲人们都这么说，如果你的情欲太强烈，请把它分散到别处去。他们说得很有道理，我曾多次有效地这样尝试。将情欲分解成多种其他的欲望，假如你愿意如此的话，还能够让其中的一种处在主导和支配地位；但是为了不让它残酷地虐待并掌控你，还是要用转移的办法克制它，削弱它。

> 当强烈的欲望搅得你六神无主的时候……
> ——佩尔西乌斯

> 请立刻将聚积体内的液体排出。
> ——卢克莱修

并且要尽快进行，

省得你被这种欲念俘虏，受到折磨，

假如你没有新的创伤去化解老的伤口，

假如你不能够趁它们还是新鲜伤口时，

把它们交给一位美女去治疗。

——卢克莱修

　　我曾经有过一次沉重的不幸，它给了我很大的打击。 如果按我的气质来说，"重大"还不足够形容"不幸"的程度；假如仅仅依靠一己之力。 我可能会在那次不幸当中一蹶不振。 那时需要一种非常强烈的情感来化解我的忧伤，于是我施计假装陷入情网——当然年轻气盛也帮了我的大忙。 爱情减缓了我的痛苦，并且让我从失去挚友的悲哀中脱离出来。 处理其他方面的事情也情同此理：当我被一个不快的念头所纠缠，我觉得去改变它比驾驭它的效果更好；假如我不能够利用一种相反的想法去代替它，至少我能够用一种有别于它的念头去顶替它的位置。 变换一种思考总是能够减轻、排解和去除心中的苦恼的。 即便不能战胜它，我也可以躲避它，在回避它的同时，我用谋略调开它；我能够改变地点，从事其他的活动，和别的伙伴往来，在别的消遣和思念当中得到自救，以便抹去忧伤的踪迹，让它将我彻底抛弃。

　　为了转移有关他的流言蜚语，阿尔西比亚德将他那只漂亮狗的耳朵和尾巴割掉，并且把狗赶到广场当中去，让它成为人们啰唆的主题，就让自己的其他的活动能够在清静的环境当中顺利进行。 我也见到一些妇人为了转移人家的闲话和猜测，引开他们的视线，有的女人用假装的风流去掩饰她们真实的艳情。 我倒是真的见过这么一个人，她在做戏当中弄假成真，抛弃了先前的恋人，对假情人动了真情；她之后对我说，那些觉得自己的爱情稳妥可靠而容忍这种情场做戏的人真的是愚蠢之徒。 要明白，公开的接待与情感的交谈特许给了那一个效劳者，假如他最终没有将你取而代之，他就谈不上是个高手，真的仅仅配在情场上为你跑龙套了。 这就是典型的帮他人做嫁衣裳。

区区小事足以转移我们的视线，抓住我们的心。 我们有的时候根本不考虑事物自身和它的全局状况；左右我们的经常是那些表面的现象以及细枝末节的情形，还有那些与主题刚好擦边儿的鸡毛蒜皮之类的小事情。

就像蝉在夏季蜕下的纤细的皮。

——卢克莱修

普鲁塔克对女儿的怀念是从她儿时耍的小聪明引起的。 回忆起一次的告别、一个动作、一份特别的恩宠、一句最终的叮嘱，我们都会非常悲痛。 恺撒血染的长袍曾经震撼整个罗马，这就是他的死都不曾引发过的反响。 我们耳边常常回响着对一些名称的呼唤，比如"我那可怜的主子！"或者是"我真挚的朋友！""唉！我亲爱的爸爸！"或是"我的好闺女！"等，这些令人伤感的重弹老调一经推敲便可发现，这纯粹是口头呻吟。 常常有这样的状况。 我被别人说话的时候的字眼和语气所伤害，而并不是掂掇出或者是深人体会到其言谈的真正内在内涵（就好像布道者的动听的语调比他说的道理更能够感动听众，也好像供我们食用的牲畜被宰杀的时候的哀鸣会令我们心惊胆战一样）。

受到这些声音的刺激，悲痛便会油然而生。

——卢卡努斯

这就是我们的痛苦产生的原因。

我顽固的胆结石症，尤其是在膀胱部位的病痛使我三四天无法排尿，这真是置人于死地的苦痛，就好像死在眼前，无论怎样也无法逃避。我甚至于希望早日结束生命，由于这种病况带来的苦痛太折磨人了。啊，那位把膀胱和病痛联系起来，阻止你无法小便，将你逼近绝境的仁慈君主真是一位精通杀人绝技的大师！所以我想到：我对于生命的难以抛弃是由多么微不足道的因素支撑着的；我对死亡的难以承受是由多么细小的理由抗拒着的；在生死这样的重大人生话题上，我们竟然让一些丝毫没有意义的想法占据着阵地。一条狗，一匹马，一本书，一个杯子我都想到了，都应当是有其价值的。而对于其他人，他们看重的是勃勃的雄心，富有的财富，还有了不得的知识；然而这一切，在我眼中并不特别重要。当我把死亡从总体上看作生命的终结时，我的态度是无所谓，而且全盘接受；而每当我从具体细节上看待死亡时，我就有被人侵略之感。仆人的泪水，遗物的分配，一只熟悉的手的抚摸，一句平常的安慰话，都会令我心潮起伏和非常感动。

昆体利安曾经说起他看到过一些演员，如此投入他们所扮演的悲剧角色，以至于回到住地还在为了剧中人的命运悲伤；他说他自己也有过相似的状况：为了激起别人心中的某些情感，也会不由自主陷入悲哀，不仅泪流满面，脸色苍白，形态举止完全被悲伤左右。

在我国的山区，妇女常常充当提问者和答问人的双面角色。每当她们的丈夫离开人世间以后，她们一边当众列举丈夫生前各种讨人喜欢的优点，以强化自己对丈夫的想念情感，同时又顺势当众数落他们的种种不是，仿佛为了取得心理平衡，以谴责他们来转移自己的怜悯之心，她们这样做比我们优雅真挚得多。 我们这些人，只要得到某个人西去的消息，便迫不及待地给他加上很多新的、言不由衷的赞美话；夸奖再也见不到的故人会和我们往常所熟悉的那个人判若两人，仿佛那一番怀念之情具有某种教育效果似的；或者认为泪水可以洗涤人的理智，使它变得更加清醒。 但是我从现在就宣布，假如人们在将来的某一天，不是因为我的人品配得上、而是因为我死了便给我一大堆溢美之词，那我都会加以拒绝。

多少次，我们让那些虚无缥缈的东西气昏了头脑，心烦意乱；我们的心灵和肉体被某些荒谬的激情扰得扭曲走样！……人们是否应该扪心自问：在大千世界里，除了我们人类之外，还有什么东西是依附于虚无并受其调遣的呢？

冈比西斯因为梦见他的兄弟将成为波斯国王而将他处死；而这个弟弟是他一直很疼爱、很信任的人！美塞尼亚国王亚里斯托德缪斯不知道听见他的爱犬发出了什么奇怪的叫声，自认为是不祥之兆，因此自杀。 米达斯③也是这样做的，为了一个不快乐的梦境而心绪不宁，忧伤悲痛。 假如一个人因为一场梦而抛弃自己生命的人没有看到自己生命的真正价值。

当然，我们也听过，我们的思想是如何战胜肉体的软弱和痛苦的，它是如何地在一切伤害和扭曲中进行针锋相对的战斗的；它要面对一切病痛和折磨；它完全有资格来谈论这些！

啊，可怜的泥人，普罗米修斯事先捏好了你的
泥身！

他创作自己的作品时不够慎重！

一心创造肉体，忽略了你的灵魂，

他本该从塑造灵魂作为他的创作工作的开始。

——普罗佩提乌斯

论马车

　　有一件事不难证实， 伟大的作家在写作某些事情的原因时， 不仅运用他们认为真实的因素， 同时也使用他们难以置信的因素， 只要它们有趣生动； 另外加上他们说得巧妙， 就可以让人相信， 不会白白浪费。 我们不能确定什么是主要原因，于是我们会列出好几种， 看一下哪个刚好说中了。

提到一个因素不足够好，

列举上好几个，总会有一个对上号。

——卢克莱修

　　当你问我打喷嚏的人得到别人祝福的习惯是从哪里来的?我们身体中排出三种气体，从下面排泄出的气体太脏；从嘴里呼吸出的气体可能被人责备太贪吃；第三种气体就是打喷嚏；由于来自头部所以不会招来非难，我们才尊贵地对待它。 你不要嘲笑如此钻牛角尖，听说还来自于亚里士多德。

　　我貌似在普鲁塔克的作品的里面(他是在我熟悉的作家中把艺术和自然、判断和科学结合得最好的一个)，看到他谈论起海

上旅客反胃的理由是害怕，同时还寻找了一些理由来证明害怕可能会产生这样一种结果。我这个人非常容易犯恶心，明明知道自己不是这个原因，这不是从原理而是从自身经验了解的。不得不提有人跟我说过的事情，他们说动物在海上也会恶心，尤其是猪，但不是因为害怕危险。一位朋友的亲身经历也为我证明了这件事情，他非常晕船，有几次碰到大风暴吓得喘不过气，倒是没有想呕吐，就像这位古人所说的，"我难受得连危险也思考不到了。"（塞涅卡）

我只想说，我在海上和在其他地方一样，从没有害怕（要有死亡的话这样的机会也有好多次了），最起码没有害怕到惊慌失措的田地。害怕有的时候是缺乏判断，同时也是缺少勇气所引起的。我遇到过许多危险，但是每次我都能正视它，眼界广阔，清楚，完整。何况害怕也需要有些勇气。和其他相比，有一次是勇气帮我有条不紊地思考和安排逃离方法，逃离的时候不是不怕，而是不慌不乱；逃离的时候是激动的，但是不是头晕目眩，气急败坏。

伟人们的行动更为人称道，他们撤退时的表现不仅心平气和而且身心健康，怡然自得。就比如亚西比得谈论到他的战友苏格拉底的撤退。他谈到："我们的军队撤退后，我在最后的撤退者之中望到了他，他与拉凯斯在一起；我镇定自若、不受干扰地看着他，由于我骑在一匹好马上，而他在步行，我们做战时就是这个样子。我最先注意到他和拉凯斯相比表现得多么有主见、果断。同时，他昂首阔步和平时没有什么异样，他的目光坚定冷静，查看周围所有的一切，有时看着战友，有时看着敌人，这种目光对自己人是一种鼓励，对敌人是想让他们明白谁胆敢要他的性命，必然会付出惨痛的代价，他同时因此得以逃脱，因为谁也不愿意攻击这样的一个人，大家仅仅对惊慌失措的敌人猛追不舍。"

以上就是这位大将军的语言，告诉我们一个平常的道理，魂不附体地仅仅想落荒而逃，反倒会让我们陷入险境。"一般说来，胆子愈大，危险愈小。"（李维）我们这里的人们觉得谁表示他梦到了死或预见到死，这是因为他害怕死亡；这样说其实是不对的。我们无论遇到好事还是坏事，具有预见性都对我们有益。对险境进行思索与判断和惊慌是完全不同的。

在承受猛烈的恐惧和其他激烈现象的冲击方面，我表现得不够坚强。我如果一下子被欲望征服，压倒在地上，就再也不可能完整地站立起来。谁如果在精神上将我打败，我就会一败涂地。我的灵魂会进行深刻的反思和探求，不过那个刺破的伤口永远不可能愈合结疤。所幸直到现在还没有任何创伤使这颗心崩溃。碰到任何打击，我都会全神贯注去应付。第一次打击把我推倒在地，让我一蹶不振。我并没有第二道防线。洪水无论从什么地方冲垮我的堤坝，我立刻四面楚歌，无可避免地沉落水底。伊壁鸠鲁说智者决不会走向他的反面。我对于这句名言另外有一种相反的解释：人只要变傻，永远不可能再聪明起来。

上帝视人之避体衣衫降临寒冷，视我的承受能力赋予我激情和痛苦。大自然在一方面给我遮蔽，另一方面却又让我裸露；既让我本性羸弱，又让我感情麻木不仁，灵性不高，愚钝。

我不能长时间坐马车、轿子和船（年轻时更加差）；无论在城市里还是乡下，除了骑马之外厌恶所有车辆。轿子比马车更叫人受不了，也是相同的原因，让人害怕的水上漂泊也比风平浪静的时候的移动更加容易忍受。当船桨滑动，船身轻轻动摇，从我们的身体下面移开，不知为什么，我总觉得头脑和胃里一片混乱，如同我受不了坐在一张颤动的座位上。当船只或者水流带领我们稳固前进，或我们坐在纤夫牵拉的船上，这样的均匀的摇摆并不会让我感到难受；然而断断续续的摇摆，尤其是拖拖拉拉的摇摆，简直是在作践我。我想不出更好的字眼儿来描述。医生叮嘱我在小腹下面绑一条毛巾应对病情；这个方法我没有试过，我一直习惯让自己产生抗体来应对自己的缺点。

假如我有足够的记忆力，我会不惜花费时间讲述一下史书上介绍的马车在战时无穷无尽的用途，依据民族、世纪各有所不同，史书中的记载也很多。我认为效率很高，同时还必不可少。让人奇怪的是我们将这方面的道理竟然忘得一干二净。

我只在此说说这么一件事：就在我们父辈的年代，匈牙利人很有效地运用马车来攻击土耳其人，每个马车配有一名盾牌手，一个火枪手，很多排列齐整、引弓待发的火绳枪，整个都遮掩在一个大盾罩的里面，看起来像一艘荷兰的圆头帆船。他们打仗的时候三千辆车排列成一条阵线，大炮声一响，驱车，先给敌人一个迎头痛打，再然后品尝其他滋味，这个时候已占了挺大的上风。

要不就让战车冲进敌人的骑兵队，冲散他们，打开缺口。同时，当队伍在上行进，在敏感脆弱地带能够用来保卫他们的侧面，抑或掩护和加强一个临时的驻地。

我年轻时听说，在边境地区有一位绅士，身体肥胖，没有一匹马儿能够载得动他这身的重量，碰上冲突就坐了上述那样的马车四处跑，特别方便。不过暂且不谈论这些战车。墨洛温时代的国王是坐在用四头牛拖拉的四轮车上巡游各地的。

马克·安东尼是第一个乘坐了狮子拉的车子踏进罗马的人，还有一位美女乐师陪伴着他。后来埃利奥加伯勒斯皇帝也是这样做的，自称是众神之母的库柏勒，模仿酒神巴克科斯让老虎拉车，有时在车上套两只鹿，有时是四只狗，同样有一次让四个赤身裸体的美女拉车，他自己也是赤身裸体以示隆重。

腓米斯皇帝让硕大无比的鸵鸟驾车，他的车子因此简直就不是在滚动，而是在飞驰。这种标新立异的方法也让我头脑里产生这个奇怪的念头，这是国王的一种虚伪的表现，证明他们自身并没有什么了不起，需要通过挥霍排场来炫耀自己的权力和价值。在国外如此做还有可原谅；但在臣民之中，他允许为所欲为，从他的地位能够获得他所能拥有的至高无上的荣耀。贵族也一样，我认为他在家里完全没有必要刻意修饰打扮；他的住所、排场、食物已足够炫耀他的身份。

伊索克拉特向国王提出的忠告我看不无道理："他应该添置华美的家具和精致的器具，因为这些物品使用时间长久，同时还可以传给后代子孙；不过应该避免所有在生活与记忆之中迅速逝去的奢侈方面挥霍浪费。"

我年轻的时候很喜欢着装打扮自己，因为没有其他什么装饰品，就只在穿衣上讲究，认为很好；漂亮的衣服穿在有的人身上有一副穷苦相。我们有些精彩的记录，谈到我们的国王私人生活节俭、赏赐简单；国王的伟大在于声望、品质和缘分。雅典城有一条法律规定将公共资金用于盛典和节日的庆祝活动，德摩斯梯尼主张反对，他认为国家的强大表现在大规模的装备精良的战船和给养充足、勇敢善战的军队之上。

提奥弗拉斯特在《论财富》的著作中坚持相反的观点，认为在庆典礼仪上花钱体现了财富的丰盈，他这一说法遭到应有的反对。 亚里士多德认为，这些娱乐仅仅涉及最下层的老百姓，享受之后也就会从记忆中烟消云散，所有贤达庄重的人都不会给予重视的。 我看把公共钱财用来建造港口、码头、工事、城墙、雄伟建筑群、教堂、医院、学校、建筑公路，这样更加冠冕堂皇，也会更加实用、正派和永久。 在这一方面格列高利十三世教皇在我年轻的时代留下值得称赞的记忆，同时还有我们的卡特琳王后，她如果拥有可以随心所欲支配的财产，当政那么多年也定会表现她天生的慷慨和大方的。 我们城市里那座新桥停止建设，这是命运对于我的不公，让我没法在有生之年看到它投入运用。①

还有，在观看凯旋庆典的民众面前，朝廷向他们炫耀的是它的财富，而且挥霍这些钱财来大吃大喝。 因为老百姓愿意国王做的，就如同我们愿意仆从做的，就是他们应当动脑筋去准备许多我们所需要的物品，但他们自己就别想着能占到便宜。

加尔巴皇帝在一次晚餐上欣赏完乐师的乐曲后，命人拿来他的钱匣，从中拿了一把金币给他，还说了这么几句话："这并不是公家的钱，这是我自己的。"无论什么事情，许多情况下老百姓是有理由的，金钱应当用来填饱肚子的，但却给人用来大饱眼福了。 慷慨大方的美德没有在君主那里完美无瑕地体现出来，事实上老百姓有更加多的权利；由于明确来说，国王的所有东西都取之于人民，没有一种真正是他自己的。

审判机关不是为审判者设立的，而是为被审判者服务的。任命一个高级官员，并不是为了他的权利，而是为了下层人民的利益，请大夫是为了生病的人，不是为了他自身。 所有官职好

---

① 指巴黎市塞纳河上的新桥始建于 1578 年，完成于 1608 年。

像所有的艺术，其最终目标不在自身："没有一种艺术可以封闭在自身。"（西塞罗）

所以王子童年的老师都致力于向他们灌输慷慨大度的美德，孜孜不倦地教导他们不能暴殄天物，对于物品的最好利用莫过于施恩于人（我当时流行这样的教育）。事实上是他们担心自己的利益更加多于主子的利益，或是不理解自己到底是在和谁说话。教育那些有实力慷慨或者慷他人之慨的人，真是太容易了，因为对于他也是慷他人之慨。不应该凭借礼物的轻重，而要用赠与者的能力大小来测量其价值，用他们的能力来说明这个价值真的是不足道哉。他们在慷慨之前已经是败家子。因此，这种美德与君主应有的其他美德相比，实在微不足道；它在暴君狄奥尼修斯的言语中，依然是和暴政非常相配的唯一的美德。我更加愿意教他古代农民的这一句话：

> 谁想要好收成，肯定用手而不是用口袋撒
> 种子。
>
> ——科里那

（种子是必须撒的，而不是倒的。）如果他想恩赐谁，或者更确切地说，根据他们的付出给予酬劳或回报，那么他应当是一个公正明智的论功行赏的人。一位君主如果慷慨无度，挥霍无度，我认为他还是吝啬些为好。

君主最崇高的品德在于公正；在公平方面，从慷慨大方的公平最能看出君主的为人。因为君主总是把慷慨大方的公平留给自己执行，却把其余的公正很愿意借他人之手实施。太过大方这方法并不有利于让人感恩戴德，因为这只能引起民众的反感，

而不会让他们感激："好事做多了之后就不能够做少。 长期做得很开心的事情竟然让自己不可以再做，难道还有比这更加傻的吗！"（西塞罗）如果恩赐不是论功行赏，那么对于获取者只是一种羞愧而不会感激。 在人民的仇恨之中，暴君经常死于得到过他们不当恩惠的人之手，这些人就是想保住自己这些非义之财，表示自己也轻蔑和憎恶给他们赏赐的人，在这一点上和人民大众的想法与意见保持了统一。

　　君王赏赐无度，臣民便会贪得无厌。 他们分赃时不依据理性，而是依据惯例。 自然，我们常常也应该因为自己的厚颜无耻而羞愧。 当赏与功相等的时候我们事实上已是被人过奖了，因为为君主效劳本来不就是我们的天生的义务吗？若由君王来承担我们的费用，那么他做得过分了。 他适当的帮助已经是足够好的了，其余部分就称为恩赐，这是不能够去讨的，因为慷慨这个词语就包含有"自由作主"的含义①。 用我们的这种方法，永远也无法得到效果，收下的不会再放在心中，我们喜欢将要得到的实惠，所以君主越是竭力恩赐，朋友越见减少。

　　他怎么满足得了贪得无厌的人的胃口呢？ 一心希望获得的人，从来不会再想已经得到的事物。 贪婪的本性就是忘恩负义。 居鲁士大帝的例子放在这里反倒是挺好，可以作当今君主的试金石，以此来检验他们的恩赐是否适当，还可以让他们见到这位皇帝远远比他们善于恩赐。 当今皇帝的方式已经沦落到向不熟悉的人借贷，而且往往是受过他们伤害的人，但不是向受过他恩赐的人借贷，得到的帮助也仅仅是在名义上是无偿的。

----

　　① 法语中自由（liberte）与慷慨（liberalite）是同根词。

吕底亚国王克罗伊斯责怪居鲁士太过大方，而且给他算了一笔账，说假若他出手能够紧一些，他的财富将会有多大的增长。居鲁士需要证明自己的行为是正确的，向四处派人通知他的国家之内受过他特殊恩赐的藩王，说明他有急用敬请他们各自尽其财力援助他，并且给他送一份单子。　他发现他的朋友个个认为，只把从国王那里的所得的惠赠回报给国王是不够的，此外又加上了自己的一大笔钱，当他得到这些赠单的时候，会发现款项的总数大大超过克罗伊斯所说的节省下来的钱财。　这一下子居鲁士对他说：“我喜爱财富不比其他的君主差，我仅仅是更加会盘算。　你看看我才花了多少钱就从众多朋友那里得到了难以计数的财富，他为我管理财产，不知道要比那些不知感恩戴德、没有感情的受雇者忠诚多少倍，我的钱财远远比藏在钱柜里更加可靠，钱柜只能给我招来其他的君主的憎恨、妒忌和轻蔑。”

　　罗马皇帝帮为他们过多的娱乐和公众聚会解释说，他们的权利（最起码在表面上）取决于罗马公众的意志，罗马人民从古至今就喜爱看这种盛大热烈的演出。　但是，隆重热情接待同乡客人，这就是民间形成的风俗，他们自掏腰包，安排豪华场面，举办盛宴，取悦亲朋好友，而君主模仿他们如此做，这个中的意义就完全不同了。　“从合法的主人那里取款交给不相干的人，这不该称作慷慨。”（西塞罗）腓力因为儿子试图送礼获得马其顿人的好感，向他写了这样一封信责怪他：“怎么？你希望你的人民把你当做是他们的财神，还是一国之君？你想赢得民心吗？那么你就允分发挥你品德的作用，不是钱财的作用。”

　　把很多每棵都是根深叶茂的大树，抬到竞技场之上，种在四周，形成一片郁郁葱葱的大森林，整整齐齐，十分美丽。　第一天放进一千只鸵鸟、一千只梅花鹿、一千头野猪、一千只黄鹿，任由老百姓猎取；第二天，在他们的面前杀死了一百头狮子、一百头美洲豹、三百头黑熊；第三天，就像普罗伯斯皇帝那样，命令百对角斗士相互厮杀。 场面同样宏大的是这些美轮美奂的巨大圆形剧场，在外墙上镶嵌大理石，上面有雕塑和塑像，在墙里面装饰稀世珍宝，闪闪发亮。

> 楼门上金光闪闪，四周宝石夺目。
> ——卡尔普尼厄斯

大剧场内从低到高排列成六十到八十层的阶梯，也是用大理石材料砌成的，并且铺上垫子。

> 让他离开吧，他说，不给钱，
> 那就离开骑士专座，真不要脸！
> ——朱维纳利斯

那里以舒舒服服坐上十万人；首先角斗场的深处是表演的场地，巧妙地开拓一些下陷的洞口，好像兽穴，表演的兽类从那里飞奔出来；然后可以填满制造出一个深海，海上的怪兽在其中沉浮，水上还有战船表演海战；第三场把地填满，把海水抽干，开始角斗士之间的厮杀；第四场在地面之上铺满朱砂和苏合香脂，摆上供无数人吃喝的丰盛筵席，这仅是一天演出的最后一幕。

> 多少次，我们看到
> 角斗场的一角向下陷，
> 从中间冲出一头猛兽，

在深渊遮盖的森林里
长出了深红色树皮的黄金果树。
我不仅看到了林中的怪兽，
还有海豹和狗熊的斗争，
还有奇丑无比的海马群。
　　　　　　　　——卡尔普尼厄斯

　　有时会从剧场看到平地拔起的山脉，上面种满葱绿的树木，一股清流从山顶倾泻而下，好像来自于一口清泉。　有的时候看到一艘大船，船身可以自动打开，从中间放出四五百头野兽，自动合拢，消失无踪。　以前在这个地方下面可以钻出水管，向天空喷出水柱，几乎高达苍穹，散乱在大家身上香喷喷。　为了遮挡日晒雨淋，君王们叫人在巨大的剧场上方撑起一针针缝制起来的绛红色天幕，或是变换颜色的丝织天篷，全看他们高兴可以伸缩自如。

骄阳虽然似火，让剧场燃烧，
埃莫琴出场了，依然还是把天棚收了起来。
　　　　　　　　——马提雅尔

　　在观众面前阻止野兽袭击的防护网，同样是用金丝编的。

金丝网熠熠发光。
　　　　　　　　——卡尔普尼厄斯

　　这一类型穷奢极欲如果有什么可以值得原谅的话，那绝对不是一掷千金的壮举，而是创意和新奇让人称奇。

即便这只是在展现虚荣心，我们也发现，古代的这些聪明才智时至今日仍未被超越。这种丰富性同样表现在对自然的其他所有创造中。这不是说大自然在那个时候已经耗尽了它最后的能量。我们不思进取，徘徊不前，原封不动。我担忧我们的知识在所有方面都很薄弱；我们前瞻得不远，后顾又不很足够；视野狭窄看得少，它经历的时代短暂，内容浅薄。

> 阿伽门农的前面有过多少英雄好汉，
> 但对他们已经无人流泪，
> 长夜漫漫已经难觅踪迹。
>
> ——贺拉斯

> 特洛伊战争之前，特洛伊沦亡之前，
> 很多轰轰烈烈的事情都有自己的诗人。
>
> ——卢克莱修

梭伦讲述过他从埃及祭司那里了解到的情况，关系到他们国家漫长的历史，还有他们获知和保存其他国家历史的方式。我认为不应该对这个证词置若罔闻。"假如我们可以看到空间和时间的无限，灵魂在其中八方游览，四处探索，一路上找不到一个极限，我们在这片太空之中会发现无穷的事物状态。"（西塞罗）

即便所有的历史直至今日都是真实的，而且为某些人所了解，那和我们不知道的事物比起来依然是微不足道的。对于我们时代的这个世界的面貌，就是最博学的人拥有的知识也是那么贫乏和浅薄！不仅命运要让我们引以为戒的重大事情，甚至连那些伟大政体和伟大民族的情况，我们遗忘的远远比知道的多上一百倍。 我们对于自己发明了大炮和印刷术，大惊小怪称作奇迹，而其他的民族，远在地球另一边的中国，有人在一千多年前便在使用这些东西。 假若我们看到的世界和我们无法看到的世界一样大，就可以相信我们发现形式永远在繁衍变化的过程中。

大自然绝不会千篇一律、平淡无奇，然而对于我们的认识来说却又是如此的，我们的认识就是我们法则的薄弱基础，同时也就给我们提供了特别错误的事物状态。 这就好似从我们本身固有的缺点与衰败得出的结论，荒谬断言世界的倾斜和衰退。

> 世界在腐朽，大地也是这样。
>
> ——卢克莱修

同样，若看到他那个时代的精英们活力充沛、不断创新发明，觉得世界正处在蒸蒸日上、气象万千的时代。

> 宇宙生物欣欣向荣，
> 世界是新鲜的，刚刚诞生不久，
> 怪不得有的艺术精益求精；
> 今天航船上，
> 新增了那么多的索具。
>
> ——卢克莱修

我们这个世界刚刚发现了另一个新世界（是谁向我们保证这是它最后的弟兄，既然小精灵、占卜娘娘与我们在此之前都不知道这一位的存在?），个头一样大，五脏六腑和四肢一应俱全，但是那么幼小，还需要教导他接触社会。 在五十年前他还不认识字母、度量衡、衣服、粮食、葡萄园。 他平躺在怀抱中赤裸裸的，依靠大自然母亲的乳液长大。 假如我们做结论说我们已经濒临末日是正确的，所以这位诗人说他的世界正在欣欣向荣也是正确的。 我们的时代已经处于世界末日，这另外一个时代正在喷薄欲出。 整个世界即将瘫痪，一条肢体无法动弹，另外一条充满精神。

我真担心，由于我们的感染，会很快促使那个新大陆的衰亡，会让它为我们的思想和技术的传人付出昂贵的代价。 这是一个处在童年的时代；我们如果不利用天然价值和力量的优势去鞭挞他们，为他们指导，我们就不是在利用我们的正义和善良把他们吸引，利用我们的慷慨大方让他们心悦诚服。 从这一些民族的回答还有和他们的谈判来看，大多数均证明了他们在思路清晰和做事合理方面一点不比我们逊色。

库斯科和墨西哥城的繁华令人惊叹：国王的花园里的一草一木及其果实均按照原型大小，利用黄金做成布置在花园里面；在博物馆里的也是利用黄金仿造王国和领海内的所有动物。 这些用珠宝、羽毛、棉花、绘画做成的工艺品美妙绝伦，证明他们在工艺技术方面也不逊色于我们。 至于他们的虔诚、守法、善良、大度、坦率，我们比不上他们还的确帮了我们的大忙，正是由于这些美德断送了他们，被奸人出卖，被别人背叛。

再说大胆和勇敢，战胜痛苦、饥饿和死亡的坚定、顽强和决心，我不害怕提出我在他们那里寻找到的例子，和我们这个世界载进史册的古代最有名的例子作对比。 那些将他们征服的人施行阴谋诡计进行欺诈，是利用了那些民族的一直以来的敬畏之情。 他们看到一些意想不到的人来到新大陆，这些人长满胡须，操着不同的语言，信奉不同的宗教，外貌和行为也不一样，从他们从来没想到在会有什么人存在的一个遥远的世界里，骑着他们见所未见的大怪兽。 但他们不仅从来没有见过马，也从来没有见过所有用来驭人或驭物的动物。

这些人身披闪亮而坚硬的外皮，佩戴着锐利闪光的武器；但他们看到镜子或者匕首闪闪发光就觉得神奇，就会用一大堆珠宝黄金来交换。 他们没有掌握任何的知识和器具，一点也不知道怎样刺穿我们的铠甲；再者我们还有会电闪雷鸣的大炮和火枪；就算恺撒在他那个年代，从来没有见过这种场面，遇到了也会方寸大乱；但他们都是赤裸着身体的土著，除了一些地区有些发明也仅仅是一些棉织品，兵器最多仅仅是些弓箭、石头、棍棒和木质盾牌；这些民族被友善的外衣欺骗，因为好奇而要看看从来没有见过的奇珍异物而上当。 我想说，除了这些差别，这些征服者没有资格获得那么多的胜利。

为保护自己的神和自由，成千上万的男男女女和孩子面临不可避免的危险；就算被逼到绝境，忍受各种困难，慷慨赴死，也不愿意接受厚颜无耻调戏他们的敌人的统治；有些人被捕之后，心甘情愿挨饿绝食也不愿顺从敌人——鄙陋的胜利者——手中接受食物。 我要预言，若是有人与他们平等作战，双方处在武器、经验和人数相当的情况，这些人的处境就一定会像在其他战争中一样，甚至更加岌岌可危。

这样一场伟大的征服战役竟然没有发生在亚历山大统治时期或者古希腊、古罗马时代！那么多帝国与民族的伟大变化和命运多舛，怎会不落入这样的人手中，被他们温柔地开发和整理那里的野蛮，改进和提高大自然播撒在那里的优良种子，不仅将大陆这边的技艺和土地耕作、城市美化结合起来，而且可以将希腊与罗马的美好品德和当地土著的美德结合在一起！

这对我们这个世界将会是多么美好的补救和改良，就让我们在那里用行动作出最初的模范，号召这些民族崇拜和模仿美德，在他们和我们之间建起兄弟般的关系和理解！这些人的灵魂涉世未深，对学习渴望，在多数情况也的确有这样美好自然的开端，开拓这样的灵魂多么是件多么轻而易举的事情啊！

相反，我们利用的却是他们的无知和缺乏经验，要他们以我们的道德模式为标准，胁迫他们容易地走向叛变、奢侈、贪婪，做出各种不人道和残忍的行为。谁曾经为了开拓商埠付出巨大的代价？如此多的城市被夷为平地，那么多民族被灭绝，成千上万的人遭屠杀！世界上最富饶美丽的地方竟然为了买卖珠宝和胡椒被搅得翻天覆地！野蛮的胜出！历史上，就算野心和民族仇恨也从来没有驱动人和人这么相互残杀，造成如此悲惨的灾难。

西班牙人沿着海岸线寻找他们所说的宝藏，这一路上攻城略地，霸占了矿产丰富、风景优美、人口众多的地方，便照他们惯有的做法宣布说："他们都是一些温和的人，由卡斯提尔国王派遣而来，远渡重洋来到这儿，他是有生物居住的地方最优秀的君王；上帝在人间的代表教皇将全印度①的领地划给他管理。如果他们愿意服从这位国王的管辖，他们将得到特别友好的对待；问他们索取粮食索取黄金，交换给他们一些必需的药物；还对他们宣传信仰唯一的神明，我们宗教的真理，还使用恐吓逼迫他们乖

① 当时还把美洲误认为印度。

乖就范。"

印第安人作出了如下回应：他们自诩温和，即便真是这样，看上去却不像；如果说他们的国王，既然向人讨要东西，由此可见他是个穷光蛋，缺少食物和衣物；把这块土地赠给他的人是唯恐天下不乱，将根本不属于自己的事物交给第三者，引起这个人和从前占有者的纠葛；粮食他们会供给的；金子嘛，他们有的并不多，但是他们根本不看重这种东西，因为它对于生活毫无用处，他们仅仅关心的是生活过得是否幸福和快活。但是他们可以找到的金块，除了用来祭祀的一部分之外，其余的尽管带走；关于上帝只有一个的说法，听起来不错，不过他们自古敬奉自己的宗教很灵验也不希望改变了，他们仅仅听从朋友和熟人提出的建议；谈到胁迫，对于对方的品性和能力丝毫不了解就加以胁迫，这是缺少判断力的表现；希望他们赶快离开我们的土地，因为我们没有养成欢迎那些佩带武器的外来人的习惯。不然，我们将要对他们据此办理。说着指着给他们看城墙四面挂着遭死刑者的首级。

以上是那个孩子奶声奶气的述说。但不管是在那里还是其他什么地方，西班牙人没有寻找到他们想要寻找的东西；无论得到了其他什么样的好处，他们绝对不善罢甘休，我的那一篇《论食人部落》就是证据。

在那片新大陆有两个最为强人的君主，其中一位堪称王中王，被他们最后驱逐出境。那位秘鲁王在一次战争中被俘虏，需要支付一笔谁都难以想象的巨额赎金。赎金付清之后，他发表讲话表达他勇敢、宽容、坚贞和很有头脑；那些个征服者从他的身上勒索到一百三十二万五千五百盎司黄金，同时还有与它价值相等的白银与其他物品，然后他们的马掌都是用金子打的；他们还想用不光彩的手段看看他还有多少财宝，并且任意享用他的库存。

他们给他编了一条假冒的罪状，上面说他想要煽动各省谋反来使他恢复自由。 还让那些陷害他叛国的人依据此罪状作出判决，当众处死。 这惩罚还是他处决之前接受了洗礼换取来的，否则他会被活活烧死。 国王遭受了前所未闻的可怕酷刑，气定神闲，说话得体，完全是一副王者风范。 之后，为了安抚那些被这个突然事件搅得惊魂未定的民众，征服者假装对于他的死亡表达了沉痛的哀悼，下命令举行盛大的葬礼。

另外一位是墨西哥君王，他长期保卫着被敌人围困的城市，并表现出一位国王或民众前所未有的坚韧和不屈不挠，他的不幸就是被敌人捕获，用君臣之礼相待后投降（他在狱中也没被人见到有任何侮辱这个头衔的行为）；他的敌人胜利之后，把每一寸土地搜刮了个遍，也没有找到他们自诩的黄金宝藏，于是他们通过对囚犯能施展的最严厉的酷刑对待国王，想从他的口中套出什么。 不过这招依然没得得逞，对方的志气比酷刑还要厉害，他们无法遏制自己的怒火，竟然违背自己的宗教和一切人权，判决国王本人与他朝中一名大臣面对面接受刑罚。

这位大臣的四面都是烧红的炭火，疼痛难忍，最终向他的主人投出痛苦万分的眼神，似乎想乞求君主原谅他已难以坚持到底。 国王自尊威严地望着他：是对于他的怯懦贪生怕死的怪罪，对于他说出这几句话，言语严厉坚决："我是在浴盆中吗？我也没比你更加舒服啊？"没过一会那个人撑不住痛苦，绝地而死。 国王已经被烤得半焦，却被他们带走了，并不是出于可怜

（因为偶尔听到有个什么金瓶子能够偷盗，就可以将一个人——不一定非要是一个德才兼备的大国王——生生烧死，如此的人可能动恻隐之心吗?），而是由于国王的坚贞不屈加深了他们残忍举动的耻辱。 最后他依然被吊死了，由于他曾经试图夺取兵器逃出长期监禁他的监狱。 他的结果完全无愧于一位英明的君主。

还有一次，他们在同一堆火上一下子活生生烧死了四百六十条汉子，四百个人是平民百姓，六十人是一个省里的贵族，他们都仅仅是战俘罢了。 这些事情我们都是从战胜者口中得知的，因为他们不仅承认，同时还吹捧与炫耀。 难道这是表明他们的行为正确，或是对宗教的狂热? 这些行为和一个如此神圣的目标相去实在太过遥远太过相悖了。

假如他们有意推广我们的宗教信仰，他们就应该考虑到这不是霸占土地就可以传播的，应当霸占的是人。 出自于战争的需要带来的死亡已足够多了，别在炮火可以打到的地方，不分青红皂白地就像对待野兽一样再次进行一场大屠杀，只是有目标地留下一些人，为了他们的工作和矿区充当可怜的奴仆。 假如说有一些远征军首领被卡斯提尔国王下达命令，将几位在当地遭到蔑视和憎恨的军队首领就地处死，这是由于他们的行为真是让人发指，大多都是些不齿于人世的人渣。 上帝公平地让大肆抢夺而来的赃物被海水冲走沉入了海底，抑或在他们互相残杀中消失殆尽。 他们中的大多数人也死在这里，带不走任何胜利的果实。

至于说他们的战利品，到了那位俭朴谨慎的国王①手中，远不及他的上任国王所盼望的数量，也不到刚踏上新大陆的时候见

---

① 指西班牙国王菲列普二世。

到的第一批财产那样多（因为即使他们从中捞到不少，与他们贪婪的欲念相比却总是微不足道），因为那里的人还完全不懂怎样使用钱币，因此他们所挖掘出来的金子都囤积在那里用以展示和炫耀，就好像很多有势力的王孙贵族中世代相传的一件宝物。他们老是挖掘矿产，为了铸就大量金碗、金花瓶、金雕塑，来装饰他们的城堡和神殿，而不似我们的黄金是用来贸易买卖的。我们把金子分割成小块，把它打造成千百种式样，把它们散播出去，让它们流通。　如果我们的国王几个世纪以来将黄金全部聚拢，留着不用，不妨想象一下是怎样的情景。

　　墨西哥王国的百姓显然比那里其他国家的人民在科学技术上开化和进步一些。　他们和我们一样觉得宇宙已经接近末日，将我们给他们造成的战难当做是末日的征兆。　他们笃信宇宙的存在已经经历五个时代，也就是连着五个太阳的生命，其中的四个已经消亡，现在照耀在他们头上的是第五个太阳。

　　第一个太阳在一次全球性的洪水中和其他生物一起消亡。第二个太阳从天上朝着我们掉了下来，把所有生物都闷死。　那个时期有巨人存在，他们还拿出巨人的遗骸给西班牙人看，从他的比例推算，男人的身高可达到二十个手掌的高度。　第三个太阳是在一次大火中烧完的。　第四个太阳是在风和空气震动中消逝的，大风吹走了好几座大山；人类没有灭种，不过变成了猴子（人性懦弱真是什么都可以相信！）。　第四个太阳死亡之后，世界连续二十五年陷入一片黑暗；在第十五个黑暗年中一个男人与一个女人出现了，他们重新塑造了人类；十年后的一天，一个刚刚诞生的太阳出现了，从此以后从这天开始计算他们的年代。

　　这个新太阳诞生的第三天，原来的众神辞世，新神纷纷诞生。 他们觉得现在这个太阳将会以如何的方法消逝，《印第安通史》的作者①还什么也没有听说过。 不过第四次太阳巨变发生在许多星辰大冲撞的时候，依据星相学家的推测，这次相合在八百年前就引起世界的几大变化，产生了不少新奇事物。

谈及我在本文开头的气派和堂皇富丽，希腊、罗马、埃及哪一个工程无论在实用性、难度和雄伟程度来说，都没法惊愕秘鲁境内的大路相媲美，那是历代君主建造的，从基多城直通达库斯科，全长三百法里，宽二十五步，笔直平整，石条铺路，两边堆砌起美丽的高墙，高墙里面有两条水沟，渠边种上他们称作"魔草"的美丽树种。 他们碰到山和岩石就粉碎削平，碰到深坑就用石块和石灰填满。 日薄西山，无论旅客和过往军队，总是可以找到美丽的客栈供应粮食、衣物和武器。 在这样的地形上修筑这样的工程，我估计其难度非同小可。 比十尺平方小的石头他们不用；运送全靠人力拉着走。 他们不懂得搭脚手架的技术，也只知道在房子周围垒上泥土，跟着一同升高，用过之后再撤下去。

再回过头来谈论我们的马车吧。 他们不用马车与其他的任何车辆代步，他们让人抬在肩头上。 最后的那位秘鲁国王，在被擒住的那一天，就被人抬着，坐在一张金椅子里指挥打仗。由于敌人要把他活捉生擒，无论要杀多少轿夫都要把他摔下轿子，就有多少人争先恐后代替他们为他抬轿，所以不管多少人被杀死，始终未能把国王打落在地，一直到有一名骑士走上前一把挟住他的身体，把他拽地滚倒在地。

---

① 指蒙田同时代的西班牙历史学家佩兹·德·戈马拉。

论权重位尊的弊端

假如高不可攀，那就诋毁它，出一口恶气。 更何况找点茬也不全算是诽谤：一件事无论如何美好，如何令人神往，想要寻找岔子总是可以找到的。 一般来说，权位高有一个明显的优势。 它可以随时降低自己，可以选择不同的身份，因为并不是所有的高处都可能掉下来的：你在许多地方可以慢慢爬下来而不会摔跟头的。 我认为，我们对于地位这个东西看得过重。 我们见到抑或听说有人轻蔑地位。 有人有意放弃地位，不过对他们的决心也看得太重。 地位带来的优势并不是立竿见影，因此予以拒绝也没有什么大不了。 我认为为了承受痛苦做出必要的奋斗是挺困难的事情，不过，安于中等程度的命运和放弃高位则轻而易举。 我认为这是一种品性。 对于我这个笨鸟来说也不用费太大的力气就能做到的。 有人思考拒绝高位带来的荣耀，这种拒绝在某种情况下可能比追求和享受高官厚禄暴露出更加大的野心。 他们该怎么做呢？因为，按照野心自己的路向前行进，绝对不会比走一条远离常规和不经常使用的路要好。

我走一条需要耐性的路，锻炼我的勇气。 假如跟随欲望，我就会丧失信心。 我与别人一样渴望得到很多东西，我的愿望同样地自由和无限，不过，我从不希望拥有国家或者王国，或者重任在肩的高官或者发号施令的将帅的生活。 这不是我的目标，我实在过于自爱了。 我希望提高自己，但是仅仅是为了自我。 我总是一小步一小步在做，在坚韧性、智力、健康、美丽，还在富有方面。 小心翼翼地以有限的速度增加。 不过，崇高的威望和强大的权威会压迫我的想象力，与那个人（即恺撒）相反。 我或许宁愿在佩里戈做老二或者老三，也不会去巴黎当老大，最起码，不瞒你们说，我宁愿在巴黎做老三，也不愿意当第一把手。 我既不愿意和掌门官——一个陌生的可怜虫争吵，也不愿意在夹道欢迎的人群中间挤来挤去。 既出于志向，也由于命运。 我习惯了中游的地位；在我的生命里，在我的所作所为里，我的表现是绝对不超过上帝安排我出生的社会阶层，尽量避免但不是追求高级职位。 所有符合自然的事物，绝对正确。 并且容易做到。

我胆小怕事，我从来不想"运气"有多好，只想着它是否容易获得。

不过，我不心高气傲，但是非常开放。 我有一颗要求我公开弱点的心。 假若要我对比托里尤斯，巴尔比斯和马尔居斯·雷居律斯的命运。 前者情感丰富，潇洒，博闻强识，身体健康，擅长各种各样的娱乐活动，并且充分享受这其中的快乐。他过着满足自己的平静日子，做好了面对死去、迷信、苦痛，以及人类的灾难带来其他阻碍的心理准备，他最后手拿兵器，为了保卫国家战死战场；然而另外一个人，如人们所认识的那样，他傲视群雄，死得也令人赞叹，他的一生让人敬佩；一个默默无闻，锋芒不露，而另外一个被捧为榜样，极其荣耀，假如我可以和西塞罗说得同样好，我要说的就已经全部被他说了。 不过，假如要在我的人生中实施他们的做法，以我的能力和愿望来说，我必须说前者是我力所能及的楷模，然而后者离我简直太远了；我只可能通过仰慕接触后者，但却可以比较容易地通过学习前者。

我们从世俗的观念出发，现在回来继续谈世俗的地位问题。

我讨厌由一部分人行使但由另外一部分承受的权利。奥塔乃斯是有权利问鼎波斯王权的七个人之一，我会作出和他一样的决定：他将通过选举或者抓阄获得政权的权利禅让给了战友，只期盼自己与家人的生活在国家里，除了古代的律法以外，不受任何其他约束和压迫，而且享有不会带来任何麻烦事的自由：既不愿指挥别人，也不能忍受别人指挥。

世界上最艰难最困难的行业，我觉得莫过于适当地行使国王的权利。想到他们肩负着让人头脑胀大的沉重负担，我原谅国王们犯的错误比一般人为多。要让无限胀大的权利保持节欲是非常难的。但是，任何一个人被放在这么一个位置上，就算天性并不杰出，都可能受到极大的鼓励，促进你培养优异的品质。由于你做的每一件善事都不会被遗忘，都将被记录在册；你的最微小的良好做法都将会影响很多的人；你就像讲道者一样的明智将主要针对并不严肃的评判人、极易欺骗与极易满足的老百姓。我们能够真诚地判断的事物不多，由于从某些程度上说，极少有不涉及我们个人利益的事物。居高和居下，治人和被人治，都取决于天生的欲望，并且必然地引起争议；它们无可避免地永远地相互撕扯。对于对方权利的话颤，两边的观点我都不信：每当我们可以决定时，就让坚韧不屈和不动声色的理智来发表它的意见吧。大约一个月之前，我翻阅两本在这个问题上针锋相对的书：持有平民观点的书说国王的地位甚至不如一个匹夫，支持君主制的书则说其权利比上帝还要高出几分。

现在，我要说由于个别情况引起了我对问题的关注，我在此尽力强调位尊权重的弊端事实上是这样的。或许在人际关系的方面，最有意义的事是通过荣誉和才华的比试，依靠体力与智力的发挥，来决定优胜劣汰，但无上的权力是没有资格参与其中的。 其实，我经常认为就是由于尊重，人们对待君王的态度反倒显得蔑视和不屑。 在我童年的时候经常被人激怒，因为那些和我一起训练的人不肯使出全力，他们认为不值得与我较真。我们看到王孙贵族们每天都会遇到这种事情，每个人都认为自己不配与他们较真。

假如发现他们多少希望赢的话，谁都不会为难，一定都立刻认输，宁愿放弃自己的名誉也不愿意败坏他们的名声：一般人总是尽自己的力量去维护他们的名誉。 王公们在每个人为他们着想的比赛中还能够有多少成就呢？我貌似看到当年出现在马背之上、在搏斗之中的战士，他们的身体与兵器好像都拥有魔力一般。 布里松跑步去挑战亚历山大，跑了跑就停下来了；亚历山大严肃地把他面斥了一顿，按照道理应当用鞭子猛抽他一顿才对。 就是因为这种情况，加尔内阿特说除了驯服马匹以外，国王的小孩们从来没有认真地学习所有的东西，因为在所有其他的练习中，人们都迁就他们，让他们在所有的比赛中胜出，不过一匹马既不懂阿谀奉承，也不懂得察言观色。 它将王子摔倒在地上，就好像摔樵夫的孩子一样。

荷马不得不让可爱温柔的女神维纳斯在特洛伊战争之中受伤，因为这个创伤将会给她勇气和力量：没有遇到危险的人是根本没有机遇得到这种品质的。 人们同时还表现各个神明愤怒，害怕，逃避或者争风吃醋，抱怨，热恋，继而赐予他们很多高尚的，我们需要克服那些缺陷才能形成的品性。 一个没有经历过危险和困难的人不可能享有荣誉和克服危险的快乐。 权力让人所向披靡。 这是值得可怜的情况。 命运让社会与周围的人永远地抛弃了你：它将你过于隔绝于世了。 在所有的场合均可以轻易地打败对手，这是所有快乐的敌人：这是滑行，不是走路；这是睡觉，而不是生命。 想象一下一个健全的人，你将他扔进无底深渊：需要让他求你将障碍和耐性施舍于他，他深层次的天性和他的利益在于其不足之中。

他们的优点死了，迷失了，因为只有比较才能感觉到优点，不过人们不允许他们有比较的机遇；他们对于真正的赞美知之甚少，他们获得的仅仅是千篇一律的应和。 他们与最愚蠢的臣民打过交道吗？他们也无法占据上风；平民会说"因为他是国王"，他认为有这句话就足够了，他已然助了一臂之力将自己战败了。 君王的身份窒息与耗尽了其他真正的重要的身份（它们被埋葬在王权之下了），不过为了夸耀，给他们只留下了与国王的身份直接有关和有用的行动，也正是他们的职责所在。 做君王的人由于是君王而存在。 这个环绕他的耀眼光芒掩饰着他，让我们看不到他了；我们的视线在这个地方被粉碎了，在这里被分散了，因为这股强烈的光太耀眼，我们的视线被挡住了。 罗马元老院把雄辩奖杯颁发给了蒂拜尔；他拒绝接受，觉得颁奖的决定出自于缺乏自由度的评价。 就算是货真价实，但他丝毫感觉不到愉快。

正如把荣誉全部让给国王，人们为他们的错误和罪过找借口，不仅仅加倍称颂，同时还有样学样。 亚历山大的手下入学，他一样也歪斜着自己的脑袋，德尼的阿谀奉承的人们在他面前要阴谋诡计，推倒和掀翻脚边的东西，表明他们的视力和他一样差。 身体的缺憾竟也被用来作为相互排挤、获得恩宠的阴谋。 我看过一些人装聋作哑；由于自己的主子讨厌老婆，普鲁塔克看过一些臣子因此而抛弃自己的妻了的事情，虽然他们仍然爱着她们。 更严重的是，淫荡由于这个原因也被另眼相待，包含各种荒淫无度的行为，还有不忠实、亵渎神灵、残酷、异端邪说、迷信、不信教、懦弱，以及可能还有的更糟糕的情形。 这些人的事例比米特里达特的阿谀奉承者们的例子更加危险，因为他们的主人希望获得杏林高手的名誉，奴才们便献出身体任他开刀和烧灼，现在这些人竟让别人来燃烧自己的魂魄，人最美妙最崇高的部位。

从何处说起，还是在何处结束：亚德里安皇帝与哲学家法伏里努斯谈论某个词语的释义，法伏里努斯很快就放弃了胜利。他的朋友向他抱怨，他回答说："你们不会是开玩笑吧，你们希望他不如我有学识吗？他可是领导着三十个团的啊。"奥古斯特写诗歌反对阿齐尼尤斯·包里翁，后者回答说："我啊，我没话好说了；写诗歌反对一个有权利宣布他不受法律维护的人。 这并不是聪明人的做法。"他们都是说得正确的，德尼在诗歌方面不及费洛克塞纳，在散文的方面不如柏拉图，只好判一个去采石场服劳役，送另外一个去爱吉纳岛做奴隶。

论交谈艺术

我们的一条司法惯例是杀一儆百。

人一旦犯了过错就应该定罪，就像柏拉图说的那样，是愚蠢举动。 因为已经做过的事不能改正；惩罚是为了不再犯相同的过错，抑或说不重蹈覆辙。

> 不能纠正已经被绞死的人，却可以通过已经绞死的人纠正别人。我也是如此。我的过错几乎是天生的，没法改变的；但是，老实人要让别人效仿自

己的行为是利民，我公开这样做的益处则是避免自
己重犯：你没有见过阿尔比尤斯之子多么拮据，巴
路斯过得有多么拮据？意味深长的范本，可不应该
丢弃这些遗产。

——贺拉斯

我若公开并责难自己的不足之处，有的人就能学会害怕那些
缺陷。 在我的身上我最引以为傲的是责难自己而不是推崇自
己。 这说明了为何我否定自己更加常见，说得也更加详细。 但
是，人们一味谈论自己必然招致损失。 自我责备逐步增加，褒
奖便随之减少。

或许有些人和我的气质相似，我这个人从来在对立中比从事
例中，从逃避中比从随从中得到的教诲更加多。 这种教育方式
和大加图有关系，他曾经说圣贤获得愚人的教诲超过愚人得圣贤
的教诲。 勃萨尼亚斯论及一位古希腊竖琴演奏家，说他习惯于
迫使他的门徒去倾听住在他家对面的一位蹩脚音乐家的演奏，让
他们学会憎恶那些不准确和不合节奏的音调。 讨厌残忍让我更
加趋向于仁慈，就连宽厚的主保圣人都不能够吸引我走得更加
远。 长于骑术的优秀骑手提出我的骑马姿势的缺点就比不上看
骑在马上的检查官和威尼斯人的效果好；用错误的语言方法纠正
我的语言比正确的语言方式更加具有效果。 别人的愚昧行为日
复一日地提示着，告诫着我。 刺耳不中听的话比甜言蜜语更能
打动人、警示人。 时间只有向后退才能让我们得到改变，通过
不协调要比通过协调，通过不同要比通过相似更加能够让人得到
改变。 优秀事例教育我的东西很少，我用的是反面典型，反面
典型的惩罚作用更加为普遍。 我曾经努力让讨厌我的人看到我

的善解人意，从软弱的人那里看到我的坚强，从粗暴的人那里看到我的温和。 我因此采取的措施是坚忍不拔的。

在我看来，训练思维最有效果最合乎情理的方法是和人交谈。 我觉得谈话是比生活的任何其他行为都更加让人愉悦的习惯，所以，如果我在此刻被迫作出选择，我相信我宁可同意失去视力而不同意失去听觉或者表达能力。 雅典人，同时还有罗马人，在他们的柏拉图学院里就曾经以保留语言练习课程为荣。在现代，意大利人依然保留了这些方面的一些痕迹，用他们的智力和我们的智力相比，就能够看出他们的做法对于他们非常有利。 研读书本，这是一种没有生气的、有气无力的活动，绝对不会让人兴奋，然而交谈却能够让人一下子就学会东西，得到提升。 我若是和一个思想深刻、言词犀利的辩论者交谈，他就会紧逼我的左右两侧，会从左边与右边夹击我，他的想象力就会刺激我自身的想象力；妒忌、荣耀、思想的集中可以推动我，提升我，让我超越自己，然而在谈话中意见一致就绝对让人厌恶。

精力充沛、思维规律的人交谈可以振奋我们的精神，然而和思想品格低下性格变态的人持续不断的来往就会降低人的品格并且让思想衰退到难以置信的地步。 所有传染病都不会像这种情况传播的严重。 对于这种情况，我凭经验了解到这多么有害。我喜爱辩论，喜爱和人交谈，但是仅限于少数的人，同时只为了自己而争论而谈话，原因就是，我觉得，不管是作此表演来引起贵族的注意，抑或是竭力卖弄自己的才智和口才，这都和一个体面的人非常不相称。

说蠢话是生活当中的一件蠢事，但是无法忍受说蠢话，为了蠢话而气愤而遭受折磨（我就会有这类情况），这就是另外一种弱点，这弱点在让人讨厌方面不下于蠢话，所以，现在我愿意责难自己。

在与人交谈和争论方面，我很容易自由自在地进入状态，因为所有意见在我的身上都难以找到一处适宜穿透并且深深扎根成长的地盘。 无论什么建议都不可能使我感到惊讶，无论什么信仰都不会让我感到不快，无论这种信仰和我的信仰多么相背道而驰。 无论多么无聊荒谬的思想，在我看来，都是与人类思想的产生相符合的。 我们这些人能够评判事情但是无权作出宣判，因此我们看待不同的建议是从容不迫的；假若说我们还不能够评判那些意见，我们却能够宽容地吸取那些建议。 假如天平的两个秤盘中有一个空空如也，我就任由另外一头摇摇晃晃，心里念着一杆旧的秤砣。 假如说我更加喜欢单数，喜欢周四而不喜欢周五，在饭桌上我宁愿坐第十二或者第十四个座位而不是第十三个位置；假如说在我旅游时我渴望看到野兔在我旁边跑来跑去而不要横穿过我走过的路，我穿鞋子的时候先穿左脚后穿右脚，我觉得这些貌似都可以得到原谅。 我们周围任何享受名誉的人进行的想象起码都值得我们去听取。 我认为这些遐想虽只是比头脑空空稍有分量，但却可以给天平增加倾斜度。 带有偶然性的普遍建议还是有些分量的，在本质上也和一钱不值是两回事。不去应和那些建议的人就算没有迷信的嫌疑，但可能犯顽固的弱点。

所以，反对的意见既没有触动我也没有伤害我；它们只可能让我获得启发，获得锻炼。 我们喜欢躲避别人的改正，事实上应该主动迎上去并且参与矫正，尤其是在这种矫正以谈话的形式而不是以老师上课的形式出现之时。 每当有不同意见出现，我们往往不看这个意见是否正确，只是想到如何摆脱它。 我们对于反对的建议不伸开双臂，但却张开爪牙。　我可以容许朋友的粗野冲撞："你是一个蠢人，你在胡说八道。"在文明的人们中间，我也愿意大家表达的思想大胆，谈话推心置腹，但必须加强我们的听力并加以磨炼，以此来抵御对别人话语中客套假意之声的偏好。　我喜爱人和人之间的亲密往来牢固而大气，我喜爱友谊能以朋友往来中出现尖锐猛烈撞击而骄傲，犹如爱情也会咬伤和抓伤到流血。

友情像没有争吵而仅仅彬彬有礼，客客气气；友情像害怕冲撞并且缩手缩脚，这种友情就不够牢固不够丰满。

没有一个争论是不存在激烈冲突的。

——西塞罗

有人与我唱反调时，会引起我的注意而不是我的气愤；谁阻止我，谁教训我，我就向着谁走去。　寻找真理应该是双方的共同因素。　他可能回答些什么？气愤的偏激情绪已经袭击了他的评判能力，混沌在理性以前已经抓住了他。　这些方法可能都有用：大家利用抵押品作为赌注来解决异端，或者以双方损失的物品标志以供争论双方考虑，从而使我的仆人能对我说："去年，您因为无知与固执已经有二十次损失了。"

只要发现是真理，我就会加以庆贺，举起双手表示亲近，投身于真理；当我远远望见真理朝我走来的时候，我就会向着它奉上战败者的兵器。　只要不是凭借过分专横过分盛气凌人的丑恶嘴脸控诉我的作品，对于所有的申斥我都愿意欣然接受，我对于作品常常进行修改往往缘于客气而不是因为改进。　我同时还喜欢用易让步的方法奖励和栽培无拘无束提醒我的人，是啊，哪怕这种方法于我有损害。 但是吸引我的同代人注意这样做又确实很艰难；那些人并没有勇气改正别人，因为他们没有勇气接受别人纠正自己，因此他们当面说话老是掩掩藏藏。 我如此喜欢被人批评被人了解，所以到底是被批评或者被了解，我都无所谓。我自己在思想上就常常反对自我，谴责自我，因此让别人也如此做，那对我是一回事：我主要考虑的是，我愿意交付的权利交给了他的批评。

但是我和高高在上的人却是水火不容，例如，我认得一个人，假如别人对这个人的训斥不以为然，他就竭尽全力为自己的建议辩解；假如人家讨厌随声附和，他就会甩出辱骂之词。 苏格拉底老是笑眯眯采纳别人对于他的讲演提出的反对意见，可以这样说，促进他这样豁达的根源就在于他的力量：既然优势肯定倒向他一边，他便欣然接受这些不同意见并以此作为他获得新荣耀的根基。 相反，我们同时又看到这样的情况：最容易让我们变得敏感而又挑剔的，莫过于他人充满优越感与轻视的建议；总而言之，心甘情愿接受批评意见来纠正自己改变自己的大多是弱者。 其实，我希望经常来探访我的是来责难我的，而不是惧怕我的人。 和欣赏我们的人，和给我们让位的人们交往肯定索然无味并且有害。 安提斯泰纳命令他的儿女们永远不要感激夸赞他们的人。 在论战到激烈程度时，我让自己屈从于对方辩论的力量，这个时候，我为了战胜自我得到的胜利，远远比我为看准对方弱点而打败他从而得到的胜利更加感到自豪。

总而言之，我接受并认同各种迎面而来的打击，无论它们多么软弱无力，但是我对来了但又不成形的冲击却太难容忍。 提出建议的内容和我关系不大，对于我来说，意见自身是唯一的，内容怎样对我来说几乎无足轻重。 假如辩论程序井然有序，我会整整一天都平静地参与讨论。 我并不像要求辩论有序那样要求讲话有力量和思辨敏锐。 在牧童中间，在小店伙计中间每天的吵架中都能见到秩序，但是我们之间却又从来见不到。 假若小店伙计之类的人吵架时出了弱点，那是粗暴，我们反而干得不错了。 然而他们的吵闹和急躁并没有离开他们的主题：他们仍然在正常地说话。 假若说他们相互抢先讲话，假如说他们谁都不等对方将话说完，他们最起码互相听到了对方说的是什么。假如答案对题，我认为那就是最好的答案。 但是，辩论假如乱糟糟，丝毫没有秩序可言，我就会离开争论的问题而带着气愤去冒冒失失纠缠形式的问题，并且一头扎进顽固、狡猾、野蛮的争论形式中去，所以，我之后会感觉到脸红。

与蠢人是不可能推心置腹讨论问题的。 在君王无论怎样专横的干预下，不仅仅我的判断力不会改变，我的良知也不会堕落。

我们的口头争论恐怕应该像其他口头罪行一样被禁止、被惩罚。 辩论只要一直受到气愤的主宰，就可能引起并积聚什么样的诟病！我们一进入敌对的状态，最先受到攻击的是理智，然后才是人。 我们学习辩论只为了反驳别人；而且每个反驳别人的人也遭到对方的反驳，所以出现了以下的情况：争论的结果就是毁灭真理，灭绝真理。 所以，柏拉图在其《共和国》中提出禁止品性不好的人和头脑愚钝之辈参加这种活动。

为什么你会和一个既不能与你同步又不能与你节奏一致的人走在探讨真理的路途上呢？每当人们离开话题去寻找讨论话题的方法的时候，这对主题自身并没有损害；我这里谈论的并不是学院式的人为的方法，而是自然天成的能让人正确理解问题的方法。 那到底是什么呢？一个人往东，另一个人往西，他们便丢掉了本质问题，把重要的东西隔离于一大堆不重要的东西之外。经历一小时的激烈争论之后，他们仍然不明白自己在找什么：一个矮了，另外一个却又高了，还有一个在旁边。 有人为一个词、一个比喻纠缠不休；有的人再也无法体会别人用来反对他的是何物，因为他一心在忙着争论，并且思考着如何接着争论下去，心思就不在你的身上。 有人自己腰杆挺不起来，惧怕一切，对于任何东西都加以拒绝，一开始争辩就把什么都搅作一团，让它模糊不清；抑或，看见大家争论非常卖力，就一反常态，为了自己也感觉气恼的无知而自我懈怠，装出高高在上、不屑一顾的模样，或者愚蠢地作出虔诚谦虚的姿态而逃避争斗。这位只要一出招，自我暴露到何种程度好像和他无关。 那位斟字酌句，在陈述原因的时候把每一句话掂量一遍。 还有人仅仅会发挥他的嗓门和肺的优势。 有人作结论的时候竟然自己表示反对自己。 也有的人用他的前言和离题万里的废话震聋了你的耳朵！ 还有的人干脆用辱骂为武器，想尽各种办法和人作德国式的争辩来摆脱同才气高他一等而让他苦恼的人的交往和谈话。最后，有人完全听不懂对方的意见，但却用自己提出的非本质性的俗招，依靠医生处方式的东西将你纠缠在论证的围墙的上面。

当我在仔细思考这句话："于事无补的蹩脚文字"的用途的时候，谁还会相信知识？谁能不抛出疑问：是否能从知识当中汲取坚实有益的东西以应付生活的需要的？谁凭借逻辑学提高了智商？逻辑学作出的美丽诺言可以在哪里实现？"它既对更加好地生活没有帮助，也无助于更加愉快地推论。"你难不成可以发现在长舌妇的饶舌中比在这伙人的公开争论中的糊涂议论更加多？我宁愿让我的儿子去小酒店也不要去辩才学校读书。 你去寻找一位艺术老师，去和他谈话：他为何没能让我们通过欣赏他有力的证据与奇妙的条理而领悟那人为的卓越之处，也没能让女人与我们这些无知之辈为此而沉迷？怎么没有如他所愿主宰我们、说服我们呢？一个智力超常、品德卓越的人为何击剑时掺杂辱骂、粗鲁和愤怒？让他摘下自己的博士礼帽，脱下身上的袍子，再抛掉拉丁语；使他不要搬弄正宗的亚里士多德，我们的耳边喋喋不休地烦人，那个时候，你一定就会把他当做我们当中的一个人，或者更加糟糕。 我觉得，他们用来折磨我们的纠缠不清的言论含义和要把戏有得一拼：他们的机智灵活触动并制伏了我们的感官，但是却无从使我们心悦诚服；除了这些街头把戏，他们做的事情都是不平庸，都是不低贱。 他们越博闻强识就会越愚蠢。

我喜爱并敬重知识的程度不亚于那些拥有知识的人；从知识的用途来看，这是人类最高级最宏伟的收获。 但是，在这些用知识建立他们的基本能力与价值的人身上，在这些从智力到记忆都非常相似的人的身上，在那些"拉着外国大旗作虎皮"，离开了书本就一事无成的人（上述这些人的数量非常大）身上，我憎恶知识，我胆敢说，比憎恶愚钝有过之而无不及。 在我们的国度我们这个时代，人们教授的知识在相当程度上改善了人的钱包，但却很少改变人的灵魂。 知识如若遇上愚钝的心灵，它就会让迟钝加重，并且让心灵窒息，因为这是一大堆僵硬的难以消化的东西；假如遇到心智灵敏的人，知识就自然地让它净化，提炼，让它精明到不能再精明的地步。 从本质上说知识甚至是无足轻重的事物，它对于禀性优秀之人是非常有用的陪衬，对于其他的人则既有害也招徕损失；或者不如说，知识具备极为珍贵的用途，用贱价是得不到的。 知识在有些人手里可以是权利，在另外一些人手里则是宫廷小丑的人头杖。 但是，我们还要继续谈论下去：

让你的敌手知道他无法战胜你，你还能期待比这更为重大的胜利吗？当你在阐述意见和判断取得优势时，那是真理获得的胜利；当你用你的有条不紊与你的品行获得优势时，那是你自身的胜利。 我觉得，在柏拉图和色诺芬尼的书中，苏格拉底在争论时考虑的是讨论者本人，而不是讨论的主题，与其说他教导厄提代姆斯与普罗达哥拉斯认识他们辩论方式的不精当，不如说他教导他们认识自己不得体的言论。 他紧抓首要问题的原因比阐明这些问题更加有用，例如，是为纯净思想，他要塑造要练就的是人的思维。 争论和追求的正是我们要捕捉的"野兔"：假如这样的事情都做得不好，不大气，那就无法获得谅解。 从缺乏到获取，这是两码事，因为我们天生就注定要寻找真理，而把握真理就属于更加强大的力量，就像德谟克利特说的那样，真理不该隐藏在深渊之底，而应该提高到无限的高度，为上帝所知。 人世只是一所探求的学校。 不观察谁是否进入，而是看谁跑得更好。 说真话说假话傻瓜都可以做到，因为我们讨论的是说话方法而不是说话内容。 我的偏好是形式和实质都要重视，既注意律师也注意案子本身，阿尔西巴德就命令人这样行事。

我每一天都阅读一些作者的诗作作为消遣，我关心的并不是他们的知识，只是在他们的作品里探究他们的写作方式，无论作品的内涵如何。 就像我继续和某位知名人士保持联络，不是为了他指点我，只是为了我了解他。

任何人都可以实话实说，但是很少有人说得有条有理、充满智慧和技巧。 所以，我对于因为无知产生的假话错话并不感到气愤，那仅仅愚蠢而已。 我曾经多次中断对于我有利的交易，因为与我谈判的对手提出异议的时候出言不逊。 我在一年中我没有一次为辩不过我的人所犯的错误而恼火，但是一些人作结论的时候的固执和愚钝，他们又笨又唐突的托词与狡辩却没有一天不让我愤恨得喘不上气来。 他们既不听取别人在说什么，也不懂得别人为何那样说，回答问题也就是如此：这真让人沮丧。我的头颅只有在碰到别人的顽固脑袋上才会感到撞得疼痛，我宁愿和下人的严重弱点妥协也不愿意和他们的莽撞、纠缠不清与他们的愚钝妥协。 只要他们有能力做事，让他们少干一点儿也无所谓。 你期待着振作他们的心志，但是对于一个老树桩你既不可能抱有什么期待，也不可能获得有价值的收获。

如此的话，难道我们看待的事物与其本来面貌有所不同？ 有这样的可能，但是我仍然应该责备我的急躁，同时首先应该坚持觉得这种急躁对有理之人与无理之人同样是有害的(因为急躁永远是不可能容忍不同意见的人特有的跋扈和乖戾的表现)，同时，其实，因为不喜欢别人所做的蠢事就激动发火，这本身就是很大的无聊，是最平常最荒诞的无聊，因为这种无聊把我们格式化了，祸害的首先是我们自身。 曾经那位哲人①从来不放弃哭泣的机遇，因为他是如此看重自己。 七贤之一的米松②同时拥有提蒙和德谟克利特的性格，当有人问他在嘲笑什么而一个人傻笑时，他回答说道："就为了这自个儿傻笑而傻笑。"

---

① 指希腊哲学家赫拉克利特。
② 希腊七贤中并无此人，此处所指不详。

照我看，我每天不知说了多少蠢话！在别人看着，我说的傻话自然还更多！假如我为此而憋着不说，别人又会如何？总而言之，应该在活人中生存，让桥下的河水不蒙受我们的照顾自己长流，抑或，至少我们不必为此而过多烦恼。 是啊，但是，为何我们看到某个身体畸形或者身材不匀称的人丝毫不生气，但是见到一个思想混乱的人却无法容忍、怒不可遏？这种有害的强烈态度应该归咎于审视的人而不能怪罪有缺陷的人。 让我们念念不忘柏拉图的这段名句："我觉得什么东西不正确，难道是因我自己不对？"我自身不就有错误吗？我的训斥岂不可以倒过来瞄准我自己？智慧和神圣的名言不断重复，鞭挞着人类最普遍和最常见的错误。 不仅仅我们之间相互的指责，就连我们在争论中各自提出的理由与论据一般都可能绕回来反对我们自身，我们在作茧自缚。 在这些方面古代为我留下了非常严肃的惯例。 想出这一句话的人说得既准确，也非常贴切：

　　每个人都喜欢自己大便的气味。

——伊拉斯谟

我们的眼睛一点都看不见我们身后的东西。 一天之中我们成千上万次争论邻居其实是在自己嘲笑自己，我们讨厌别人身上的缺陷，但那些缺陷在我们身上更加明显，出自于一种不可思议的恬不知耻与疏忽大意，我们竟然为这些缺点感到惊讶。 昨天我还亲眼看到一个明白人，一个和蔼可亲的贵族嘲笑别人的愚钝举止，他说得既有意思也很正确，说那个人向大家吹捧他的家谱和姻亲关系，然而其中很大部分是假的（只有身份更加可疑更加难令人置信的人才会对于这类愚钝的话趋之若鹜）；这位贵族假如退后几步看看自己，他就不难发现自己也在令人讨厌地在谈话中散播他妻子和娘家如何享有特权。啊！可恶的自负，妻子竟然通过自己的丈夫亲手培养这样的自负！假若那些人知道拉丁文，他们应当说：

> 勇敢一些！就如同她自己荒唐不尽兴，
> 再为她的荒唐加把劲儿！
>
> ——特伦克

  我不认为人不清白就能不去批评别人，因为不会有不清白的人告状；甚至于在同一种犯罪里不清白也是这样。但是我明白，在审判另外一个当事人的时候，这审判并不吝惜它对我们心灵的审判权。不能去除自身缺点的人却尽力去根除别人身上的毛病，这是好的举动，在别人的身上找出弱点的根源可以让他自身少感到些凶险，少些苦楚。谁提醒了我说我犯有过错，我却说他自身也有这样的过错，我觉得这回答丝毫没有道理。为什么如此？提醒人家总是真诚而且有益的。假如我们嗅觉敏感，我们应该感到自己身上的气味更加臭，因为这个气味是我们自身的。苏格拉底的建议是，那个和自己的儿子以及一个外人同时犯暴力罪行的人，应该首先对簿公堂，听取法院审判，并且恳求刽子手帮助他赎清罪孽，然后再为他的儿子，最后才会为了外人。假如苏格拉底的告诫定位太高，他最起码应该带头去要求受到良心的责罚。

  感觉是我们自己的首要的法官，它们只能根据事件的外表觉察到事物。假如说，在我们社会的各个行政部门都有无休无止的平常的客套与表面现象的杂糅——这就是政府最杰出最有效的功能之所在——这并不是不可思议的奇怪的事情我们永远在和人打交道，而人的本质尤为具体化。 前些年有一些想为我们创造一种宗教修炼方式，一种纯粹精神的静修方法，假如修炼者之中有人考虑，这样的沉思如果不更加为重视人们的位置、标志、头衔与党派之类的事情，就会从他们的手中逃脱消失，希望那些创立人不要为此感到惊讶。 这就像交谈中的情况：谈话人的重要性，他的职位和他的财产常常让他愚蠢无聊的话受到信任。 不用去推理，一个大家言听计从并且十分害怕的先生个人事实上并没有与众不同的内在能力；一个常常被委以重任同时又不可一世的人并不比另外一个远远向他致敬而又没有受到录用的人能干。不仅仅是那些人说的话，那些人装模作样的表情也深受重视，获得考虑；每人都会煞费苦心对于那些表情作出精彩的有根据的解释。

　　假如这些人屈尊光临一些平常的交谈，同时人们又报之以赞美和崇拜之外的东西，他们就用他们经验的权威将你吓得半死：他们的所闻、所见、所为、所提供的例子，都会压得你喘不过气来。 我希望对他们说，外科医生的试验结果并不等同于他实践活动的历史总结；可以记得他治好了四个瘟疫病人与三个风湿病人，但是假如不善于从运用医术之中总结一些东西来形成自己的判断，假如不善于令人意识到他的治疗艺术以后会变得更为精湛，这些经验也不能够算作他实践活动的历史总结。 就像听乐器弹奏，我们听到的并不是诗琴声，也不是斯频耐琴声，更不是笛声，我们听到的只是整体的和谐效果。 假如说旅行与公职让人得到改变，那么让这种改变显露出来的就是他们智商的产品。光有经验是不足够的，还需要加以权衡和对照；还必须消化经验，提取经验，然后得出经验本身的理性的经验与结论。 历史学家从来为数不多。 听取史学家说话却又永远是一件有利的好事，因为他们向我们提供了记忆库里丰富、可贵、值得称赞的教益。 自然，那是让我们生活获益匪浅的重要经验，不过在此刻我们研究的还不是这些东西，我们探求的，是那些历史的汇聚者与讲述者本人是否值得称赞。

我憎恨各种形式的专横跋扈在能说会道时表现出来。 我愿意集中精力应对来刺激感官骗我们判断力的浮夸现象，并且非常警惕一些非常不寻常的显赫，对我而言，那最多不过是一些和别人完全相同的人。

　　　　春风得意之中少有常识。

　　　　　　　　　　　　　　——尤维那尔

也许，人们在小瞧他们，因为他们处处揽事，频频露脸：他们无法适应他们承受的重担。 承受重担的人应该具有超过重担要求的能量与耐力。 就连要求的力量都无法达到就会令人猜想他能否具有超过要求的能量，猜测他是否已经精疲力竭；在承受重担中倒下的人会令人看见他能耐到底怎样，看到他双肩多么羸弱。 这说明学者中间蠢人为何这么众多，多到比学者自身还多：他们本来可以成为不错的管家、精干的商人、能工巧匠，他们天生的能量就是按照此尺寸裁剪的。 知识是分量极重的事物：他们会让知识压扁。 如果想要展开并且支配这么高超这么重大的课题，如果想要运用并且求助于这样的课题，他们的才能还不足够强劲，还没有足够的驾驭能力：这样的课题只能够极具天赋的人来承受，但这样的人却又非常罕见。 苏格拉底曾说：

"头脑不够聪明的人玩哲学是诋毁了哲学的尊严。"哲学只要被胡乱关在盒子里，会显得无用并且有害。 先前说的那些人就是如此这般自我糟蹋自我贬低：

> 像猴子学习人样，
> 孩童玩耍贵重丝绸遮在身上，
> 但是屁股脊背亮光光，
> 引得众人笑断肠。
>
> ——克洛地安

　　对那些管理、指挥我们，操纵世界的人也是一样，他们拥有平凡的智商，能做我们谁都可以做的事情，这还是不够；假如他们不能远远高于我们，他们就会远远低于我们了。 他们既然相比我们更加有指望，就应该做得更加多。 因此保持沉默对他们来说不仅庄重而严肃，而且会起到事半功倍的效果：就像墨伽彼斯到阿佩尔的画室去看阿佩尔，最开始，他待在那里很久都一言不发，随后就滔滔不绝讨论起画家的作品来，因此他遭到了严肃的斥责："在你保持沉默时，你挂的项链和你豪华的装扮还让你显示出一定的风度，但是现在大家都听到了你所说的话，就再也没有人不轻视你了，就连我店中的伙计也不例外。"他奢华的梳妆打扮，他贵族的身份不容许他像平头老百姓一般无知，也不允许他奢谈绘画，只有沉默能让他继续保持他表面的那份自夸的才能。 在现代，表现智慧与才能的冷漠的沉默外表帮助了多少愚人的忙呀！

　　要获得爵位与公职必须依靠社会条件而不是功劳大小，人们因此还经常错怪国王。 其实不然，国王们才疏学浅但却幸福无限，这才真正不可思议呢。

王公的第一品质在于了解人民。

——马提亚尔

事实上，他们在本质上并不具备面向广大民众的宽广视野，无法从中洞察人的高明之处，也不可能透过我们的胸臆来了解我们的志向和最出众的才能。他们需要通过猜测、探索，凭借对方的家族、财产、学识与百姓的呼声来进行挑选：但这些依据都很不充分。谁能够找出办法让人凭借公正判断人，凭借理性挑选人，单纯依靠这一点他就可以建造一个完善的政府管理形式。

"不错，这个人在办这件大事上卓有成效。"这话说得在理，但是还不足够充分，因为刚好有这条箴言被人们普遍认可：不应该以结果来判断主张。迦太基人因为军队头目出了馊主意而惩罚这些头目，就算战争的结果已经纠正了头目们的过错。罗马人经常拒绝为伟大而有益的胜利庆功，由于军事头目的行为和他这样的运气不相符。在人类的行为当中，我们经常会发现，命运之神为了能告诉我们她对于万事万物具有多大的权力，她非常很乐意打掉我们的傲气，让蠢人获得幸福——就算不能让他们变得聪慧，凭借它和德操展开竞争。命运同时还主动参加优待实施的活动，因为在实施过程当中更加能够清楚看到纯命运的脉络。所以，每天都可以看到我们当中头脑最简单的人无论在公事还是私事上，都能干完一件大事。人们感到奇怪，凭借西拉内斯言谈的聪明而又富有哲理，他如何办起事来会接二连三遭遇失败，对于这个问题，他回答道他只能主宰自己的计划，命运女神才能决定事情的结果，先前提到的那些人也可以做出相同的回答，但是从相反的角度。 世界上大多数事情依靠事情本身做成。

命运自然有通途。

——维吉尔

结局往往使愚蠢之举合法化。 我们的插足大概只是一种例行公事，考虑更加多的常常是习惯和范例，理智的思考比较少。当我对于一件事情的重大意义感到惊讶的时候，过去我老师通过把这件事情做到底的人们了解他们的目的与做法：但我从那里听到的只是一般的想法。 但是最一般最常用的可能也是最可靠的，它们就算不适合于装门面，最起码最方便于实践。

无论如何，最平常的道理最牢靠，最低价，最不严谨，但是经过最多敲打的道理却又更加于事情有益？为了保证枢密院的权威，不需要普通人参与进去，也不需要他们看得要比第一道栅栏更加遥远。 假如想维护枢密院的声誉，它就应该在充分和完全的信任中得到尊重。 我这一些意见仅仅把这些问题作了大体的勾画，并且仅仅随便从它的基本方面加以考核；这工作最重要最主要的因素，我按照习惯把它留给了上天，"其余的留给诸神明。"（贺拉斯）

在我看来，运气和晦气在我看来是两种至高无上的力量。我觉得人类智慧能够充当命运的角色是不理性的。 谁预见自己可以把握开端也可以把握结局，谁预见自己可以亲手推动自己的活动，他的预测做法纯属白费，在考虑战争行动的时候，作这样的推测更是枉费心机。 军事活动中的谨慎和理智从来不超过我们当中有时出现的审慎和明智：或许因为大家害怕中途出事，因此还是保存实力来抵御预见的灾害吧。

我还要说的是：我们的智慧本身和我们的思考都顺着偶然的痕迹在发展。 我的意志与我的见解动来动去，看来有时这样，有时那样，其中有许多信念的流动是自然控制的，而且没有我的干扰。 我的理智每天都受到我内心激情和躁动的冲击：

> 人的情绪变化无常，
> 这时被这种激情冲撞，
> 每当风一转向，
> 另外一种激情又替代着上。
>
> ——维吉尔

到城里看看谁最有力量，谁的事情做得最好：你经常会发觉，都是些最傻帽的人。 曾经发生过这样的事情：女性、孩童和精神失常的人在指导者一些大国，足够和最英明的王公相媲美。 修昔底德说道，治国成功者，通常是些粗鲁的人而不是什么精明之辈。 我们就把那些人好运气的功效归之于他们个人的聪敏。

> 人仅仅因为命运的厚爱，
> 才能够青云直上，这样一来，
> 谁都夸奖他是才子。
>
> ——普劳图斯

所以，不管怎样我都要强调，结局是考察我们的价值和能力的最为单薄的见证。

在这个方面我甚至觉得，只需要审视一个飞黄腾达的人就明白了：三天之前我们认识他的时候，那还是一个一无是处的人。不知不觉之中，在我们的思想中悄悄塞进了高明和精明能干的愿景，所以，我们就相信，随着排场和势力的增长；大家已经认为他有功于世了。 我们评价他并不是根据他的个人价值，而是用计筹码的方法根据他的地位赋予他的特权。 运气也会逆转，他也会从高处跌下来，重新进入民众的行列，人们这才每个人不胜惊讶地去打问是为什么把他抬得那么高。 "这是那个他吗？"大家说道，"他在台上的时候难道就不知道别的事情？王公们就如此容易满足？我们真是被掌控在这么没有本事的人手里吗？"在现代，这种事情我亲眼见到的不在少数。 就连戏台上表演的高尚的脸部表情有的时候也能让我们感触，瞒过我们。 我最喜欢国王们的地方，就是他们拥有一大群崇拜他们的人。 各式各样的恭敬和顺从都归属他们，但是他们就是无法获得智力的俯首帖耳。 我的理智不习惯弯腰屈膝，仅仅是膝盖习惯打弯。

　　有人问到梅朗提乌斯对于德尼的悲剧有什么感想，他说道："我没看这出戏，冗长的台词遮盖了全戏。"所以，判断大人物讲话的人们应该说："我根本没有听到他说的话语，那么多的庄严、高贵、严肃把他的话语全部遮住了。"

　　直到有一天，安提斯泰纳试图说服雅典人下命令让驴子代替马去犁地，对于这个建议，雅典人回答道，驴天生不是为这个用途而生的。 "这是同一码事，"他反驳道，"这全部取决于你们的安排。 事实是，你们在战争中用最无知最无能的人来指挥战争，这些人只要被你们启用也会立刻变成合格的指挥员。"

　　这很像很多民族的做法，他们把自己推举出来的国王视为圣人，他们不满足于只赋予国王荣耀，他们还要崇拜他们的君王。例如墨西哥人民在君王的加冕仪式圆满完成后就再也不敢正眼看他了：好像有了王权他就变成了神，原来，人民让国王发誓维护他们的宗教、法律、自由；国王还要发誓做到英明、公正和仁厚，并且要让太阳按照国王习惯的亮度照射，需要让云层在适当的时候才可以变成水；他还要发誓让江河常流，让大地为他的子民提供所有必需的东西。

我对这种大众的判断方式持反对意见，我一看到伴随精明能干而来的是发家、显耀和众人的推崇，我就格外防范这种精明能干。 我们必须要留意，应该说话的时候说话，选择恰当时刻说话，这该有多么重要；打断谈话或者以权威的口气转变话题，或者在见到你就崇拜得哆嗦的人的面前用摇头、微笑或者沉默否定别人的反对之辞，这将会有什么后果。

一个地位显赫的人在饭桌上参与一个肤浅又轻而易举被驳倒的话题，他一定会以这样的口气作为开头："和我这意见相悖的人只会是骗子或者白痴"，诸如此类。 你们就拿着匕首跟随这颇富哲理的刻薄话离开吧。

还有一条我运用得最多，而且从中大为受益的警告：在辩论与商谈之中，并不是每一句我们觉得正确的话都可以立刻被人接受。 大多数人都不缺少从外部获得的机智。 某个人有的时候可能说出一句精彩的俏皮话，一个恰如其分的回答，一句富有教益的名言，就算他在说话的时候并没认识到那句的分量。 借米的事物不一定都可以把握，或许还需要依靠我们自己进行核对。那些话不管多么实在多么经典，都没必要总是一听就诺诺连声。需要自觉与这些传言作斗争，或者借口没听懂退下来，假借没听见而从各个角度揣摩这句话为何到了讲话者口中。 我们有的时候可能作茧自缚，为对方的攻击助一臂之力，让它超过攻击的限度。 以前，我曾经强调对对方进行攻击的必要性和紧迫性，运用反击突破了我的意图和希望；我本来只在数量上攻击，但对方接受的却是分量。 就像我和一个强有力的对手争辩，我更愿意先声夺人，抢在他下结论之前剥夺他自我解释的机会，我试图防止他正在产生尚未完整的想法出笼（他的理解只要有序与贴切，那将会是对我非常严重的警告与威胁），和其他人辩论时我的做法正好相反：需要让他们自个儿去理解，千万不要事先假设什么。 例如他们用一般的话作出评判："这个挺好，那个不太好"，例如他们意见相似，就看这种意见一致可否由偶然性促成。

让他们去划定他们的判断范畴吧：为何如此，依据什么如此。 任何屡见不鲜的一般性建议都一文不值，就像人们向一个民族的全部致敬。 真正明白那个群体的人就会从中认出某个人，然后指名道姓地专门地向他致敬。 但这是一个冒风险的举动。 在这个方面我每天都可以看到一些思想基础薄弱的人出弱点，他们希望附庸风雅，在看到某个作品的时候指出其中优美的所在，但是他们非常低下的鉴赏水平让他们选中的地方不仅没有让我们学到作者的精彩之处，反倒向我们暴露了他们自己的无知。 在听到别人念了一整页维吉尔的诗作之后，发出如此的慨叹是万无一失的："瞧，这多么美丽！"但是，通过这一慨叹，其中的美好就逃之夭夭了。 但是要想一点接着一点听下去，要想作出专门并且精辟的评价，要想指出一个优秀作者在什么地方有所超越，什么地方有所提高，要想斟酌这其中的每个字，每个短句，每个虚拟的情节，你就需要离开这里！"不仅需要研究每人都在运用的措辞，并且应该研究作者的见解还有见解的依据。"我每天都听到蠢人说的并不愚蠢的话，他们谈到美好的事物。 那就允许我们去了解他们是在哪儿知道的，去看一下他们是通过什么方式得到的。 我们可以帮他们运用他们还未掌握的那些美丽的词句和精彩的道理，由于他们还仅仅是那些美好东西的保存者，也许他们偶然会摸索着提出这些词汇和理论，我们让他们知道美好东西的价值并且信任它们。

你向他们伸出了援手，但何苦呢？ 他们对于你不会有一点感激之情，他们为此还会变得更加愚蠢。 不要去帮助他们，让他们去走自己的路。 他们未来再涉猎这方面是因为他们害怕受骗上当，他们他们不敢改变它的基础和说明问题的角度，也不会把问题深入下去。 你对此类问题稍稍偏离，他们就无法抓住了；他们就会抛弃这个领域，就算这个领域强劲有力。 这都是些有力的武器，但是没有被妥当把玩。 我经历过无数这种事情！假如你偶尔对他们的言谈作进一步阐释和确认，他们就会马上抓住你，让你话中的优越感脱离你自己的话："这就是我原来想要说的；那恰好是我的看法；假如我没表达出来的话，那是因为我的词汇欠缺。"吹吧！对于这种霸气十足的傻帽就得狡猾些。赫热西亚的座右铭，就是不必仇视，不必控告，只需教育，这在别处有道理，然而在这里，援助与纠正这些不需要并且贬低帮助与纠正的人就是不公正不人道的行为。 我喜爱让那些人愈讲愈糊涂，愈讲愈尴尬，超越原来的程度；让他们能够走多远就走多远，直到最后他们就会再次认识自己。

蠢行和头脑混乱不是通过一两次提醒就可以纠正的。 对于这种纠正行为我们只能够重复居鲁士说过的一段话。 有的人在战役就要打响的时候催促居鲁士去鼓励他的军队，居鲁士回答道："在沙场上，士兵不会通过一次精彩的训话就变得英勇善战，就像人不会听完一支美妙的歌曲立刻变成音乐家。"学艺行为必须之前就进行，必须经过长期的坚忍不拔的教诲才能完成。

我们应该勤勉地这样关照、纠正和教育自己人，仅仅应该对自己人作这样勤奋的纠正与教育，但是去对过路人教训，对于相遇的无知之辈或者蠢人进行教导，这是我最不愿意养成的习惯。就算在和别人闲聊的时候，我也极少这样做；我宁可放弃也不愿意参与这种脱离常规的说教。我的脾气让我不适合为初出茅庐者讲话与写作。但是对大家谈论的一般问题或者别人正在讨论的问题，不管我认为多么错误、荒诞，我都从来不在言语和行为上横加阻拦。总而言之，愚蠢却又沾沾自喜，自喜到超出所有正常头脑合理自喜的田地，这种愚钝比所有别种愚蠢更加让我气愤。

睿智阻止你自满、自豪，当那些顽固的愚蠢之辈轻轻松松地让高朋满座充斥着快乐和自信时，理智却让你不但不快乐并且还诚惶诚恐，这是不幸的。最不聪明的人才轻视别人，才会在从战场凯旋的时候风光无限兴高采烈。语言的自负与面容的快乐常常让人们面对听众的时候占下风，由于听众经常判断力较微弱，无力并无法辨识真正优势。固执与强烈坚持己见是傻瓜的最可靠证明。有什么东西会像驴那样自信、决绝、轻视一切，那样一脸沉迷、庄重、肃穆？

难道我们不能把尖锐和晦涩的话题放到聊天交流的形式里，把朋友之间轻松友善、相互嘲弄的亲密喜悦之情带进这样的气氛中吗？我的快乐天性很适合这样的锻炼；假如说这样的活动不像前边提到过的激动紧张，严肃，它却又同样富于洞察力，一样妙趣无限，也一样有益，吕库古斯就认为是这样。 以我的经验看，在这样的交谈会友中自由不拘多于机智幽默，快乐超过创造，但是，我的忍耐性是无懈可击的，由于我能够忍受别人的反唇相讥，不但忍受激烈的，同时忍受冒失的，只要对方的言语没有歪解我的意思。 人家对我发起攻击，如果我不能立即作出激烈巧妙的回答，也不会把时间浪费在令人厌倦又疲沓冗长的辩论中去，这样的辩论真是愚蠢顽固之举：我让对方的进攻自己结束，并且愉快地低下头，将制服对方的行为推迟到更加恰当的时刻。 没有永远赚钱的商人。 在自己力量不够的时候，大多数人会改变脸色与声音，但是假如令人反感地去发火，不但不能反击，反而会暴露自己的弱点和自己无法抵抗攻击的事实。 在快乐的时候，我们常常可以弹拨我们的缺陷中的那几根神秘的弦，但在一本正经的时候，我们一触碰这些弦就得相互顶撞，同时也不可能相互有效提醒各自的弱点。

还有另外一种打闹游戏，鲁莽粗暴，纯粹法国式的，我痛恨它入骨：因为我生就一身紧致而敏感的皮肤；我的一生曾经看见这种游戏埋葬了两位同血缘的王公①。 在玩耍中打架是让人憎恶的。

另外，我要评价某个人时，我会问他对自己的满意度，他的言谈与他的工作到怎样的程度才能中他的意。 我盼望能避免这种美丽的借口："我干这种活是在闹着玩，我为此花了不到一小时的时间，以后再也没有见到过它。""但是，"我说，"让我们不要去管那几件，您给我看可以代表您全貌的那件，通过这件

---

① 指亨利二世国王 1559 年在比武中，恩各西姆公爵 1546 年在打赌中死亡。

能让大家衡量您的能力。"在此之后："您作品里最精彩的部分是什么？是这部分？还是那部分？温雅吗？是材质好？是想象力，是见识还是知识出众？"由于我常常发现，人们不仅仅评价自己的作品有所失误，评价别人的作品一样有失误，不仅仅因为有感情掺杂其中，也因为缺乏认识能力和鉴别能力。作品自身的力量与机遇能够帮助作者超越自己的想象力与知识，让他走在想象力与知识的前沿。对于我，我评判别人作品的价值并不比评判自己作品的价值更加愚昧，我对这些《随笔》的估价时低时高，有时估计高，非常不稳定，非常不可靠。

有很多书大有益处是因为它们的主题好，而作者却并没有因此而获得殊荣，并且一些好书，就像优秀的工程，它们的作者还会因为它蒙受着羞辱。我在未来要写我们宴会的方式，写我们的服饰，当然会写得丝毫没有优雅可言；我可能会发表当代政府颁发的告示法令还有传到公众手中的一些王公的书信；我还要缩写一本好书（所有好书的缩写都是愚昧的缩写），这本书很可能刚好会砸锅，还有诸如此类的事情。后代却会从这样的版本中特别获益；但我，假如这不是我的福气，又会是什么好事呢？多数闻名遐迩的书都属于这种状况。

好几年之前，我读到菲利普·科米内的书，他肯定是一位优秀作家，我从中读到这样一句非同一般的句子，他是这样写的："千万不要为主人效力过多，多到阻碍你获得公平的赏赐。"我应该赞美这句话的创意而不是赞美他本人，因为不久前我在塔西陀的作品之中看到了下面这段拉丁文："好事仅在得到回报的范围内做起来才会让人愉快；假如好事做得大大超出了可回报的范畴，那么所得到的回报就不会是感激，而是仇恨。"塞涅卡说得更加铿然有力："为有债不还为耻的人愿意不欠所有人的债。"西塞罗则从更加广泛的角度看待这个问题："谁自以为没有还清你的债务就不会作你朋友。"

一本书的主题根据其内容，可以让我们看到一位博学而记忆力强的人，但是要判断这人身上哪些部分更加具有自己的特点，更加可贵，要评判他心灵的力量与美好的所在，就需要知道什么是他自己的，什么不是他自己的；但在不属于他的那一部分思想里，就应该考虑书的选材、格局、华丽词汇和语言在多大程度上应该归功于他的贡献。为何？因为引用素材而弄糟形式的事例屡见不鲜。我们这些人和书很少打交道，我们处在这样的困难处境：当我们在一个崭露头角的诗人身上发觉某种卓越的想象力的时候，当我们发觉一位传道者的一些论据强劲有力的时候，在没有了解到某一位学者的作品是他本人的还是人家的时，绝不敢恭维他们：直到现在我都非常警惕这点。

我刚刚一口气浏览了塔西陀的历史书（我从来没有这样读过书，还在二十年之前我已经没有连续阅读一个小时的习惯了），我是听取了一位贵族子弟的建议才读这本书的，法国非常器重这位贵族，为了他自身的价值，也为了这几兄弟[①]身上显露出的持久不变的才能和善良。我没有看到过其他作家在众所周知的事件中，如此注重对个人的个性和偏好的描述。他需要专门注视和他同时代的帝王们的日常生活，还有他们的生活以各种形式表现出来的极端的多样性；尤其是他们残忍对待臣民的一些突出行为，所以，他有比谈论战事和世界骚乱更加坚实而富吸引力的材

---

① 指蒙田的朋友，特朗一家三兄弟，在同一天内惨遭死亡。

料加以叙述和描绘，这样一来他就一笔带过一些人英勇赴死的事情，好像他害怕这类事迹太多过长会让我们感到不愉快，这就必须让我经常感到他的作品枯燥无味，这好像与他自己的看法相去甚远。

这种撰史的形式是十分有益的。 大众的活动取决于偶然的指导，个人的行为则更多取决于自己的命途。 这本书与其说是书写历史，不如说是一种评判；其中格言多于阐述。 那不是用来阅读的书目，而是用来研究与学习的书；全书遍布警句，其中有正确的也有错误的：那是一个伦理纲常与政治看法的苗圃，可以向操控世界的行列中人们提供储备与增光添彩的资料。 它为了谁辩护总会有可靠而又强烈有力的理由，并且言论措辞尖锐，观察入微，符合那个世纪十分讲究的风格；操控世界的人们喜欢自我膨胀，所以，只要他们处理公务时言辞无法尖锐也没法观察入微，他们就凭借这本书上的一些言辞。 这本书与塞涅卡的作品有类似之处，不过我感觉它更为厚实，而塞涅卡的书则更加强烈。

这本书更加适合被动乱频繁的病态国家运用，就像现在的我国：你可以经常说，那是在书写我们的历史，那是在刺激我们。怀疑该书忠实性的人，在相当程度上暴露出他们对这本书不怀好意。 书中的见地是正确的，并且在罗马发生的各类事情中它都倾向于正确的一面。 但是我也有些抱怨他对于庞培的评判，他的评价比与庞培共同生活和共过事的好人们的评价要更为严酷，他觉得庞培和马略和塞洛丝毫没有共同点，除非讲他更加隐蔽。人们承认他有政治野心，想要治理国家公务，也承认他有仇恨心理，他的朋友们甚而害怕他的胜利会促进他跨越理性的界限，但是绝对不会觉得他会发展到丧心病狂的田地：在他的一生中不存在任何对我们足以形成威胁的残忍和专横。 无必要用怀疑抵消明白的事实：如果那样做，我是不会信的。 他的叙述朴实而直白，他这样写史或许有他的理由，即这种叙述并不肯定全都准确符合他所作评判的结论，他的论证依据的是他个人的倾向，而这种倾向常常超越他向我们展现的素材，他从来不愿意用任何方法让素材适应他自己的倾向。 他无需为服从指挥他的法律而赞成当时的宗教，他没必要因此而感到抱歉。 这就是他的不幸，并不是他的错误。

我十分重视他的判断，但是又不是处处都看得很清楚。 例如提比略在耄耋之年体弱多病的时候写给元老院的信中有这样的几句话："我给你们写了些什么东西，先生们，如何写，抑或此刻不应该写给你们的又是什么？ 如果我能知道这些，那么众神让我丧生的方式比我每天意识到的死亡更糟。"我看不出为何作者要把这段话这么肯定地放在折磨提比略良心的让人心碎的后悔中；最起码在我有可能看出的时候，我也不去看他。

当有必要向大家说明他做过一些体面的事情之后，接着肯定地辩白，他说这些并不是出于夸耀自己，我觉得这好像也不太可靠。 这一笔好像让这样的人物显得太过怯懦了，因为不敢坦白自己，这暴露了他的心病。 但凡判断事物鞭辟入里、高屋建瓴、准确可靠的人都善于各方面利用自己和外界的所有实例，像为其他事物提供证据那样直接为判断提供证据。 一定要冲破礼节的一般规矩来维护真理与自由。 我不仅仅敢于谈论自己，同时敢于仅谈论自己；我在书写别的事情的时候却常常迷失方向并且脱离主题。 我对于自己并不是不分良莠什么都喜欢，我不会不加节制地关爱自己，也不会对自己迷恋到不能像一位邻居看我、我看一棵树那样换位判别和审视自己的程度。看不清楚自己究竟有多少价值，抑或谈自己的价值比别人看到自己的价值更高，这两种过错不分轩轾。我们应该给上帝而不是给自己更加多的爱，但我们对爱知之过少，所以谈论得非常尽兴。

这个作品述说了他的一些状况，我们只能说那是一位伟人，喜爱正直，为人勇敢，并不是那种具有迷信色彩的骁勇善战，而是一种旷达大气的勇气。我们也许会觉得他提出证词未免冒昧，例如，他说到一个肩挑木柴的士兵，双手冻僵并且粘在了担挑上，那双手早已坏死并且从手臂上脱落下来。但凡遇这种事情我习惯屈从于伟大证人的权威。

书上同时还说，韦伯艻托了萨拉匹斯神的福，在亚历山大城用自己的唾沫涂到一个盲女人的眼睛上，治好了她的病，还有其他的不知道什么的奇迹。作者写史书所遵守的是优秀史学家们的典范和历史学家的责任：史学家记录所有的重大事件；在公众之中发生的大事中还能够看到民间的传说和舆论。史学家的作用是复述而不是调整那些信仰。调整信仰的工程属于善良的指导者神学家与哲学家。但是，他的朋友，那位和他一样伟大的人说得非常理智："事实上，我报道的事件比我相信的事实要多，因为我既无法肯定我有疑惑的地方，也不能去掉流传下来的事物。"另外，这位说得也非常聪明："不必费心去肯定或拒绝接受事实，应当对这些事实给予赞扬。"塔西陀是在人们对于奇迹的信仰已经开始减退的世纪书写历史的，他说道，他可不愿将一些来自他十分尊重的古代善良人的东西写到

《年鉴》从而让那些东西站稳了脚跟。 说得真是太好了。 让史学家更多地根据他们所收集的材料，而不是他们的判断给我们写史吧。 我是我自己写作材料的主导，从来不按照别人的意思写作，但是也绝对不骄傲；我经常试着写一点幽默的俏皮话，但是我自己都不敢相信那些语句，我常常会出现连自己都不相信的心血来潮，妙语连珠过后自己都嗤之以鼻；但是我任凭它们去碰运气。 我看到有的人却以这种玩意为荣。 这种事情不应该由我一个人去评价。 我自己描绘自己又有站姿又有睡姿，绘胸脯也绘背后，书写左边也书写右边，同时写我全部生活习惯的真实面目。 人头脑的真实能力即便相同，也不一定在利用和审美方面都相同。

上述是我的记忆为我重现的大概情况，相当没有把握。 所有大致的判断都很模糊和不完善。

论意志的掌控

与一般人相比，很少有什么东西能触动我，或者，更确切地说，令我留恋的事情并不多。 事情只要不掌控我们，而仅仅是感动我们，那依然理性的。 我通过学习和思索，花费了非常多心思来提高不知不觉的这一特权——这在于我的本性当中原本已经非常突出了。

我很少赞赏什么，因而也就少有热衷。 我眼光明亮，不过专注于少数事物之上；感觉细腻不敏感。 理解和处事的能力就鲁钝迂腐，进入状态缓慢。 我对于自己的事情全力以赴；但是在这个话题中，我需要克制一下情感，不愿意让它陷得过于深，由于这是一件我经由他人的恩惠才得以掌控的事，在这个问题上

"命运"比我拥有更多的权利。 所以，就是我非常珍视的身体健康，我对于它也不需要太多祈求，花费苦心关注，让我认为生了病一定非同小可。 人应当在害怕疼痛和喜欢享乐之中保持平衡。 柏拉图主张生活当中要走二者的中间道路。

但对于那些让我放弃自身而关注别处的激情，我是竭力反对的。 我的建议是为了别人应当效劳，为了自己才应当献身。 假如说我有意志乐于仗义执言，许下承诺，不过我无法坚持，我的本性和为人都太过软弱。

遇事情就躲避，生来是静享清福
——奥维德

持续的激烈争吵最终会对我的对手有利，这结局令我感到蒙羞，这样的争辩或许会相当残酷地折磨我。 我如果像别人那样坚持，我的灵魂没有力量容忍这些抱紧不放的人喊叫和激动。心中一旦骚乱必定会土崩瓦解。

有时人们促使我去管理某项不属于我的事务，我承诺会将它们拿在手里，但并不盛在心里；我负责人，但是不会感同身受；我能够做到事必躬亲，但是不会热情洋溢；我会照顾，但是不会时时刻刻在钻研。

光是为了安置和处理我自己那成堆令我关心至深的忧虑，就已经有太多事情要做，哪里还可以安下心来接受其他人的嘱托。自己的家庭日常维系生计的事情和我利益相关，也就不揽别人的事情了。 那些明白欠了自身什么的人，那些明白他们欠着自己多少事以及他们是通过多少事情与自己关联起来的人们，就可以发现自然已给了他们这一份订单，非常满的，绝对不会令他们闲下来。 家务多得是，不需要出门去。

人们将自己租给他人。 他们的才能并不服务于自己，而是为了利用他们的人使用的。 如此住在家中的不是自己却是房客。 我讨厌这种普遍的心理。 灵魂的自由应当爱惜，仅仅在正当的时机才能够将自由暂时换回，我们如果懂得辨别的话，这样的机会是非常少的。 瞧那些习惯于任由自己被掌握或带走的人们，他们四处抵押灵魂的自由，无论大事抑或是小事，和他们相关还是不相关的事情；只要那儿有事情有责任，他们不加区分都参加进击，只要他们不会手忙脚乱，就像没有活着。 "他们为了忙碌而忙碌。"（塞涅卡）他们为了寻找事情做而找事做。

他们并非如此渴望前行，更多的只是无法控制自己，就像一块坠落中的石头，不落到地面之上是绝对不会停止的。 工作对于某种类型的人是能力和尊严的表示。 他们的精神在行为之中寻找休憩，就像婴儿在摇篮之中可以入睡。 他们可以称作对朋友非常讲义气，对于自己充满怨恨。 没有人会将他的钱财分发他人，但每个人却在分发他的时间和生命，我们取用什么也没有取用这两样东西那样挥霍，实际上只有在这个上面吝惜才是有用和值得倡导的。

我采取一种截然不同的做法。 我将自己的自由关在自己的身体里面，一般说来对于向往的东西向往的并不十分强烈，也向往的不多。 忙于工作干活儿也就是这样，数量不多，不紧不慢。 所有他们想要的以及在掌管的，他们都全力且热切地去追求。 世界上到处是陷阱，如果要万无一失就需要浅尝辄止。 应当在表面之上滑过，别陷得太深。 声色犬马之劳，沉湎过于深也可能乐极生悲。

你走在一个火堆上

　　会被灰烬所欺骗……

——贺拉斯

　　波尔多的先生们选我为他们的市长。　而我当时不但远离法国，更远离这样的想法。　我辞去，不过有人和我说我是错的，国王也下令督促。　这个职务出去其责任的荣誉之外没有俸禄也没有津贴，就觉得格外高尚。　期限是两年，通过第二次的投票选举可以连任，但是这个情况非常少见。　这就出现在我的身上，在此之前只出现过两次，几年之前德·朗萨克先生做过了，最近又有德行。　庇隆先生，法国元帅，我是接替他的位置；我第一次任职的位置留给了德行。　马蒂尼翁先生，他也是一位法国元帅。　我以跻身如此高贵的行列为傲。

　　两个人都是出将入相的栋梁之才。

——维吉尔

　　命运想在我这次提升中占据一席之地，就借这一特殊的状况介入了。　这不能算作完全是虚无；由于亚历山大对于科林斯使臣要发给他科林斯居民的资格的时候，他不当作一回事，之后听使臣说到酒神巴克科斯与大力神赫拉克勒斯也在名单之上，才朝他们再三致谢。

　　我一到任，就认真负责地，以我自己所能感受到的清晰程度，说明了我的性格：并无记忆，也无警觉性，并没有经验，也没有胆识；更没有仇恨，没有野心，不小气，不粗鄙；告知他们在我的任上能够盼望做到什么，令他们了解明白。　由于促使他们作出此决定的因素仅仅是对于我父亲的了解以及对他的崇高回忆，我还对他们说明清楚，他们找我来工作的正是当年父亲就职的地方，假如市政工作令我感到重任在身，就好像父亲当年一样，我就会感到十分不安。

我还记得，在我童年时，看着他年岁已大，心灵却因操心公众事务而无比烦躁，忘记了他多年因为身体虚弱而额外留恋家庭的温暖，不管家务、身体，为了公事进行长期而痛苦的旅程，不看重安全，也差点失去生命。他就是如此，而这种举动来自一种天性的仁厚，极少有人好像他那样慈善和受人尊敬。

但这一在他人身上会让我赞扬的举动，我自己并不乐于效仿，这之中有我的因素。他听别人说我们应当为了他人忘记自己，个人和大众比起来丝毫不重要。

世上大部分的规定和训诫都在教诲我们，以求将小我驱逐到公众空间里，为了大众谋福利。他们希望作出很大努力来让我们脱离自我，放弃自我，并且称我们太过依恋自己是出自于一种天性的束缚，不惜说道什么都要达到这一目的。贤人不按照事物的事实，而按照事物的实用来教诲，这并不是什么新鲜玩意儿。

真理有它的不便、缺陷和与我们不相容之处。常常需要受骗才能让我们不自欺欺人，需要蒙蔽我们的眼睛、堵塞我们的耳朵才能够锻炼与改进视力和听力。"无知的人做法官，就应当常常上当才不会审判荒谬。"（昆体良）当智者命令我们超出三度、四度乃至五十度去爱事物超过爱自身时，他们提到了弓箭手的技术，弓箭手要想射中目标，需要瞄准靶子的上面。木材也同样是矫枉过正才可以平直。

我看见在帕拉斯神庙的里面，正如我们在所有宗教中看到的那样，有一些表面的秘密仪式，是展示给大众的，其他的更加神秘更加宝贵的圣物，仅仅是向门内人展示。 如此看来在这些人身上存在着相互友爱的真正交点。 这并不是一种虚无的友情，令我们一心丝毫没有节制地去追捧荣誉、知识、财富以及诸如此类的事情，好像是我们的四肢一样无法或缺；也并不是甜甜的、占有欲强烈的友情，就好像我们见到的常春藤，它抱住的那整块墙壁都会被它损伤乃至毁坏；而是一种有利于身心、有原则的友情，相同的也互相帮助的愉快。

懂得维持这种友谊应尽的义务的人，是真正属于缪斯殿堂的；他到达了人类智慧和幸福的顶点。 这样的人一定知道自己应该做什么，意识到对于自己实施其他人和世界的方法，也应当是自己的责任，这样做的同时可以对公众社会献出他的一份义务和效力。 谁人活着不是为了他人，也就不是为了自己活着。"要懂得当一个人是自己的朋友时，他也是众人的朋友。"（塞涅卡）

我们最首要的任务，就是每个人为自己的行为负责。 我们在世界上要做好这一点。 谁如果忘记了洁身自爱，觉得管理别人好好学也算作是自己尽了责任，他就是一个愚蠢的人。 相同，谁放弃自己健康快乐的生活去为了别人劳顿，这在于我看来也是一个违背大自然的馊主意。

我不希望一个人接受了公众职务之后，拒绝在工作的时候心勤、口勤、腿勤，应该不时地出血和汗。

> 随时准备着牺牲，
> 为了亲爱的朋友或者我的祖国。
>
> ——贺拉斯

精神应当保持平静与健康，并不是无所作为，而是没有困扰和激情，这是外面因素来促成的，偶然间的。 纯粹的精神活动危害比较小，就算在梦里也在进行着。 不过启动的时候要小心谨慎。 如果说肉体是加给它什么就感受到多少重量的话，那么精神则会给出在它看来合宜的程度，常常压得身体不堪重负。我们用不同的气力与不同程度的意志力做相同的事情。 力气和意志二者脱节也能够不错的。 很多人在和他们丝毫没有相干的战役中天天冒着生命的危险，在其成败绝对不影响第二天睡眠的战役中出生入死？

那个人待在家中，远离他不敢于正视的险境，却比那些在战场上投入了鲜血和生命的战士更为这场战争的结局热血沸腾，愁肠百结。 我能够做到处理公事而毫不改变自己的本性，为人服务而不亏待自我。

欲望的粗暴与激烈，更多的是妨碍而并非帮助人们的行动，这使得我们难以接受相反的或是太过迟缓的结果，对于和我们商量办法的人刻薄尖酸。 我说：受到事情左右摆布，那么永远做不好事。

　　　　情欲引人走上歧途。

　　　　　　　　　　　　　　——斯塔蒂乌斯

行动中只运用判断力和机智的人进展更为轻快；他假装，退却，搪塞，依据情况需要应对自如。 他无法达到目标，不气恼，不垂头丧气，准备所有的从头开始，朝前走缰绳从来不脱手。 一心利用暴虐方法的人，他的行为肯定非常不谨慎和非常不公正；欲望的狂热掌控了他，其行动是未经思索的，命运如果不伸出援手，不可能有多少结果。 每当我们受侮辱的时候，从哲学的角度来说，我们给予惩罚时需要制怒。 这并不是为了复仇的时候下手轻，反倒是要下手较重，打得准和狠。 焦躁在它看来只能碍事。 愤怒不仅扰乱心神，而且会让惩处者手臂无力，因为怒火减弱并消耗了他们的精力。 就好像心急的时候"欲速则不达"（昆图斯·库提乌斯）。 冒失会失足，也会摔跤，会中途停下。 "速度就会受到速度之累"（塞涅卡）。

譬如说，据我在日常经历中所见到的，吝啬最大的障碍是它本身。 吝啬越严重，它的收效也越小。 一般说来，每当吝啬戴上大方的面目的时候，才能更加迅速地敛财。

有一个乡绅，非常好的人，我的伙伴，对于他的亲王主子的公务过于关心，忠心不二，将自己的脑袋也差点弄糊涂了。 他的主人以这样的方式向我描述：他看待大事和常人一样，不过对于无法挽回的事情他果断地下决心接受；他命令作好粮食储备之后——他思维敏捷能够很快办成——就能安静地等待大事的发生。 事实上，我曾见过他工作，在重大的棘手的事务中，表情和动作都能保持漫不经心和轻松自如。 我认为他在逆境之中比在好运之中还更加有气魄、更加干练。 对于他来说失败要比胜利、死亡要比凯旋更加光荣。

要知道，即便是那些空虚的无聊的事情，譬如下象棋、打网球这类事情，急于求成，求胜心强，让思想和肢体陷入混沌；他眼花缭乱，手足无措屡屡出昏招。 对于胜负成败不是那么计较的人总是泰然处之；他在比赛的时候不匆忙不冲动，也就更加占优势更加有胜算。

总之，当我们将如此多的东西交付给心灵去追逐时，我们妨碍了它去领会与把握。 有些事情只需要知道，有些事情要记住，有些事情需要刻骨铭心。所有事心灵都是能够看见和感觉的，不过都要让心灵自己去吸取养料。真正感动它的东西，真正融进和组成它的本质的东西，才能让它得到教诲。

自然法则告诉我们什么是我们确切需要的。圣贤告诉我们，依照自然的规律没有人是贫困的，依照世人的意见每个人都是贫困的，他们同时还细致划分从自然而来的欲念及因我们胡思乱想带来的欲念。能看到尽头的欲望是自然的欲望，而在我们面前飞驰而过，无法触及其极限的欲望是我们自身的欲望。钱财的匮乏易治，但心灵的匮乏则无可治。

> 如果说满足生活就是足够，那我是足够了。
> 但是不能！那又是怎样的财富，可以多得以满
> 足我的欲念呢？
> ——卢西里乌斯

当看到大量的钱财珠宝以及贵重家具从他的城市中经过时，苏格拉底说道："我不要的东西怎么会这么多！"梅特罗道吕斯每天要吃十二盎司粮食生活。伊壁鸠鲁更加少。梅特罗克勒斯冬天和羊群一块睡，夏天住在教堂的走廊里。"自然为我们的需求提供了足够的东西"（塞涅卡）。克里昂特斯依靠双手过活，还夸耀说，他愿意的话还能够养活另外一个克里昂特斯。

为了维持我们的生存，自然原本真正要求的东西实在太少的话（究竟有多小，究竟生命只需要依靠什么就能够活下来，再也没有比以下这句话说得更加明白了：小得就连命运怎样捕捉和冲撞都逮不到它），让我们再多给予自己一些；这就是将我们每人的习惯和条件也当做是自然的需要吧；就让我们依据这个尺度来

赏赐自己，对待自己，我们的所属物和计划也能够扩大到这一程度为止。

由于在我看来，到此为止我们还是可以有理由的。 习惯是第二本性，但是不比第一本性弱。 我的习惯当中缺乏的东西，我觉得也是我生命之中缺乏的东西。 我在现在这个状况中生活了如此久，如果有人要将我的生命削减或降低到某个我长久以来生活的状态以下，这就像是让我盼着他们取走我的性命。

我已经不再能承受重大变化，或是将自己投入一种全新的生活方式状态了。 就算向高处走也没有办法。 我没有脱骨换胎的机会了。 我怨恨的是有的好事在我还可以享受的时候不来偏偏现在才会落到我的手掌。

来了好运气无法享受，不也是没用？
                                    ——贺拉斯

我有时甚至抱怨某些内心的进步。 做一个正直人太晚了反倒不如不做，生命已经没有了还谈什么明白地过活。 我这个人来日不多，愿意把处世谨慎的经验之谈传给后人。 这是我晚饭后才得的芥末。 对我已经无用的财产我也不知道拿来做什么。对一个头脑不清楚的人学问又有什么用？ 给我们看礼物，反倒引起心中正常的感慨，应该来时没有来，这是命运的不公与冷遇。

不要再指引我，我已经无力前行了。 让人满意的事情各种各样，对于我们只有耐性罢了。 你去为双肺已经腐烂的歌手一副响彻云霄的金嗓子，让隐居阿拉伯沙漠中的隐士能言善辩吧！堕落不需要技巧，每个工作最终总是结束。 我的世界已近终结，我的身体已筋疲力尽，我已完全属于过去，我应当证明这点并让我的告别与之相符。

我想要说的就是这个：教皇①最近在挂历上擦去了十天，这让我情绪十分低落，令我无法适应。我习惯用其他方式来计算岁月，那古老而悠久的用法在要求我，召唤我。我没法接受这个只是稍作改动的新鲜事物，只好在此当上了反对分子。就算我年事已高，我的想象力，还老是跑在时间之前十天或者后面十天，在我耳旁叽叽咕咕。

这一规定关系到的是将来的人。就算健康无论多么甜美，陆陆续续找上门来，为我带来的也是后悔多于享受，我已经不再有地方能够容纳它了。时间已将我抛弃，没有它，我什么也无法拥有。我看着世上有那么多选择性的位置，只是留给将要离去的人们，我对于这一切都嗤之以鼻！没人关心他上任时能尽多少力，能做多长久：他一踏进门就要找边门离开了。

简言之，我忙于做的是如何完成这个人生，并不是重新创造一个人。日久年深，外表在我的身上变成了本质，习惯同时也变成了本性。

因此我说，我们，软弱的人类之中的每一个，将包括在一定限度内的东西认为是我们自身的，都是可以原谅的，不过一样一出了这个范围都仅仅是一片混乱。这就是我们可以给予自己权利的最广泛空间。我们越是扩大自己的需求和占有物品，我们越是容易遭命运的打击和灾星的降临。我们应当给欲念的路程

---

① 格列高利十三世教皇改革儒略历，实际减去十一天，后称格列历，法国1582年实施。

建立禁区，设限在最近最直接的好事情上。 此外，它们的轨道不能是笔直的，因为那会终结于别处，而是按照圆圈行进，路程的两头经过一个简单的转头，汇聚在我们自身，这一番曲折也能说是接近真实的反思，没有弯曲的行动就好像吝啬者、野心家以及其他直奔目的的人的行为，他们只是勇往直前，而牵引着他们的道路永远都在他们前头，不过这是错误与病态的行为。

我们的职责大多都是闹剧。 "整个世界都在演戏"（佩特罗尼乌斯）我们应当尽职尽责演好自己的角色，不过仅仅是一个特定人物的角色。 不应当把面具和外表作为精神的实质，将别人当做自己。 我们不善于分辨人皮和外衣。 往脸上抹粉就行了，不用把心灵也抹上粉。 我看见过有人担任过多少个职位，变脸与变心就改变了多少回，脑满肠肥大摇大摆，甚而在自己家里也一身官僚气息。

我实在无法教会他们分辨私人间的致意与涉及公务的、对随从甚至对骡子的致意有何不同。 "他们如此陶醉于自己的好运气，甚至忘记了自己的本质。"（昆图斯·库提乌斯）他们的官位高，将自己的灵魂和思考的能力也吹捧得那么高。

波尔多市长和蒙田一直都是两个个体，两者泾渭分明。 作为一个律师和财政官员，一定得认清楚这种工作中的欺骗的行为。 正派的人和他的职业当中的罪恶抑或愚蠢是不相符的，但是不应当拒绝于这个行业；这是国家的大事，有利于公众。 应当依据我们所认识的世界在这世上生活，并且从中有所收获。不过一位帝王要站在帝国之上，不掺杂私心杂念高瞻远瞩；但是本人应当明白怎样独自作乐，还好像一个普通人那么心地坦白，最起码对他自己这样。

我不会这样全面而深刻地投入。 当我下决心站到哪一面，绝对不至于偏激得不问黑白。 当这个国家处在乱世时期，我并没有因为利益攸关而无法看到我们对于手中值得赞扬的优点，我跟随的这些人的身上应当谴责的缺点。 别人会喜爱属于他们那边的一切，但我看到我这一方面的大部分事情都无法原谅。

一件好作品不会因为给我的反对方辩护而丧失其魅力。 除去争辩的焦点之外，我让自己保证公平和完完全全置身事外的姿态。 "除了战争的需要之外，我不怀什么深仇大恨。"（佚名）这一点我对于自己非常满意，由于我时常看到人们陷入相反的情绪中。 "就让不会运用理智的人去运用感情吧！"（西塞罗）

像大多数人所做的一样，将愤怒与仇恨延伸到事情之外的人，正表明了这些情绪是来自于别处，来自某个私人的原因，就好像某人溃疡病治好了，但是高烧依然不退，这说明他另外有一种病患。 其实是为了大众事业，只要大众事业损伤的是大家和国家的利益，他们绝对不会仇恨；仅仅因为它损害了私利他们才会痛恨得什么似的。 这就是为何他们大动干戈，乃至越出了理智和公正的范围的缘故。 "他们评判整体事业并不会一心一意，不过谴责涉及个人的事情就步调一致。"（李维）我期望我方占据优势，占据不了优势我也不会因此发疯。 我坚决地站在更加磊落的一面，不过我我并不希望被特别认定为其他方的敌人，也不愿意超山 般的情理。 这一恶劣的流言飞语让我非常反感："他是圣明联盟的人，由于他喜欢德·吉斯王爷的风度。""那瓦尔国王的行为让他吃惊，他是一个胡格诺。""他对于国王的人品说三道四，一定是怀有坏心。"

对检查官本人，我也并不会让步，认同他有权去禁一本书，由于书中将把异端评进本世纪的最优秀的诗人之列①。 我们就不能说有个小偷长了一双好腿？ 女人做了妓女就肯定品格低下？在那些更加智慧的时代，马库斯·曼利乌斯作为宗教和民众自由的保护者，被赋予卡皮托利人的最高荣耀之后，又曾经追回过他这个称号吗？ 由于他后来追求君权，有损于国家法律，所以对他高风亮节的奖赏、彪炳史册的功绩都一笔抹杀了吗？

如果人们憎恨一位律师，难道他从第二天起就会在他们心中变成一个笨嘴拙舌的人吗？ 我在其他的地方也谈到狂热驱动一些正直的人犯了一样的错误。 我就会如实说出："他坏心做这个事，他好心做那个事。"

同样，当他们在作预测或是当事情进展不顺的时候，人们总希望，在他们这方的每个人都是瞎子或傻瓜，我们的劝告和判断不是为了真理服务，而是为了实现我们的盼望服务。 我恐怕自己会被愿望掌控，导致纠偏之后会朝着另一个极端走去。 再者，我对于向往的事稍带怀疑的感情。 在我那个时代，见到那些老百姓真是非常的好糊弄，不问青红皂白就让人摆布自己的信仰，去取悦与忠于他们的领导，过错再多也会视而不见，幻想和美梦再破灭也无所谓。

我再也不会为那些被阿珀洛尼厄斯和穆罕默德的拙劣伎俩所骗的人感到惊讶了。 他们的直觉和理解都被狂热遮盖。 他们的辨认能力仅限于选择让他们乐开怀以及让事业有利的事情。 在第一个狂热的教派②出现的时候，我就已注意到这占据了显著地

---

① 指宗教裁判所 1580—1581 年在罗马谴责蒙田赞扬加尔文的继承者。
② 主张宗教改革的新教徒。

位。 之后诞生的另一派①，效仿它甚至有过之而无不及。

从此我意识到，这是一种与群众的错误无法分割的方式。第一个过错出现之后，群众就齐声附和，随大流。 你如果另外有看法，如果不随大流，你就不算作是同一派的。 自然如果用欺诈的方式来挽救正确的集团是错误的。 我对此总是持有不同意见。 这种方法仅仅对病态的人有利，对正常的人还有更加可靠也更加诚实的方法，就是保证他们的勇气和原谅失败。

上天从未见过如恺撒和庞培之间那么大的分歧，以前没有，将来也不会有。 但是我认为在这些高尚的灵魂中还是能够辨认出惺惺相惜的情感。 这是一种抢夺荣誉和指挥权的妒忌，并不能够让他们产生不共戴天的深仇大恨，没有恶毒用心和诽谤。在你死我活的战斗中，我发觉他们表露对于彼此的尊重和好感，所以我觉得只要有可能，他们都宁可在不损伤对手的情况下完成自己的任务，而非相反。 马略和苏拉的争霸完全不同，这需要提防。

不该追随着我们的激情与利益，如此狂热地前行。 我年轻的时候爱情来得太快我就抵御，专门安排得不太愉悦，省得沉湎其中，最终完全任凭爱情摆布；其余的场合碰上精神太过亢奋的时候我也如法炮制。 感觉心像喝了酒一样跃跃欲试以求一醉的时候，就让自己朝向它的反方向倾斜。 我马上逃避，不允许自己太过纵情欢乐，省得要收回心的时候头破血流。

那些因迟钝而只能看到事物局部的人们，会因获得一些受害较轻的机会而沾沾自喜。 这也是一类精神麻风病，面色健康，

---

① 指天主教神圣联盟，成立于1576年。

就算哲学对于这种健康也一点也不小看。 不过这也不是就要把这个称作智慧的理由，就像我们经常做的那样。 有一位古人由此嘲笑第欧根尼，需要在严冬三寒天，赤裸去拥抱一个雪人，来考察自己的耐性。 这个人看到他这种样子，就对他说："这时你很冷吧？"第欧根尼回答道："一点也不冷。"那人又说道："既然不怕冷，那么你这样抱着怎能算是高难度的典范动作呢？"要衡量一个人的坚韧程度，他就必须要能够感受到痛苦。

不过，灵魂要接受命运的千辛万苦、艰苦卓绝的磨难，要按照人生中本身的严酷和沉重来衡量与体验，这就要运用人生艺术不去探究其原因，逃避其锋芒。 柯蒂斯国王就是如此做的；他慷慨大方地买下了人们呈给他看的精美贵重的餐具；不过这套餐具的确脆薄易碎，他马上自行将它们打破，趁早不要让自己动不动为此事和仆人发脾气。

同理，我曾刻意避免把我和别人的事情掺和在一起，也不希望将我的财产和我的亲戚以及有深交的朋友沾边，疏远和纠纷一般都是从这儿产生的。 以前我喜欢玩牌与掷骰子这种依靠运气的游戏，也在很久之前戒了，仅仅是因为，不管我输的时候表现出怎样的好脸色，我心里还是会为此感到难过。 一个自重的人碰到撒谎与冒犯就会想不开，也不会将这当做是一件傻事而心中释然，如此的人应当避开暧昧及易起争执的事情找上门来。

我就像避鼠疫那样躲避那些忧郁气质的人和一触即怒的人；对无法无私和坦诚对待的言论，如果不为责任所逼，我也不参与其中。 "被迫中止不如从未开始"（塞涅卡）。 最为可靠的方法是未雨绸缪，事先防备。

我知道有些智者选择的是另一条路，他们并不害怕热烈专注于某些问题并深深投入。 这些人自认为有力量，依赖它抵御所有来犯之敌，用毅力和耐力和逆运搏斗。

> 就像大海中的一块巨石，
>
> 面对狂风怒吼，
>
> 不害怕白浪滔天，风吹雨打，
>
> 我自屹然不动……

——维吉尔

不要试图向这些榜样发起进攻：我们是无法达到的。他们一定要看个究竟，不会为了国家的灭亡而心烦意乱，由于这掌控和控制着他们的所有的意志。我们这些个普通人，承受不起这样的力量和残酷。小加图就这样舍弃了自古以来最为高贵的生命。对我们这些小人物，暴风雨应当远远避开。我们应该敏感，而不是忍受，躲避我们不知抵御的冲击。

芝诺看到他喜爱的年轻人克莱莫尼代斯走过来，便想坐到他身边，但后者突然就站起身来。克里昂特斯问他为何，他说道："我听到医生再三叮咛要休息，不能让任何部位激动。"苏格拉底没有说：不要屈服于美的诱感，要经受住考验，努力抵制它。而说道：赶快逃跑，跑出其视野范围，别和它相逢，就像避开从远处抛过来打人的毒药。

他的一个好学生，引述或是杜撰了——不过据我看引述的可能性大于杜撰——那个大居鲁士少见的美德，说他防止自己没有力量去抵御他的女奴、有名的绝代美人庞蒂娅的引诱，就让另外一个没他那么自由的人去看望与看管她。《圣经》上也这样说："别让我们碰到试探。"我们所祈求的，并非我们的理智不会被诱感击败，而是它根本就不要经受诱感的考验，别让我们落到这个田地，任由罪恶靠近、挑逗和引诱而叫苦连天，祈祷我们的真主让我们的灵魂保持宁静，完全躲开恶人的打扰。

那些认为自己的复仇狂热或是其他苦痛的情绪有道理的人，说的是现在的实情，不是先前的实情。 他们和我们说起的时候，他们错误的因素都是他们自己酿成及夸大的。 不过回溯过往，将原因带回到它们的源头，在那里你可以让他们感到意外。他们是否想说以前犯的错误在现在看着也就小了，从一个过错的开始就会产生一个正确的结局？

谁像我这样希望对自己国家有益，却没有为此患上溃疡病或是因此消瘦，看着国家遭到分裂或者经历一个破坏力并不减弱的时代，会伤心但是不会发抖。

> 这艘可怜的船儿，波涛、飓风和领航都对于它
> 另有所图！
>
> ——布坎南

谁不像期待不可或缺之物般期待王族恩宠，当中是生命中无法或缺的东西，那么见到他们面貌冷漠，接待缓慢，心情变幻无常，也就不会太过介意。 谁不甘愿为人奴似的疼爱儿女及追求名利，那么失去之后也不会生活不习惯。 谁干好事主要为了自身满足，那么看到别人诋毁他的做法，攻击他的举动也就不会受到困扰。 有些耐性这些烦恼都是能够消除的。

我对此方法感觉得心应手，烦恼一冒尖就把它轻易融化，从而认为躲过了很多劳苦和困难。 激情开始的时候只费一点气力就可予以停止，问题开始感觉棘手还没有折腾我之前就抛下不管。 起跑停不住，奔跑也就停不下来。 不知道要将狂热关在门

外的人，一旦它进来了也无法将它驱赶出去。 不可以赢在开头也就不能够赢在最后。 掌控不了晃动也停止不了坠落。 "人一旦脱离理性，欲望就自由飘荡；人性的缺点自以为是，粗鲁地进入大海的深处，再也无法找到避风港休憩。"（西塞罗）我会及时地感觉到微风袭来轻轻触摸着我，并在我心中飒飒作响——这是暴风雨的征兆："灵魂早已在征服之前就已经动摇。"

> 就像微风吹起，
> 树木索索发抖，咆哮渐渐声响，
> 向水手预告暴风雨即将来临。
>
> ——维吉尔

一个世纪以来，世事纷纷扰扰，诡计阴谋不断，我天生对此非常厌恶，超越了自身受到严刑与火烤；多少次我对自己施以明显的不公正，是为了免得冒风险从法官那儿遭受更加大的不公正？ "为了免于诉讼，应当不遗余力、甚而要超出能力去做所有的事。 部分地放弃他的权利，事实上不仅是可敬的，有时也是有益的。"（西塞罗）

我们如果聪明的话，就应当高兴与夸赞，就像有天我听到一位大家族后代天真地见人就庆贺他的母亲刚刚打输了一场官司，就好像是在说一场咳嗽、高烧或是诸如此类让人不乐于保留的东西似的。 命运之神赐予我的这些恩惠，如果有赖于有权利者的友谊和交情，我努力依据良心有意逃避，不去利用而来伤害他人，也不在正经的范围之外利用自己的权利。

总而言之，我日复一日地这么做（所幸我这么说还不会给我带来什么灾难），因而我至今还从未经历过诉讼。 就算我如果愿意的话，好多次我能够师出有名，为了自己的利益打上几场官司。 我不久之后就要过完漫长的一生，但我从未蒙受过严重的冒犯，除去自己的名字之外也没有其他的恶名：上天少有的恩惠。

我们最大的骚乱都来自一些滑稽可笑的根源或原因。 我们最后一个勃艮第公爵就为了一车羊皮和人吵架，造成了几多废墟①？ 这个地球遭受的最可怕的灾难，其最开始的主要起因不就是为一枚纹章上的花纹吗②？ 恺撒和庞培只不过是那两个人的后代和效仿者罢了。 我在自己的那个年代见过国王议院中最智慧的人，花费公币大摆排面签订条约和协定，事实上真正的决策权在于具有至高权力的夫人内阁的闲谈与几个小女人的爱好。 诗人们对此早了然于胸，知道他们仅为了一个苹果，就让希腊和亚洲处在血与火之中③。 暂且看那个人为何提了宝剑，拿了匕首，用自己的荣誉和性命去碰运气；让他为你们说下这场争辩是如何引起的，他告诉你一定会脸红，因为原因的确太过无聊了。

在开始的时候，只需稍作思考就够了；不过只要上了船，各种缆绳都在撕扯。 这个时候需要有大气概，那要艰难和严重多了。 真是上船易下船难啊！应当从反面去学习芦苇生长的道理，芦苇第一节非常长非常直；但在此之后，它仿佛很疲惫，喘不过气来了，于是，节子短而茂密，好像停顿，已经没有最初的生机与坚韧。 应当在开始的时候仔细冷静，将耐力与冲动留在工作关键与完成的阶段。 在开始的阶段我们引导着事情的发

---

① 影射勃艮第公爵查理对瑞士人的战争。
② 苏拉战胜努米迪亚国王朱古达，要在图章上刻画以纪念。
③ 希腊神话中，帕里斯评判金苹果属于谁的问题，引起特洛伊战争。

展，并且将它们置于我们掌握之中。 不过后来每当它们发动后，就是它们指导我们、掌控我们，我们仅仅跟在它们后面去。

　　不过这并不是说这一行动准则就能帮我解决任何困难，而我也经常无需对我的激情加以管束。 它们并不老是按照时机、场合进行调控，有的时候一来还很冲动暴力。 无论怎样还是可以从这一做法中节约了感情，获得了效果，除去是有些人，他们无论做什么好事如果不沾上名声就对于任何效果都不会满意。

　　事实上，这样的行为事实上只是对各人自身有意义。 假如你在加入此行列与事态时显然就已经改宗了，你因此更加快乐，但是不为此更加受人重视；除此之外还有，不仅是在这件事情上，同时在生命中所有的任务上，追求荣耀的人所走的路途的确与讲究秩序与理智的人是不相同的。

　　我曾经发现有些人轻率冲动地去参加角逐，而在比赛过程中却放慢下来。 正如普鲁塔克所说的那样，有人因为做了见不得人的亏心事，心虚，无论人家要什么，有求必应，之后又随意食言，耍赖；同理，那些轻易就参与争执的人，也会轻易地想要退出。 同样一件事情，会令我望而却步，每当我激动和发热的时候又会挑动我去干。 这是一个坏习惯，由于只要你沾上手，你必须干到底抑或自己垮掉。 贝亚斯说过："要从容不迫地着手，但须热情洋溢地推进。"缺少谨慎会变得缺少勇气，后者更加无法忍受。

　　大部分结束我们争执的一致意见都是可耻的，有欺骗性的；我们寻找的是保全面子，所以背叛和掩藏真正的意图。 我们掩藏真相；我们明白自己是怎么说的，是什么意图，在场的人也都明白，我们需要我们的朋友感觉我们的优势。 当我们否认自己的看法，试图躲进错误中以达成一致时，乃是在牺牲我们的真诚和勇敢的声誉。 为了挽回我们作出的决定，我们又一次否认自己。 这不应当光看你的行动或者你的言辞有无其他的解释；此后无论要你付出多大代价应该维持你的真正诚实的解释。 人家在面对你的品德、面对你的良心说话，这两种东西是戴不上虚假面具的。 就让那些卑下手段和权利之计应该在法庭诉讼中吧。

我每天所看到的用以纠正过分行为的道歉和补救，在我看来比这些行为本身还要丑陋。 宁愿再羞辱对手一次，也总比向他作出这样的弥补来辱没自己好。 你在气头上顶撞了他，恢复平静和理智之后又去安慰他、讨好他，如此你屈服的会比你前进的更多。 我觉得一位贵族无论说什么坏话，也比不上他在强权的胁迫下否定前言那么可耻。 一个贵族固执己见要比贪生怕死更加无法原谅。

激情对我有多容易躲避，也就有多难缓和。 "从心灵之中剔除要比克制容易得多"（佚名）。 谁无法达到斯多葛派的那种高尚的无动于衷，那就让他求助于我这个黎民的愚蠢。 他们凭借德行所做的事，我习惯于通过对个性的处理来做。 中心地带酝酿风暴，两个极端则是哲人和俗人，一心想着过的是安逸太平的日子。

> 谁明白事情的原委，
> 藐视恐惧与宿命，
> 和阿刻戎①索船只的吆喝，他就是一个福人！
> 谁知道乡村的诸神，

---

① 希腊神话， 渡亡灵过冥河的船夫。

牧神、老乡神以及仙女姐妹，他也是一个福人！

——维吉尔

　　所有事物的初生都是弱小的娇嫩的。　不过应当睁大眼睛看着初始的时候。　由于小的时候不发现它的危害，大的时候就会无法找到医治之药。　在雄心勃勃的路上，我本可能每天都遇到数以千计的障碍，倒不如在内心油然产生这个想法的时候，毅然将它制止，这要更加容易。

　　我有理由感到害怕
　　抬起头被别人远远看在眼里。

——贺拉斯

　　所有的公众行为都必须接受种种不确定的解读，因为有太多的人在对它进行评判。　有的人提到我担任这一城市的职位（我也非常高兴能对此说上一两句，不是这个工作值得谈论，而是表示我在这一类事情上的做法），认为我在工作上缺乏魄力，做事情慢条斯理；他们反倒离开表面现象很近。

　　我确实试图让我的心灵与思想都保持平静。　"本性本来就喜欢静，现在年老更加如此。"（西塞罗）有的时候我的思想一放肆给别人留下粗鲁激烈的印象，这确实不是我的初衷。　然而，这种天生的倦怠并不能证明缺乏能力（因为不急和不关注是两码事），更加别认为这是我对于波尔多市民的冷漠和忘恩负义。　他们在认得我的前后，运用手中掌握的所有大大小小的方法来拥护我，第二次推选我的时候比第一次还踊跃。

　　我愿意做所有可能对他们好的事，并且如果状况需要的话，毫无疑问，对于为他们效力，我不会吝惜任何东西。 这是善良的民众，慷慨大方，也能服从和遵守纪律，如果善于诱导必将成就大事。 人们还说我在职的时候所有既不突出也没有痕迹。 这就是好事情，每当大家都在兢兢业业工作的时候自然会嫌弃我没事可做的了。

当我被情绪所控制时，我的行动会雷厉风行。 不过这却是坚忍不拔的敌人。 谁依据我的特长利用我，那就给我分配需要活力和自由的工作，做法耿直，时间不太长，可以包含风险，这样的事情我能够有所作为。 假如时间长，复杂，辛苦，必须转弯抹角装模作样，那不如另谋高就了。

并非所有重要的差事都是困难的。 事情假如确实必要，我会作出吃苦的准备。 由于我还是尽职责去多做我不爱做的事情。 我自己明白，但凡我有责任去做的事情不会半途而废。 我很容易就会忘记野心掺杂在职责中，并冠之以职责之名的那些事。 但是往往是这些事听在耳旁，看在眼中，每个人皆大欢喜。 能够出彩的并不是事情本身，而是做表面文章。 他们假如听不见声音，还觉得大家都睡着了。

我的口味与这些喧嚣的癖好是相反的。 我可以制乱但自己不乱，惩治捣乱秩序的人而自己心情不变。 我是否发怒与大光其火？ 有时用来做做样子。 我的脾性温柔，失之于温软，不骄不躁。 我不会指责某个行政长官无所作为，只要他治下的人们也能和他一起无所作为，自然的法则也同样是无所作为的。 我赞扬生活顺溜低调，不喧嚣，"不卑不亢不腐化"（西塞罗）。命运也要我这样。 我出生的家庭，日子平平淡淡，不大肆嚣张，代代讲求门风敦厚。

现在的人被教育得如此浮躁而好夸耀，以至于不再重视善良、节俭、公平，恒心还有宁静无为的品德。 丑事处处可见，好事却了无踪迹，病态俯拾即是，健康却很少见。 让人高兴的事情也就无法和让人伤心的事相比。 将议会里可以完成的事派到公共的广场上去办，将前夜能做的事情放到白天中午来做，同事能够做好的事情恨不得自己来做，这样的做法是为了沽名钓誉以及个人利益，并不是为对工作有利。 就好像希腊的一些外科医生，把手术搬到行人能看到的路上去做，为的是熟练技术来招揽客人。 他们觉得大吹大擂才能够让人听到事情得到很好解决。

野心勃勃并不是小人物该犯的错误，也不是属于我们这些人的努力。 有些人对亚历山大说："令尊为您留下了一大片容易治理的和平疆土。"不过这个孩子艳羡父亲的武功和他的政策的正义感。 不过他不甘心与懒洋洋天下太平地管理这个世界。 在柏拉图的作品当中，亚西比得，宁可在年轻、英俊、富有、高贵、博学中死去，也不愿待在他那时所处的状态。

如此胸襟气魄的人的身上有这个弱点可能是能够原谅的。不过那些侏儒、小人鼠辈也要沐猴而冠，觉得判对了一个案子抑或维持了城门前的秩序，就能够名扬天下，但他们越是想借此抬头，就越会出乖露丑。 这一微不足道的好事既没有分量也没有生命力，一说出口顶多传到下一个街口就消散了。 和你的儿子以及仆人去调侃这号事情吧。 就像古时候那个人，因为没有其他的听众来听他夸耀，也没有其他人了解他的价值，就对着他的仆人大喊："佩莱特啊，你的主子真是一个儒雅的人哪！"

万不得已，就对你自己说吧，就好像我认识的一个参政员，他聚精会神却又蠢到极点地照本宣科一连串段落之后，转身离开议事厅到了宫里的厕所，仅仅听到他认真地念念有词："主啊，荣誉不要给我们，不要给我们，要因为你的慈爱与诚实归在你的名下。"（《旧约·诗篇》）谁如果不能从其他处得到，就只能够自掏腰包了。

声誉不会用如此下贱的价格来辱没自己。它来自于难能可贵的直率行为，绝对不允许平常数不清的琐碎小事而来凑热闹。潦草修好一堵墙头抑或挖通路旁的水沟，仅仅可把名字刻在大理石板上对你一番歌功颂德，不过人是有感情的，他们不可能这样做。好事并不是做了之后都有反馈的，这要它艰巨和非同小可。根据斯多葛派的看法，无需对任何由德行而萌生的行为报以敬意。有一个人清心寡欲，拒绝一个满眼眼屎的老太婆，他们觉得对于这样的人有什么可以感叹的呢。有人坦白阿非利加西庇阿的高贵品质，不过拒绝珀尼西厄斯要赐予他荣誉，赞美他谢绝重赏的做法，由于这样的荣誉感并不是他一人独有的，而是他的年代共有的。

我们有那些合乎我们命运的快乐，不必去强行侵占那些权势者的乐趣。我们的幸福更加自然，所以也比他们的更加稳固更加可靠。就算不是从良心最起码也要从野心出发去拒绝野心。要轻视对虚名浮誉的贪图，这些是需要我们低声下气朝各式各样人物去讨好的。不择方式，不计其代价，"在市场可以买到的荣耀是什么玩意儿？"（西塞罗）

这样获得的荣誉不是荣誉。我们需要学会没有能力赢得光荣也就别贪图光荣。为任何一件有益的善事自吹自擂，这种事只适合那些极少且极意外做了这些事的人。这就让他们付出代价，所以要提高它的价值。 一件好事越是叫得响，我越是贬低其中的好意，就会怀疑这是做了扬名而不是做好事。 好比一搁到货架上，它就被半价出售了。 这种行为如果由做的人不经意间悄悄泄漏出去，然后有好事者核对后浮出了水面，让它们自己不胫而走，这才有些意思。 "我觉得，不事声张、不管人家怎么说的情景之下做的事最值得称赞。"（西塞罗）那个世上最神气的人是这样说的。

在我任市长期间，我只是保存且保持了原样在，这些都是悄无声息、悄然进行的。 革命引人注目，不过目前迫于情势，拒绝新兴事物，革命也就遭遇了禁止。 悠着做有的时候跟做一样高尚，不过悠着做就比较少公开。 我可以贡献的绵薄之力也差不多在这个方面。 总而言之，在我任职期间，情况很适合我的个性，这是我所非常感激的。

有谁为看治病而希望自己生病的呢？ 如果有医生为了夸耀他的医术而让我们患上瘟疫，不是应当抽鞭子吗？ 我并不希望这个城市混乱多多，弊病百出，好抬高我治理的名声，这种想法是不公正的，然而很常见。 我踏实地为了市民安居乐业贡献自己的力量。 我工作的时候按部就班，冷冷清清，静静悄悄，有的人对此不以为然，不过他没法改变我有幸担任这个职位奉行属于我的工作风格。

我就是这样做的，我像喜欢睿智一样喜欢幸运，我愿意将我的成功完全归于上帝的恩宠，而非我所做的斡旋。 我也曾经苦口婆心向大众谈到我才疏学浅难以担任这个公职。 比才疏学浅更加糟糕的是我并不嫌弃才疏学浅，也不希望改变才疏学浅，因为我已经习惯于这样的生活。 我对于自己的政绩也不很满意，但我还是差不多完成了我所许诺的工作，而且大大超出了我曾经向那些共事的人所许诺的；由于我愿意答应的事情要少于我能做的和愿意完成的事。 我要肯定自己并没有留下冒犯和憎恨。 至于留下对于我的遗憾和希望，我最起码知道自己并不十分在意：

我可以信任这奇妙的宁静吗？

我能忘掉风平浪静的海水下

掩藏的是什么吗？